임화 문학연구 5

『임화문학연구』 5_ 필자

김재용 _ 원광대 교수
유성호 _ 한양대 교수
임규찬 _ 성공회대 교수
와다 요시히로 _ 히토쓰바시대 교수
곽형덕 _ 카이스트 교수
염무웅 _ 영남대 명예교수
이양숙 _ 서울시립대 교수
와타나베 나오키 _ 무사시대 교수

임화문학연구 5

초판인쇄 2016년 11월 10일 **초판발행** 2016년 11월 20일
지은이 임화문학연구회 **펴낸이** 박성모 **펴낸곳** 소명출판 **출판등록** 제13-522호
주소 서울시 서초구 서초중앙로6길 15, 1층
전화 02-585-7840 **팩스** 02-585-7848 **전자우편** somyungbooks@daum.net **홈페이지** www.somyong.co.kr

값 20,000원

ISBN 979-11-5905-121-0 93810

임화 문학연구 5

임화문학연구회 편

소명출판

책머리에

林和氏(詩人) 氏의 令夫人께서 身病으로 친정인 馬山에 가서 靜養중인데 그 먼데도 불구하고 자조 갔다오는 氏는 正히 애처가의 표본인양하다.

李現郁氏. 身病으로 마산 親庭에서 靜養중이시든 바 가을바람이 서늘하자 병도 어지간히 나으서서 上京.(「文士 諸氏와 女性 諸氏의 近況」, 『삼천리』 12권 9호, 1940.10)

위 글은 일제 말기 잡지 『삼천리』에 드문드문 실렸던 임화와 지하련 관련 기사들 중의 하나이다. 임화의 부인 이현욱으로 자신의 존재를 먼저 알렸던 지하련(1912~?)과, 몸 약한 부인을 아끼는 "애처가의 표본"으로 표현되었던 임화(1908~1953)는, 이런 흔적들을 남기기도 했다.

李現郁씨 본래도 몸이 약했지만 하로 아츰에 일름 모를 배병이 생기셨단다. 의사의 진단이 십이지장 궤양이라 해서 급히 서돌아 府民病院에 입원하셨는데 氏는 그 곻은 눈을 말끔히 유리창 넘어에 보내시며 "내가 병 나으면 아주 엡분 장살해서 돈을 벌어서 여행을 갈테야" 하고 말씀하시면 옆에 안즈셨든 부군 林和씨 쓸데없는 소리 말구 병 나을 생각이나 하라고 애기 같이 타일르신다나.(「여인소식」, 『삼천리』 12권 5호, 1940.5)

李現郁氏(林和氏夫人) 몸이 약하시여, 馬山 친정댁에서 靜養 중이신데 푸른 바다가 좋와서 날세가 좋은 날이면 바다에 나가 해삼과 굴과 조개잡이에, 재미를 부치셨다고.(「여성소식」, 『삼천리』 12권 8호, 1940.9)

지하련은 백철의 추천으로 『문장』 1940년 12월호에 단편소설 「결별」을 발표하며 문단에 이름을 알리게 된다. 임화의 부인 이현욱을 작가 지하련으로 만든 주역으로 손꼽히는 최정희(1906~1990)는 지하련과 여러 통의 서신을 주고받았는데, 이 또한 임화와 지하련의 삶을 엿볼 수 있는 소중한 자료들이다. 최정희는 자신의 작품 「인맥」(1940)이 "북으로 넘어간 M씨를 무척 사모했던 마산 여인에게서 '힌트'를 얻어"(「내 소설의 주인공들」(1958), 『젊은 날의 증언』, 육민사, 1963) 쓰였다고 회고하기도 했다. 지하련 부부의 삶에 대한 최정희의 관심과 애정은 남다른 데가 있었다. 최정희가 해방 후 어렵사리 완성시킨 장편소설

『인간사』(1964)에는 임화와 이귀례, 이북만, 지하련 등의 삶을 가까이에서 관찰한 자의 시선이 고스란히 담겨 있다. 단행본 『인간사』 끝부분에 실린 「跋文」에서 최정희는 1·4후퇴 당시 북에서 내려온 지인이 남한에 살고 있는 자기 애인의 거처를 질문했던 일에서 힌트를 얻어 장편소설을 집필하게 되었다고도 술회했는데, 『인간사』의 주인공 허윤이 이귀례로 추정되는 인물 마채희와 결혼했다 헤어진다는 것, 지하련 부부를 모델로 했던 소설 「인맥」의 남자 주인공 허윤과 그가 같은 이름을 쓰고 있다는 것, 「옛벗 지하련 보오」에서 최정희가 전쟁 통에 '부군'인 임화를 만났던 일을 지하련에게 들려준 점 등으로 미루어 보아, 최정희에게 식민지시기는 임화와 지하련 중심의 '인간사'로 기억되었다고 말해도 좋을 것이다.

『임화문학연구』 5는 2014년 10월 17일 창원대학교에서 열린 제7회 임화문학 심포지엄과 2015년 10월 24일 일본 동경의 무사시대학교에서 열린 제8회 심포지엄의 성과를 바탕으로 만들어졌다. 7회 심포지엄인 〈임화의 마산 시대〉는 김재용(원광대), 이양숙(서울시립대), 유성호(한양대)의 발표 및 와타나베 나오키(무사시대)의 특별 강연과, 구모룡(한국해양대), 이선미(경남대), 허정(동아대)의 토론으로 꾸며졌다. 심포지엄 참가자들은 마산 시절 임화와 지하련의 삶을 재조명하고, 그들의 문학적 성취를 마산 지역의 역사와 문화를 배경으로 새롭게 평가하는 기회를 가질 수 있었다. 〈임화와 식민지 조선의 프롤레타리아 문학〉이라는 주제의 8회 심포지엄에서는 김재용(원광대), 임규찬(성공회대), 와타나베 나오키(무사시대), 염무웅(영남대), 곽형덕(카이스트), 와다 요시히로(히토쓰바시대), 손이레(미시간대)의 발표와 권성우(숙명여대), 하타노 세츠코(니가타현립대), 신지영(히토쓰바시대), 손유경(서울대)의 활발한 토론이 이루어졌다. 일본 동경에서 개최된 이 심포지엄에는 한일 양국의 한국문학 전공자들이 대거 참석하여 그 어느 때보다도 흥미진진하고 심도 있는 논의를 주고받았다.

마산과 동경에서 개최되었던 두 번의 심포지엄과 현장 답사는 임화와 지하련이 남긴 '(죽은) 문자'가 아닌 '(살아있는) 숨결'을 더듬는 시간이기도 했다. 이들이 밥 짓고 이불 덮고 병을 앓고 사랑하며 글도 썼을 마산의 집과 동경의 사무실터를 둘러보면서, 임화문학연구회 운영위원과 학회 참가자들의 가슴은 감동으로 벅차올랐다. 이번에 펴내는 『임화문학연구』 5는 그런 점에서 또 하나의 아름다운 기록으로 남게 될 것이다.

2016년 10월

임화문학연구회 운영위원회

차례

차이의 인식을 통한 조선적 근대의 성찰

마산 시절의 임화

김재용

1. 임박한 혁명에서 장구한 혁명으로—전진과 퇴각의 고등수학

임화의 마산 시절이란, 정확하게 말하면, 1935년 중반부터 1937년 말까지의 시기이다. 폐병을 치료하던 평양을 떠나 마산으로 간 것이 1935년 중반 무렵이었던 것을 감안하면 그렇게 볼 수 있다. 물론 1934년 중반부터 1937년 말까지는 투병생활을 했다는 점에서 마산 시절을 따로 떼내지 않고 연속적으로 보는 것이 더 낫다고 할 수도 있다. 하지만 평양에서의 투병생활과 마산에서의 그것 사이에는 일정한 차이가 있다. 평양에서의 투병생활을 낯선 곳에서 외롭게 싸워야 하는 것이지만 처가가 있는 마산에서의 생활은 비록 투병생활이기는 하지만 상대적으로 안정적인 것이었다. 그런 점에서 마산 시절이란 것을 독립시켜 생각해 보는 것은 큰 무리가 아닐 것이다. 1934년 이후 임화는 자본주의 제3기론에 입각한 임박한 혁명론에서 벗어나 장구한 혁명론에 기반을 둔 새로운 사고를 펼쳤다. 하지만 그가 「현해탄」 연작이라든가, 서사시 『이민열차』 등을 구상하면서 새로운 지적 탐구를 한 것이 1935년 중반 이후 마산에서 다소 안정적인 생활을 할 무렵이었던 점을 감안하면 더욱 그러하다.

마산 사절의 임화는 여러 가지 고통에 시달려야 했다. 가장 직접적인 것은 폐병과의 싸움이다. 1934년 중반 무렵에는 평양으로 가 실비병원에 입원하였다. 1935년 중반에는 지하련의 집이 있던 마산 지역으로 옮겨 계속해서 치료를 받았다. 1937년 말 무렵 서울로 올라오기 전까지 계속 마산에 머무르면서 병마와 싸워야 했다. 물론 투병하면서도 굴복하지 않고 계속하여 시대의 파도를 헤쳐 나갔던 것이 이 무렵의 임화였다. "적이 클수록 승리도 크구나"(해협의 로맨티시즘)라는 구절이야 말로 이 시기 임화가 견지하였던 자세였다. 전에는 파악하지 못했던 적의 거대함을 실감하면서도 이를 다가 올 큰 승리의 전제로 보려고 하는 것이 바로 이 시기 임화가 견지하였던 혁명적 로맨티시즘의 태도였다.

이러한 임화에게 더욱 큰 타격을 준 사건이 김치정[1]의 죽음이다.

---

1 김치정에 대해서는 박정선 교수가 죽은 날짜 등을 비롯하여 자세하게 밝힌 바 있다. 박정선 교수가 임화의 산문을 묶어 편한 『언제나 지상은 아름답다』(역락, 2012)를 참고.

1936년 3월에 동경의 무산자를 실질적으로 주도하였던 김치정이 병원에서 죽었다는 소식을 동경의 이북만으로부터 들었다. 이 소식을 접한 임화는 옛 벗을 추모하는 산문과 시를 동시에 한 잡지에 발표하는 이례적인 일을 행한다. 조선중앙일보가 발행하던 월간 잡지 『중앙』에 산문 「만장」과 시 「적」을 동시에 발표한다. 「적」은 김치정의 죽음을 듣고 난 후 그의 영웅적인 행적을 회상하면서 쓴 시다.

적이 나를 죽도록 미워했을 때
나는 적에 대한 어찌할 수 없는 미움을 배웠다.
적이 내 벗을 죽음으로써 괴롭혔을 때
나는 우정을 적에 대한 잔인으로 고치었다.
적이 드디어 내 벗의 한 사람을 죽였을 때
나는 복수의 비싼 진리를 배웠다.
적이 우리들의 모두를 노리었을 때
나는 섬멸의 수학을 배웠다.[2]

적이 내 벗의 한 사람을 죽였다고 했을 때 그 사람이 바로 김치정이다. 김치정이 감옥에서 병을 얻어 형집행정지를 받고 병원에 누워 있다는 것을 이미 들었던 터지만 막상 죽었다는 소식을 들었을 때 임화

2 임화, 「적」, 김재용 편, 『임화문학예술전집』 1, 소명출판, 2009, 141면. 이하 임화 시 인용은 이 책에 의함.

는 평상심을 유지하기 어려웠을 것이다. 한때 자신과 더불어 동경에서 무산자사 활동을 하면서 임박한 혁명을 위해 싸우던 이가 그리고 당시 모든 이들의 중심에 서 있던 김치정이 이렇게 죽었다는 소식을 같은 그룹에서 일하던 이북만으로부터 들었을 때 임화는 심한 충격을 받았을 것이 틀림없다. 그 동안 마산에서 때때로 한가롭게 생활하고 있었기에 가끔은 '적'이 누구이며 또한 무엇을 위해 싸우고 있는가 하는 것을 잊고 살 때도 있었다. 하지만 김치정이 죽었다는 소식을 들으면서 자신을 질타한다.[3]

마산에서 임화는 병과 동지의 죽음 등으로 고통스러운 시간을 보내고 있지만 다른 한편으로는 전에 볼 수 없던 상대적인 안정을 찾기도 하였다. 자신이 그 동안 걸어온 길을 되비추어 보면서 성찰의 시간을 가졌다. 혁명이 임박했다는 정세 보고를 믿고서 앞으로 나아가다가 좌절하였던 과거를 비추어 보면서 앞으로 어떻게 살아나가야 할 것인가를 깊이 고민하였다. 임박한 혁명에서는 생각하기 어려웠던 것들을 장구한 혁명에서는 새롭게 정비해야 했다. 그 동안 임시적이고 유동적인 것으로만 여겼던 것들을 차분히 챙겨야만 했다. 이귀례와의 사이에서 난 딸의 문제도 생각하여야 하고 새롭게 만난 지하련과의 혼인신고를 비롯하여 그 사이에서 난 아이의 미래도 고려하지 않을 수 없었던 것이다. 과거에 임박한 혁명 시기에서는 이런 것을 생

3 임화는 해방 직후 김치정을 추도하는 시 「길」을 발표한다.

각해볼 틈도 없었지만 또한 혁명 이후의 새로운 제도를 고려할 때 현재의 제도에 얽매이는 것 자체도 마땅치 않았던 것이다. 하지만 이제 장구한 혁명이기에 이러한 일상과 제도도 마냥 거부하기 어려웠던 것이다. 1936년 7월 지하련과의 사이에서 아이가 태어날 무렵 혼인신고도 하고 동시에 이귀례와의 사이에서 나온 임혜란도 자신과 지하련의 아이로 호적에 올리기까지 하였다.[4]

한편으로는 몸의 병과 동지의 죽음이란 참혹한 현실을 겪으면서 고통스러웠지만 다른 한편에서는 전에 없던 평온함을 유지하면서 일상의 평화를 얻었던 것이다. 마산 시절은 이러한 양면을 모두 갖고 있다고 할 수 있다. 이러한 자신의 모습을 두고 '전진을 위한 퇴각의 고등수학'이라고 표현했던 것이다. 언제 어떻게 전진해야 할 것이며 언제 어떻게 퇴각을 해야 할 것인가를 스스로 판단해야 하는 것이 그렇게 쉬운 것은 아니다. 이 시기의 임화는 이러한 이중의 자의식에 시달리고 있었다.

> 때로 내가 무모한 돌격을 시험했을 때
> 적이여! 너는 아픈 타격으로 전진을 위한 퇴각을 가르치었다.
> 때로 내가 비겁하게도 진격을 주저했을 때
> 적이여! 너는 뜻하지 않은 공격으로 나에게 전진을 가르치었다.
> 만일 네가 없으면 참말로 사측법도 모를 우리에게
> 적이여! 너는 전진과 퇴각의 고등수학을 가르치었다.[5]

---

4 이러한 점들은 임화의 호적에서 확인할 수 있다.

참혹한 고통과 상대적 안정의 균형 속에서 자신의 몸을 가누었던 임화는 이 시기에 전에 없던 활약을 펼친다. 시창작과 문학평론 모두에서 거두었던 이러한 성취는 일제하 임화의 문학 여정에서 결코 무시할 수 없는 독보성을 지니게 된다.

2. 종족적 차별의 관부연락선과 저개발 근대성의 이민열차

마산 시절의 임화에서 가장 중요한 인식의 진전은 제국의 발견이다. 무산자 시절 이후 자본주의 제3기론에 입각한 프롤레타리아 국제주의를 신봉하였기 때문에 일본과 조선과의 차이에 대해서는 깊은 관심을 가지고 있지 않았다. 물론 자본주의 진전이 좀 더 된 일본과 그렇지 않은 조선 사이의 차이를 전혀 보지 못한 것은 아니지만 이것에 큰 의미를 두지 않고 지나쳤다. 관심을 두었던 것은 일본의 프롤레타리아와 조선의 프롤레타리아가 어떤 식으로 연대하여 자본주의 체제를 무너뜨릴 수 있는가 하는 것이었다.

하지만 그토록 바라던 혁명이 일어나지 않자 궤도를 수정할 수밖에 없었다. 그중의 하나가 바로 제국의 발견이다. 일본은 제국의 중심

---

5 임화, 「적」, 앞의 책, 141~2면.

이고 조선은 그 제국의 변방일 뿐이라는 인식이다. 일본과 조선 사이에는 간과하기 어려운 차이가 존재한다는 사실을 새삼스럽게 깨닫는다. 부르조아지 일본인뿐만 아니라 서민의 일본인조차도 조선인들 위에 서서 군림한다는 사실도 눈에 들어왔다. 또한 일본의 근대와 조선의 근대 사이에는 그 경로 상에서 커다란 차이가 존재하기에 일본의 근대를 표준으로 조선을 판단하고 분석하는 일은 추상적이고 관념적일 수 있다는 점을 깨닫게 되었다. 그 동안 일본의 프롤레타리아와 조선의 프롤레타리아 사이의 공통점만을 강조하였기에 설령 그러한 차이가 드러난다 하더라도 애써 무시했다. 하지만 이제 그 차이에 대해서 주목하게 되었다.

일본과 조선의 근대의 차이에 대한 임화의 성찰은 마산 시기의 시와 평론 모두에서 확인할 수 있다. 이 시기 그의 평론에서 조선어의 문제에 대해서 여러 편의 글을 남기고 있는 것도 이러한 인식에서 나온 것이라고 할 수 있다.[6] 시에서는 이러한 자기 성찰이 크게 두 가지의 기획으로 드러난다. 하나는 조선을 구할 움직일 수 없는 진리를 구하기 위해 현해탄을 건너갔던 젊은 청년들의 행동과 실천을 반성적으로 추구하는 것이다. 『현해탄』 연작이 이에 해당된다. 물론 이 작업이 과거에 대한 반성에 기초한 것인지 아니면 무반성적인 것인지에 대해서는 이견이 있을 수 있지만 이러한 작업이 조선적 근대에 대한

6 이 점에 대해서는 필자의 글 「프로문학 시절의 임화와 문학어로서의 민족어」, 임화문학연구회 편, 『임화문학연구』 1, 소명출판, 2009를 참고.

성찰을 전제 하지 않고서는 이루어질 수 없는 작업임은 분명하다. 다른 하나는 그 동안 간과했던 조선의 농민들의 삶을 끌어들이는 시적 작업이다. 프롤레타리아 국제주의에 심취했던 임화로서는 노동자계급에 주목하였고 농민에 대해서는 별로 관심을 두지 않았다. 당시 조선의 자본주의가 저개발 상태였기에 농민이 전체 인구의 80프로 이상을 차지하고 있었지만 이는 애써 무시되었던 것이다. 하지만 프롤레타리아 국제주의에 대해서 반성하게 되면서부터는 조선의 농민들에 대해서 깊은 관심을 갖고 보고 이를 어떻게 해석할 수 있을 것인가를 궁구하게 되었다. 특히 노동자와 농민의 관계는 핵심적인 문제였다. 조선농민들의 만주이민을 그리려고 했던 서사시 『이민열차』가 이에 해당한다.

임화는 『삼천리』 잡지 1936년 2월에 발표한 짧은 글에서 1936년의 계획으로 이 두 가지에 대해서 이야기한 바 있다.

> 다른 이론적 프로그램 때문에 창작상의 계획을 진행시킬지 의문입니다. 계획으로는 두 개가 있는데 다 끝나기 전에야 무어라 말할 수 없으나 하나는 개화 조선으로부터 금일의 조선에 이르는 오륙십 년 간의 '현해탄'상을 왕래한 청년을 한 개 시집으로 하고 싶고 '이민'을 취급한 약 삼만 행의 서사시를 쓰고 싶습니다.[7]

7 『삼천리』, 1936.2.

처음 것이 「현해탄」 연작이다. 「현해탄」 연작의 구체적 시 목록은 분명하게 알려져 있지 않다. 임화 생존 시에 스스로 이에 대해서 정확하게 규정한 바가 없기 때문이다. 「현해탄」 연작이 실현되었다고 추정해볼 수 있는 근거로는 다음 두 가지를 들 수 있다. 하나는 시 「해협의 로맨티시즘」이다. 이 시가 처음 발표되었을 때 시의 끄트머리에 「현해탄」 연작의 하나라는 부기가 있다. 아마도 이 시를 쓸 무렵에 임화는 「현해탄」 연작을 구상했다는 것을 알 수 있다. 하지만 그 구상이 처음부터 잘 준비된 성질의 것이 아님도 분명하다. 「해협의 로맨티시즘」이란 시가 처음 발표될 때에는 이 제목이 아니고 그냥 「현해탄」이었다. 하지만 시집 『현해탄』을 발간할 때 이 시의 제목을 「해협의 로맨티시즘」으로 고치어 수록하고 「현해탄」이란 제목의 별도의 시를 창작하여 이 시집에 수록하였다. 이런 점들을 미루어 볼 때 임화는 「현해탄」 연작을 처음부터 세밀하게 구상한 것은 아니고 진행하면서 체계를 잡은 것임을 알 수 있다. 심지어는 1938년에 시집『현해탄』을 발간할 때에도 이 연작에 대해서 체계적인 생각을 가지고 있지는 않았던 것으로 보인다. 하지만 이 시기 임화에게 이 연작에 대한 의식은 분명히 존재하고 있었다. 다른 하나는 해방 후에 낸 시집 『회상시집』에서의 배치이다. 해방 후에 『현해탄』 2판에 해당하는 『회상시집』을 발간할 때 이 「현해탄」 연작에 대해 좀 정리할 필요성을 느꼈기에 일제하 『현해탄』 시집에 수록된 작품 중에서 1934년부터 1937년까지 발표한 작품만을 추렸고 다시 1부와 2부로 나누어 1부에서는

「현해탄」 연작이라고 부를 수 있는 것만을 골라 배치하였다. 이 무렵에서야 이 연작의 구체적인 면모가 드러났다고 할 수 있다.

다른 하나의 기획인 서사시 『이민열차』는 끝내 완성되지 못한 것으로 보인다. 1936년의 계획을 말하는 예의 언급을 미루어 볼 때 임화는 이 작업에 대해 구체적인 생각을 가지고 있었던 것은 분명하다. 막연한 상태였다면 서사시의 길이를 언급하지는 않았을 것이다. 하지만 우리는 이 서사시가 나왔다는 그 어떤 증거도 현재 갖고 있지 않다. 하지만 그 편린 정도는 찾을 수가 있다. 시 「야행차속」이 이러한 서사시와 관련이 있는 것이 아닌가 한다. 만주로 이민을 가는 조선 농민을 다룬 이 시는 이 서사시와 직접적인 관련은 없다 하더라도 간접적으로는 이러한 문제의식에서 나온 것임을 알 수 있다.

우선 「현해탄」 연작의 하나인 「해협의 로맨티시즘」을 보자. 이 시의 시적 화자는 부산을 떠나 일본의 시모노세끼로 가는 연락선의 갑판과 선실에 서 있다. 동경에 가서 절대적 진리를 배운 후 조선으로 건너와서 어두운 세상을 밝히는 한 개의 불빛이 되리라는 결의를 안고 떠났던 조선 청년들의 희망이 그 기조를 이룬다. 특히 갑판에 서서 막막한 바다를 보면 볼수록 이러한 희망을 더욱 커져 갔던 것이다. 하지만 선실로 내려오면서부터는 다른 감정에 사로잡히게 된다. 2등 캐빈에서 일본인들이 대일본 제국 만세를 부르는 것을 목격하면서 위화감을 느끼게 된다. 일본의 부르조아지들이 아니라 평범한 일본인 서민마저도 이러한 위계의식을 즐기면서 살아가는 것을 목격한 것이다. 또한 자신이 타고 있는 3등 선실에 이르러서는 일자리를 구하기 위하여 가족을 인솔하여 일본으로 건너가는 조선인들을 만난다.

'반자이!' '반자이!' '다이닛……'
이등 캐빈이 떠나갈 듯한 아우성은,
감격인가? 협위인가?
깃발이 '마스트' 높이 기어올라갈 제
청년의 가슴에는 굵은 돌이 내려 앉았다.

어떠한 불덩이가,
과연 층계를 내려가는 그의 머리보다도
더 뜨거웠을까?
어머니를 부르는,어린애를 부르는,
남도 사투리,
오오! 왜 그것은 눈물을 자아내는가?

정말로 무서운 것이……
청년! 오로, 자랑스러운 이름아!
적이 클수록 승리도 크구나.

삼등 선실 밑

똥그란 유리창을 내다보고,
손가락을로 입으로 깨물을 때,
깊은 바다의 검푸른 물결이 왈칵
해일처럼 그의 가슴에 넘쳤다.
오오, 해협의 낭만주의여![8]

이러한 대비를 통하여 임화는 일본인과 조선인의 사회적 경제적 차이에 대해 아주 분명하게 이야기하고 싶었을 것이다. 이러한 것은 이전의 임화에서는 보기 힘든 것이라 할 수 있다. 조선인들은 동경에서 극단적인 소수자로 파묻혀 지내기에 에스닉적 차이라고 할 수 있는 것을 집단적으로 느낄 수 있는 계기가 별로 없다. 또한 조선의 경성에서는 에스닉에 따른 공간 분할과 구분이 분명하지 않기 때문에 이러한 차이를 쉽게 느낄 수 없었다. 하지만 연락선에서는 선실의 등급에 따른 종족적 차이가 강하게 드러나기 때문에 에스닉상의 위계를 피부로 느낄 수 있다. 따라서 시 창작에서 극적인 방식을 선호하였던 임화로서는 연락선이란 공간을 활용하여 이 시를 썼던 것이다. 이 점은 염상섭의 『만세전』과 상통된다. 염상섭도 주인공들이 종족적 차별을 가장 강하게 느끼는 공간으로 동경이나 경성이 아니라 바로 이 연락선으로 설정한 바 있다.

동경서 하관까지 올 동안은 일부러 일본 사람 행세를 하려는 것은 아

8 임화, 「해협의 로맨티시즘」, 앞의 책, 153면.

니라도 또 애를 써서 조선 사람 행세를 할 필요도 없는 고로, 그럭저럭 마음 놓고 지낼 수가 있지만, 연락선에 들어오기만 하면 웬 셈인지 공기가 험악해지는 것 같고 어떠한 기분이 덜미를 잡는 것 같은 것이 보통이다. 그러나 이번처럼 휴대품까지 수색을 당하고 나니 불쾌한 기분이 한층 더하지 않을 수 없었다. 눈을 감고 드러누워서도 분한 생각이 목줄띠까지 치밀어 올라와서 무심코 입술을 악물어 보았다. 그러나 사면을 돌아다보아야 분풀이를 할 데라고는 없다. 설혹 처지가 같고 경우가 같은 동행자를 만난다 하더라도 하소연을 할 수는 없다. 왜 그러냐 하면 여기는 배 속이니까 그렇다는 말이다. 나를 한손 접고 내려다보는 나보다 훨씬 나은 양반들이 타신 배이기 때문이다.[9]

연락선이란 공간은 종족적 차별의 위계가 가장 극적으로 드러나는 곳이기에 염상섭과 임화는 모두 이를 놓치지 않았던 것이다. 임화가 이광수를 그렇게 쉽게 내치면서도 염상섭의 『만세전』에 대해서는 연연하는 모습을 보이는 데에는 이러한 인식도 일정하게 작용하였을 것이다.

이처럼 에스닉상의 차별과 위계를 말하는 것은 이전의 임화에서는 찾아보기 힘든 대목이라고 할 수 있다. 프롤레타리아 국제주의에 서 있을 때에는 이러한 에스닉상의 위계 같은 것은 애써 축소해야 하고

9 염상섭, 『만세전』, 문학과지성사, 2005, 67면.

드러내지 말아야 할 요소였다. 프롤레타리아 국제주의를 훼손하는 일이기 때문이다. 하지만 이 마법에서 풀려나오자 전에 간과했던 것들이 새롭게 드러나기 시작한 것이다. 이 점은 비단 이 시뿐만이 아니라 현해탄 연작 전체의 기저에 깔려 있다.

마산 시절의 임화의 시에서 빠뜨릴 수 없는 것이 서사시 『이민열차』이다. 이 서사시가 완성되었는지 아닌지 현재로서는 알 수가 없다. 하지만 중요한 것은 이러한 기획을 임화가 했다는 사실과 그 편린을 엿볼 수 있는 시들이 이 시기에 남아 있다는 점이다. 시 「야행차 속」은 그런 점에서 매우 흥미로운 작품이다. 농촌 고향에서 살 수 없어서 만주로 이주하는 한 가족의 이야기를 바탕으로 하고 있는 이 작품은 임화의 작품에서 이채를 발하는 시이다. 당시 프로 문학의 안과 밖에서 농민 특히 이주 농민의 모습을 담고 있는 작품은 매우 많았다. 그런데 임화가 이러한 소재를 끌어들여 시를 썼다는 것 자체가 특이하다. 농민에 대해서는 특별하게 언급하지 않았을 뿐만 아니라 프로 문학 내에서 농민문학론이 진행될 때에도 간여하지 않았기 때문이다. 하지만 이 시를 찬찬이 살펴보면 임화가 왜 이런 시를 썼는가를 어느 정도 짐작할 수 있다. 자본주의 3기론에 입각한 프롤레타리아 국제주의를 신봉할 때의 임화의 문제의식에서 농민은 빠져 있었고 항상 노동자가 기본 관심의 대상이었다. 오히려 농민과 농민문학은 안함광과 같이 조선의 특수성에 관심을 두고 탐구한 프로문학가들이 제기하였던 과제였다. 조선의 인구 구성에서 농민이 90프로 가까이를 차지하고 있는데 과연 프롤레타리아를 어떻게 상정할 것인가의 문제를 안함광 등은 심각하게 고민하였다. 서구와 일본의 자본주의를 기준으로 삼고 여기에 조선의 노동자를 기계적으로 끌어다 붙이는 방식을 고려하였던 임화에게는 이러한 문제의식이 들어설 여지가 거의 없었다. 그렇기 때문에 임화는 프로문학 내에서 농민과 농민문학에 대한 논의가 나왔을 때 아무런 관심을 표명하지 않았을 뿐 아니라 때때로 이것이 정통에서 벗어난 것이라고 생각할 정도였다. 그러던 임화가 이렇게 농민에 대해서 관심을 가지고 시를 썼다는 점 그리고 심지어는 서사시마저 기획했다는 것은 임화의 변화를 보여주는 대목이라 할 수 있다.

더욱 흥미로운 것은 농민에 대한 관심이 에스닉상의 차이와 직결되고 있다는 점이다. 이 시의 다음 대목에서 확연하게 읽을 수 있다.

> 아직 멀었는가 추풍령은……
> 그믐밤이라 정거장 푯말도 안 보인다.
> 답답워라 산인지 들인지 대체 지금 어디를 지나는지?
> 나으리들뿐이라 누구한테 엄두를 내어
> 물을 수도 없구나
>
> 다시 한번 손목시계를 들여다보고 양복쟁이는 모를 말을 지저귄다.
> 아마 그 사람들은 모든 것을 다 아나보다.

되놈의 땅으로 농사가는 줄을 누가 모르나

면소에서 준 표지를 보지,하도 지척도 안 뵈니까 그렇지!

차가 덜컹 소리를 치며 엉덩방아를 찧는다

필연코 어제 아이들이 돌멩이를 놓고 달아난 게다.

가뜩이나 무거운 짐에 너 그 사이다 병은 집어넣어 무얼 할래.

오호 착해라, 그래도 누이 시집갈 제 기름병을 하려고……

노하지 마라 너의 아버지는 소 같구나.

빠가! 잠결에 기대인 늙은이의 머리를 밀쳐도,

엄마도 아빠도 말이 없고 허리만 굽히니……

오오, 물소리가 들린다 넓고 긴 낙동강에……[10]

삼대가 만주로 이주하는 열차에 일본말을 하는 나으리들이 조선인 농민에게 '빠가'라는 하면서 모욕하는 장면을 이 시에서 넣은 것은 변혁 주체로서의 농민의 발견뿐만 아니라 에스닉상의 차별도 염두에 둔 것임을 확연하게 말해주고 있는 것이다. 그런 점에서 이러한 상상력은 조명희의 「낙동강」에서 보여주었던 노동자와 농민 의 단순한 연

10 임화, 「야행차 속」, 앞의 책, 149~150면.

대와 같은 프로문학 초기의 관심과도 다르다는 것을 알 수 있다. 오히려 조선적 근대의 발견에서 나온 것임을 알 수 있다.

종족적 차별의 관부연락선과 저개발의 근대성으로서의 이민열차를 포착한 임화의 시선은 바로 제국 일본과 식민지 조선의 차이에 대한 인식이라고 할 수 있다. 물론 이러한 것은 식민지에 대한 본격적인 인식과는 거리가 있다. 하지만 그 동안 견지하였던 프롤레타리아 국제주의의 시선과는 다르다. 프롤레타리아 국제주의의 시각에서는 제국 일본과 식민지 조선의 차이라는 것은 무시해야 할 성질의 것이었다.

마산 시절의 임화의 이러한 인식과 미세한 변화에는 기본적으로 무산사사 시절부터 견지하였던 자본주의 3기에 입각한 혁명 임박론의 좌절이 그 핵심에 놓여 있다고 할 수 있다. 무모함을 깨닫고서는 이보 전진을 위한 일본 퇴각의 인식론적 변화를 행할 수밖에 없었다. 임화가 말한 것처럼 전진과 퇴각의 고등수학을 해야 했던 것이다. 하지만 반드시 고려해야 할 것은 이러한 인식상의 변화에서 마산이란 공간이 준 적지 않은 영향이다. 당시 마산에는 다른 지역에서 볼 수 없는 매우 특이한 식민지적 공간 분할이 존재하였다. 일제하 대부분의 도시들은 어느 정도 에스닉상의 공간분할이 있지만 마산만큼 피부에 와 닿을 정도로 명백한 구분이 있는 곳은 드물었다. '구마산'이란 말이 나올 정도이니 그 정도를 짐작할 수 있다. '신의주' 혹은 '신태인'처럼 철도가 생기면서 예전의 마을 대신에 역세권을 중심으로 새로운 지역 이름이 생기는 경우는 있지만 '구마산'처럼 구를 붙인 경우는 드물다. 그만큼 마산은 에스닉상의 공간 분할이 아주 심하였다는 것을 알 수 있다. 일본인들이 살고 있는 지역은 잘 정리되고 구획된 곳으로 그냥 마산으로 칭해지고, 조선인들이 사는 공간은 도시계획이 이루어지지 않은 과거의 흔적을 그대로 담고 있는 '구마산'이란 이름으로 불리워진 것이다. 지하련이 살고 있던 지역은 구마산이고, 폐병을 치료하던 병원은 마산지역이기에 이 조그마한 마산 안에서 두 공간을 동시에 체험할 수 있었다. 좁은 마산에서 목격한 이 종족적 공간 분할은 임화에게 차이를 인식하는 계기로 작용하였을 것이다.

3. 「현해탄」 연작—차이에 기초한 새로운 국제주의의 모색

마산 시절 임화의 작업 중에서 가장 빛나는 것은 「현해탄」 연작이라고 생각한다. 이 연작 자체가 갖는 규모도 그러하지만 임화의 시 중에서 이것들이 가장 시적 성취가 높기 때문이라고 할 수 있다. 앞서 말했지만 물론 이 시기에 임화의 작업은 비단 「현해탄」 연작에 그치지 않는다. 이 연작 이외에도 많은 시들을 썼고 또 평론이나 문학사적 작업에서도 일정한 성취를 보여주기 때문이다. 특히 조선어에 대한 새로운 인식과 이에 기반을 둔 일련의 작업들은 이전의 임화에서는 찾기 어려웠던 지적 작업이었다. 하지만 이런 점들을 모두 감안한다

하더라도 「현해탄」 연작은 이 시기 임화의 작업 중에서 가장 빛나는 대목이라고 생각한다.

1934년 이전의 임화의 시들은 프로 문학에 대한 집착이 너무나 강해서 시적 완성도가 그렇게 높지는 않다. 물론 이 시기 다른 프로 문학 시인들에 비하면 임화의 시는 비교할 수 없을 만큼 높은 성취를 보이고 있다. 다른 프로문학 시인들의 시가 '뼈다귀시'라는 악명을 얻을 때 임화는 이를 다소 벗어나 있었다. 이 시기의 대표작으로 꼽는 「우리 오빠와 화로」, 「네거리의 순이」, 「우산 받은 요코하마의 부두」 등이 그러하다. 이런 시들은 당시의 다른 프로 시인들의 시에 비하면 분명 시적 성취를 보여주고 있다고 할 수 있다. 하지만 이러한 시들도 마산 시절에 쓴 시들에 비하면 그 밀도가 낮다고 할 수 있다. 1938년 이후의 시들 역시 마찬가지이다. 이 무렵에 이르면 시를 쓰는 것 자체가 힘들어졌다. 임화는 이 시기에 찬가 계열의 시들을 몇 편 쓰지만 역시 부자유스러운 환경 탓인지 그다지 높은 성취를 보여주지 못하고 있다. 1939년 넘어서면서 시를 전혀 발표하지 않은 것도 이와 무관하지 않다고 할 수 있다. 그런 면에서 볼 때 일제하의 임화의 시 활동 중에서는 마산 시절에 쓴 시들이 가장 뛰어난 성취를 보여준다고 할 수 있다.

임화 스스로도 해방 후에 『현해탄』의 재판이라고 할 수 있는 『회상시집』을 발간하면서 마산 시절의 작품 특히 「현해탄」 연작을 따로 묶을 정도로 이 시편들에 큰 애정을 가졌다. 이 시집에 수록된 시들은 전부 자신이 폐병과 투쟁하던 시기인 1934년부터 1937년까지의 작품이다. 1부 '내 청춘에 바치노라'는 그중에서도 「현해탄」 연작만을 모아 놓은 것이다. 2부 '너 하나 때문에'에는 이 시기의 작품 중에서 「현해탄」 연작을 뺀 나머지 시들이다. 이런 것을 보면 임화는 자신이 폐병으로 투쟁하면서 썼던 시들을 각별한 애정으로 아끼고 있으며 특히 그중에서도 「현해탄」 연작은 따로 묶을 만큼 큰 의미를 두고 있다는 것을 알 수 있다.

「현해탄」 연작은 그 구체적인 내용이 정확하게 확정되어 있지 않지만 『회상시집』의 1부에 묶여 있는 것이 임화가 구상한 「현해탄」 연작에 가장 근접한 것이라고 보고 이를 토대로 논의할 수 있을 것이다. 1부의 시들의 제목과 순서는 다음과 같다.

해상에서

행복은 어디 있었느냐

해협의 로맨티시즘

밤 갑판 위

어린 태양이 말하되

향수

내 청춘에 바치노라

너는 아직 어리고

지도

고향을 지나며

황무지

홍수 뒤

현해탄

「현해탄」 연작은 크게 두 부분으로 나누어져 있다. 첫째는 「해상에서」에서 「지도」까지의 것으로 주로 부산을 떠나 현해탄을 거쳐 동경에 머물면서 프롤레타리아 국제주의의 입장에 서서 연대 활동을 다루었다. 첫 번째 작품 「해상에서」는 연작 전체의 프롤로그로도 볼 수 있다. 둘째는 「고향을 지나며」에서 「홍수 뒤」까지이다. 조선으로 귀국한 후에 조선에서 활동하고 있는 이야기를 담은 것이다. 마지막 작품 「현해탄」은 연작 전체의 에필로그에 해당된다.

「현해탄」 연작은 기본적으로 과거의 프롤레타리아 국제주의에 대해서 일정한 반성을 담고 있다. 한때 절대적인 진리를 담지하고 있다고 믿었던 일본의 동경에서의 선진 사회주의자들부터 세상을 혁파하는 방식을 배우고 그들을 뒤따르던 열정을 한없이 칭송하면서도 그것이 결하고 있었던 것에 대한 자기 성찰을 이야기하는 것이다. 많은 동지들이 이런 저런 이유로 전선에서 빠져 나가는 것을 보면서 자칫 과거의 자신들이 행했던 그 노력이 한낱 꿈처럼 이야기되는 것을 참을 수 없었기에 과거의 열정과 지향은 그 자체로 충분히 존중하려고 하는 것이 바로 이 연작이 노렸던 바 중의 하나였다. 이 무렵 카프와 조선의 좌파 내부의 많은 사람들이 전향을 하면서 과거 자신들이 걸었던 행적들을 젊은 날의 치기 정도로 치부하는 것을 임화로서는 참기 어려웠던 것이리라. 이 점은 비단 조선에만 국한되지 않는다. 일본에서도 많은 이들이 이 무렵에 전향을 하고 국가주의로 귀속되고 있었다. 이러한 것들을 목격하면서 임화는 혁명적인 열정의 과거를 그냥 보낼 수 없기에 「현해탄」 연작을 썼던 것이다. 그렇기 때문에 이 시편들에서는 국제주의의 기치 아래 모였던 과거의 기억들을 아주 생생하게 보여주고 있다. 하지만 임화에게 더욱 중요한 것은 그러한 과거에 머물 수만도 없다는 사실이다. 그동안은 자본주의 3기론에 입각한 프롤레타리아 국제주의에 압도되어 제국인 일본과 식민지인 조선의 차이에 대해서 인식하지 못하였지만 이제는 그것을 제대로 보아야 한다는 것이다. 그렇지 않고서는 한발도 나아가지 못하다는 강한 위기의식이 있었던 것이다.

그렇지만 이 시편들 중에는 과거의 흔적이 여전히 많이 묻어나는 작품도 있다. 과거의 그림자를 강하게 느끼는 시로서 「내 청춘에 바치노라」를 들 수 있다. 프롤레타리아 국제주의의 연대 활동을 노래한 「내 청춘에 바치노라」는 일본의 사회주의자와 조선의 사회주의자들이 같은 기치 하에서 종족을 넘어섰던 지난날을 노래하고 있는 것이다. 국경을 넘어 연대하였던 결코 쉽지 않았던 이 과거의 노력들을 무화시키는 것에 임화가 반발하고 있음을 이 시의 도처에서 발견할 수 있다.

그들은 하나도
어디 태생인지 몰랐다.
아무도 서로 묻지 않고
이야기하려고도 안했다.

나라의 말과 부모의 다름은
그들의 우정의 한 자랑일 뿐
사람들을 갈라놓는 장벽이
오히려 그들의 마음을 얽어매듯 한데 모아

경멸과 질투와 시기와
미움으로밖엔
서로 대할 수 없게 만든 하늘 아래
그들은 밤 바람에 항거하는
작고 큰 파도들이
한 대양에 어울리듯

그것과 맞서는 정열을 가지고
한 머리 아래 손발처럼 화목하였다.

일찍이 어떤 피일지라도
그들과 같은 우정을 낳지는 못했으리라.
높은 예지,새 시대의 총명만이
비로소 낡은 피로 흐릴
정열을 씻은 것이다.

오로지 수정 모양으로 맑은 태양이
환하니 밝은 들판 위를
경주하는 아이들처럼, 그들은
곧장 앞을 향하여 뛰어가면 그만이다.

어미를 팔아 동무를 사러 간다는 등
낡은 고향은 그들의 산등 위에
온갖 추접한 낙인을 찍었으나
온전히 다른 말들이 부르는
단 한 줄기 곡조는
얼마나 아름다웠느냐?

미여진 구두와 헌 옷 아래
서릿발처럼 매운 고난 속에
아 슬픔까지가
자랑스러운 즐거움이었던
그들 청년의 행복이 있었다.[11]

이 시에서 반복되어 등장하는 피에 주목할 필요가 있다. 이 피는 종족 혹은 에스닉의 상징으로 프롤레타리아 국제주의를 방해하는 장애물이다. 피의 열정에 사로잡히면 프롤레타리아 국제주의란 불가능해지고 필연적으로 내셔널리즘에 익사하는 것이다. 임화는 피의 내셔널리즘에 사로잡히는 어리석음을 피하면서 프롤레타리아 국제주의를 견지했던 젊은 날의 행동들을 자랑스럽게 계속 생각하고 있다. 나라가 다름에도 불구하고 하나의 곡조를 위해 전진하는 그 우정의 지향을 새로운 방식으로 지켜 나가고 싶었기에 이러한 시를 썼던 것으로 보인다. 하지만 그러한 열정이 간과했던 것도 성찰하고 있다. 이 시의 행들이 과거형으로 반복되어 끝나고 있는 것도 이것과 무관하지 않을 것이다. 시 「우산 받은 요꼬하마의 부두」와 다른 것은 바로 이 지점이다. 보기에 따라서는 동경에서 무산자사 활동을 하던 1929년과 별반 다르지 않다고 볼 수도 있지만 그 사이에는 거리가 있다.

11 임화, 「내 청춘에 바치노라」, 앞의 책, 163~4면.

자본주의 3기론에 입각한 프롤레타리아 국제주의의 그림자가 여전히 도사리고 있기는 하지만 기본적으로 제국 일본과 식민지 조선의 차이에 입각한 새로운 국제주의를 지향하는 노력을 읽을 수 있는데 이는 이 연작의 에필로그에 해당하는 시 「현해탄」에서 가장 극적으로 드러난다고 할 수 있다. 이 시에서 읽는 국제주의는 과거와 같이 임박한 혁명의 기대 속에서 이루어지는 그러한 프롤레타리아 국제주의가 아닌 것이다. 장구한 혁명의 전망 속에서 이루어지는 프롤레타리아 국제주의인 것이다. 그리고 제국과 식민지의 차이를 인정한 자리 위에서 이루어지는 그러한 프롤레타리아 국제주의이다.

오오! 어느 날
먼 먼 앞의 어느 날
우리들의 괴로운 역사와 더불어
그대들의 불행한 생애와 숨은 이름이
커다랗게 기록될 것을 나는 안다.
1890년대의
1920년대의
1930년대의
1940년대의
19xx년대의
....

모든 것이 과거로 돌아간
폐허의 거칠고 큰 비석 위
새벽 별이 그대들의 이름을 비칠 때
현해탄의 물결은
우리들이 어려서
고기떼를 쫓던 실내처럼
그대들의 일생을
아름다운 전설 가운데 속삭이리라

그러나 우리는 아직도
이 바다 높은 물결 위에 있다.[12]

「현해탄」 연작을 총괄하는 시로 임화가 쓴 것으로 보이는 「현해탄」에서 조선적 근대에 대한 성찰과 탐구를 확연하게 읽을 수 있다. 또한 장구한 혁명에 대한 임화의 생각을 읽어내는 것도 어렵지 않다. 자본주의가 그렇게 쉽게 무너지지 않는다는 것과 제국과 식민지 프롤레타리아 사이에는 공통점도 있지만 차이도 있다는 것 등등 많은 점들을 체득했던 것이다. 그렇지만 혁명에 대한 전망을 버리지 않고 있으며 새로운 프롤레타리아 국제주의에 대한 희망의 끈도 놓치지 않고 있다.

12 임화, 「현해탄」, 앞의 책, 191~2면.

4. 조선적 근대의 천착을 통한 전통의 발견과 이식으로서의 조선 신문학사

1934년부터 1937년까지의 약 4년간은 임화의 문학 여정에서 독특한 의미를 갖는 시기이다. 1929년 동경으로 건너가 무산자사 활동을 하면서부터 임화는 프롤레타리아 국제주의를 기반으로 프로문학을 펼쳤다. 또한 이 무렵에는 임박한 혁명에 기여하기 위하여 온갖 실천들을 숨 가쁘게 행하였다. 하지만 이러한 것이 무모한 것임을 알아차린 것이 바로 1933년 이후이다.

1934년 무렵부터는 이러한 조급한 전망 대신에 장구한 혁명을 준비하였다. 또한 프롤레타리아 국제주의에 입각한 프로문학을 견지하였지만 더 이상 자본주의 제3기론과 같은 것에 매달리지 않았다. 더욱 중요한 것은 이 무렵에 이르면 일본과 조선의 차이, 제국 일본과 식민지 조선의 차이에 대해서 눈을 뜨기 시작하였다는 점이다. 그 동안 일본의 프롤레타리아와 조선의 프롤레타리아와의 연대를 강조하기 위하여 애써 무시했던 이러한 차이들에 대해서 조심스럽게 접근하면서 그 의미를 부각시켰다. 그 과정에서 조선적 근대의 천착에 힘을 쏟기 시작하였다. 이 시절에 쓴 「현해탄」 연작은 바로 이러한 임화의 자기 성찰에서 가능할 수 있었던 작품이라 할 수 있다.

1938년 이후 임화는 이러한 입장과도 결별한다. 프로문학은 모험이었다는 그의 유명한 진술은 그 이전 시기의 자신의 문학적 행로에 대한 갱신이었다. 조선적 근대를 성찰하는 차원을 넘어 이제 조선의 전통에 대해서 이야기 하고 이를 바탕으로 이식문학론을 펼쳤다.

소설이면 소설, 시면 시가 서구의 그것과 여러가지의 차이가 있다 하더라도 근본적으로는 소설로서 시로서 서구의 그것을 이해할 수 있는 공통성을 가지고 있었고, 따라서 외래소설 서구시의 이식은 자기전래의 소설과 시의 형태를 개변함으로써 새로운 양식의 수립을 곧 착수할 수가 있었던 것이다. 문학에 있어 근대소설과 시의 선구가 된 신소설과 창가는 낡은 조선의 소설과 시가 근대소설과 시를 이식함에 있어 '근소한 자기 개변'으로 능히 새 양식의 수립과정에 들어갈 수 있었다는 무엇보다도 유력한 증거가 아닐 수가 없다. 그밖에 모든 문화와 예술이 자기 고유의 장르의 전통과 근대서구문화와 예술의 이러한 공통성을 토대삼아야만 비교적 쉽사리 제작을 통하여 즉 제작과정에서 일어나는 모방현상을 거쳐서 서구문화의 이식과정을 촉진시킬 수가 있었던 것이다. 그러므로 서구의 근대문화를 어느 정도로이고 받아들이어 그것을 소화할 수 있던 지방은 즉 그것을 통하여 자기의 근대문화를 수립해볼 수 있는 지방은 문화의 일정 정도의 역사와 전통을 가진 지방만이 가능했던 것이다. 아메리카인디언이나 남양토인은 그러므로 자기의 근대문화를 갖는 대신 아주 문화적으로 몰락해버리든가 그렇지 아니하면 근대문화를 수입함으로써 서구화해버리든가 양극단의 일자의 길을 걷지 아니할 수 없었던 것이다. 이 사실은 먼저 말한 자기문화의 일정한 축적없이는 서구문화를 이식해드릴 수 없는 사실과 공통하는 것이다. 그러므로 동양의 모든 지방이 서구의 근대문화 앞에 압도되어버리지 아니하고 능히 그것을 이식할 수 있었다는 것은 과거 동양이 상당히 높은 문화권이었음을 의미한다.[13]

임화는 프로문학이 모험이라고 주장하면서 조선의 신문학을 근본적으로 성찰하는 작업을 이 시기에 행하였는데 이는 분명 마산 시절의 입장과는 차이가 있다. 하지만 『춘향전』 등의 전근대 작품을 김태준과 더불어 편찬했던 학예사의 조선문고, 이식문학론에 입각한 조선 신문학사의 서술 그리고 본격문학론에 입각한 비평적 논의 등의 작업은 마산 시절에 그가 획득했던 차이를 통한 조선적 근대의 성찰 없이는 생각할 수 없는 것들이다.

13 임화, 「조선영화론」, 『춘추』, 1941.11.

「현해탄」 연작과 비서구 식민지의 곤혹

김재용

1. 시「현해탄」, 시집『현해탄』그리고「현해탄」연작

임화는 여러 개의 연작시와 서사시를 시도하였지만 나름의 체계를 갖춘 것은「현해탄」연작 하나라고 할 수 있다. 이야기가 스며 있는 시를 좋아했던 임화였기에 서사시뿐만 아니라 연작시를 여러 개 시도하였다. 그가 한동안 몰두하였던 서사시『이민열차』가 끝내 마무리되지 못하였다는 것은 널리 알려져 있다. 또한 해주에서 남쪽의 항쟁하는 이들을 안타깝게 바라보면서 썼던「영웅전」연작도 현재 그 전모를 알기가 어렵다. 한국전쟁 시기에 썼던『인민의 날개 연작』도 현재로서는 가늠하기 어렵다. 막강한 공습력을 갖춘 미국의 전력 앞에서 속수무책으로 당하고 있던 인민군들의 모습을 응원하기 위하여 썼던 이 연작 역시 제대로 남아 있지 않다. 어느 정도 완성된 모습을 갖춘 것으로는 「현해탄」 연작 하나라고 할 수 있다.

하지만 「현해탄」 연작 역시 그 윤곽이 뚜렷하지는 않다. 임화는 1936년 무렵부터 「현해탄」 연작을 염두에 두고 2-30편의 작품을 썼고 이를 한 권의 시집으로 묶고자 하였다. 마산에서 요양을 하던 임화가 차츰 회복하면서 이러한 구상을 하였던 것으로 보인다. 프로문학의 초지였던 프롤레타리아 국제주의를 견지하면서도 그동안의 잘못을 반성하고자 하는 열망에서 나온 것이 바로 이 연작이었다. 그런데 일이 뜻대로 되지 않아 결국 한권의 책으로 묶어 내는 것은 포기하고 말았다. 대신에 1934년 이후부터 1937년까지 쓴 시들을 묶은 시집 『현해탄』(1938) 시집을 출간하면서 그 연작들은 시집 후반부에 끼여 넣는 것으로 만족하였다. 그렇기 때문에 일제시대에는 「현해탄」 연작이 제대로 본 모습을 드러내지 못하였다. 「현해탄」 연작이 제대로 꼴을 갖춘 것은 해방 직후에 낸 『회상시집』(1947)에서였다. 좌절된 기획에 대한 미련 탓인지, 혹은 과거를 새롭게 보려고 하였던 임화의 의도 탓인지 시집 『현해탄』의 재판인 이 시집에서 연작과 관련된 시들을 전반부에 독립적으로 배치하였다. 「현해탄」 연작이 비로소 그 자태를 드러낸 셈이다. 그 과정에서 임화는 과거 「현해탄」 연작으로 기획하였던 시들 중에서 더러 빼기도 하였다.

필자는 『회상시집』 1부에 수록된 것들을 「현해탄」 연작으로 간주하고 이를 토대로 고찰하고자 한다. 우선 이 시집에 수록된 「현해탄」 연작시들을 열거하면 다음과 같다.(괄호 안의 것은 발표된 지면과 연도이다. 괄호가 없는 것은 지면을 통하지 않고 직접 시집에 실린 것으로 추정되는 시들이다)

해상에서
행복은 어디 있었느냐
해협의 로맨티시즘(『중앙』, 1936.3)
밤 갑판 위
어린 태양이 말하되(『동아일보』, 1937.6.23)
향수
내 청춘에 바치노라(『동아일보』, 1937.10.22)
너는 아직 어리고
지도(『동아일보』, 1937.11.3)
고향을 지나며
황무지
홍수 뒤(『조선일보』, 1937.6.24)
현해탄

총 13편의 시들을 내용적으로 잘 살펴보면 임화가 용의주도하게 배치를 하고 있음을 알 수 있다. 「현해탄」 연작은 크게 네 부분으로 나눌 수 있다. 첫째는 여는 시에 해당하는 「해상에서」이다. 이 시는 임화가 「현해탄」 연작 전체를 염두에 두고 출판 직전에 쓴 것처럼 보인다. 둘째는 부산을 떠나 일본에 도착하여 그곳에서 살아가는 것을 다룬 시들이다. 「행복은 어디 있었느냐」부터 「지도」까지이다. 가장 많은 분량을 차지하는 이 부분은 부산을 떠나 일본에 도착하는 과정과 일본에서 생활하는 것을 주로 다룬 것들이다. 세 번째 부분은 다시 조선에 돌아와서 투사로서 살아가는 모습을 다룬 것이다. 「고향을 지나며」부터 「홍수 뒤」까지가 여기에 해당한다. 양적으로 보면 일본에서의 것과 비교할 수 없을 정도로 적지만 그 의미에 있어서 결코 떨어지지 않는다. 네 번째 부분의 시 「현해탄」은 맺는 시로서 「현해탄」 연작을 전체적으로 마무리하는 작품이다. 근대 이후 현해탄을 건넜던 이들을 회상하면서 미래를 설계하는 시이다.

「현해탄」 연작을 전체적으로 볼 때 몇 가지를 확인할 수 있다. 첫째는 신문과 잡지의 발표를 염두에 두지 않고 연작 전체를 고려하면서 집중적으로 창작했다는 것이다. 실제로 13편 중에서 발표가 확인된 것은 「해협의 로맨티시즘」을 비롯하여 몇 편에 불과하다. 2년이 채 못 되는 기간에 이 연작에 몰입했을 알 수 있다. 이 점은 임화가 한 다음 말에서도 확인할 수 있다.

> 현해탄이란 제 아래 근대 조선의 역사적 생활과 인연 깊은 그 바다를 중심으로 한 생각 느낌 등을 약 2,30편 되는 작품으로 써서 한 책을 만들

어 볼가 하였다. 이 가운데 맨 뒤에 실린 바다가 많이 나오는 일련의 작품이 그것이다. 그러나 재능의 부족과 생각의 미숙 등 외의 여러 가지 곤란에 부닥쳐 끝까지 써나갈 용기와 자신을 다 잃어 버렸다. 그래 할 수 없이 그 전에 한 권에 모았던 가운데서 얼마를 빼고 새로 쓴 작품과 어울러서 이 책 한권이 된 셈이다.[1]

결국 기획한 대로 마무리 하지 못하고 다른 시들과 함께 한 시대를 정리하는 시집으로 낸 셈이다.

두 번째는 「현해탄」 연작이 창작된 시기가 1936년과 1937년 2년에 걸친 것으로 임화가 사회주의적 민족문화론으로 프로문학계의 난국을 타개하려고 하였던 때라는 점이다. 임화가 「현해탄」 연작을 염두에 두고 맨 먼저 창작한 것이 1936년 3월 『중앙』 잡지에 발표된 「현해탄」이다. (물론 이 시는 나중에 시집에 실릴 때 「해협의 로맨티시즘」으로 바뀌고 여는 시에 해당하는 「현해탄」 이름의 새로운 시를 별도로 창작하였다. 이 둘을 혼동해서는 안 된다.) 이 시가 발표되었을 때 시 끝에 '「현해탄」 가운데의 하나'라는 부기가 달려 있어 임화가 이 연작을 구상하고 본격적으로 창작하게 된 것이 1936년 초쯤임을 알 수 있다. 그렇게 보면 「현해탄」 연작은 1936년과 1937년 양년에 걸쳐 창작된 것임을 확인할 수 있다.

그런데 이 시기는 임화의 문학적 여정에서 특별한 시기라고 할 수

1 임화, 『현해탄』, 동광당, 1938.

있다. 일제하 임화의 문학을 크게 세 단계로 나눌 수 있다. 처녀작부터 1933년까지, 1934년부터 1937년까지 그리고 1938년부터 1945년까지이다. 두 번째 시기에 해당하는 1934년부터 1937년은 임화가 투병의 어려움 속에서도 사회주의적 민족문화의 기치 하에 프로문학의 갱신을 모색하던 때이다. 자본주의 제3기론에 입각한 혁명이 임박하였다고 생각하면서 질주하였던 그동안의 자신을 반성하면서 사회주의 민족문화론을 펼쳤다. 문학어로서의 조선어의 문제에 남달리 깊은 관심을 갖고 글을 썼던 것은 비단 조선어학회의 어문정리 사업이라는 외적 환경만의 문제는 아니다. 혁명적 낭만주의에 입각한 사회주의 리얼리즘의 이론적 작업을 통하여, 프로문학을 부정하면서 전향을 하는 이들을 비판하였던 것도 이 시기의 임화의 활동에서 빼놓을 수 없는 것이다. 이 시기 임화의 활동 중에서 가장 돋보이는 것은 과거의 국제주의에 대한 반성과 새로운 국제주의의 모색이다. 「현해탄」 연작을 통하여 임화가 펼쳤던 것은 바로 이 국제주의였다.

2. 제국 일본과 식민지 조선의 거리

「현해탄」 연작 중에서 가장 먼저 발표된 시 「해협의 로맨티시즘」은 1936년 초이고 가장 마지막으로 발표된 시 「지도」는 1937년 11월이다. 이 사이에 중일전쟁이 발생한다. 이미 만주사변을 통하여 일본의 침략주의는 동아시아 전체에 큰 파장을 일으켰다. 이제 일본이 중국을 침략하였기 때문에 일본의 침략주의는 너무나 명백하여졌다. 서구 주도의 세계질서 속에서 일본의 사명을 적극적으로 이해하였던 인도의 타고르마저도 중일전쟁에서의 일본의 중국 침략을 맹비난 하였을 정도이니 당시 이 전쟁이 국제사회에서 어떻게 인식되었는가를 어렵지 않게 짐작할 수 있다. 또한 중국 국민당에 비판적이었기에 만주사변에 대해서 다소 모호한 입장을 가졌던 중국 공산당도 중일전쟁을 예감하고 항일의 기치를 내걸 정도였다.

임화는 일본 제국이 만주국을 수립한 이후 일본 내의 좌파들이 전향하기 시작하는 것을 보면서 자신의 생각을 조금씩 수정하기 시작하였다. 그러던 차에 중일전쟁이 터지자 일본의 좌파들에게 가졌던 프롤레타리아 국제주의를 더 이상 유지할 수 없음을 통절하게 깨달았다. 물론 아직도 일본 제국에 비판적인 정서와 지향을 가지고 있던 일본 좌파들에게 일정한 연대의식을 가지고 있었겠지만 과거와 같은 프롤레타리아 국제주의를 견지하기는 어려웠던 것이다. 한창 프롤레타리아 국제주의를 외칠 때에도 일본 제국과 식민지 조선의 차이를 전혀 모르지는 않았다. 하지만 그 간극을 메울 수 있었던 것은 일본 제국과 자본주의를 비판하는 일본의 프롤레타리아트와 식민지 조선에서 식민지와 자본주의를 비판하는 조선의 프롤레타리아트와의 연대의 힘에 대한 신뢰가 컸기 때문이다. 하지만 만주국 성립 이후 일본

좌파의 전향과 중일전쟁을 전후한 시기에 일본의 좌파들이 허물어지는 것을 목격하면서 일본 제국과 식민지 조선의 비대칭에 대한 문제의식을 심화하게 된 것이다. 식민지와 자본주의를 비판하는 조선의 프롤레타리아트는 별로 바뀌지 않았지만, 일본 제국과 자본주의를 비판하는 일본의 프롤레타리아트는 아주 변하였다고 본 것이다. 그렇기 때문에 과거에 유지하였던 일본과 조선의 프롤레타리아 연대는 지속하기 어려웠다. 이러한 고민에서 나온 것이 바로 「현해탄」 연작이다.

가장 이른 시기에 발표된 「해협의 로맨티시즘」(발표 당시의 제목은 「현해탄」이다)은 당시 임화의 기획의도를 잘 보여준다. 과거에 견지하였던 국제주의를 더 이상 견지하기 어려운 현실의 변화 즉 일본 제국과 식민지 조선의 차이이다.

> '반사이!' '반사이!' '다이닛……'
> 이등 캐빈이 떠나갈 듯한 아우성은,
> 감격인가? 협위인가?
> 깃발이 '마스트' 높이 기어올라갈 제,
> 청년의 가슴에는 굵은 돌이 내려앉았다.
>
> 어떠한 불덩이가,
> 과연 층계를 내려가는 그의 머리보다도

더 뜨거웠을까?

어머니를 부르는, 어린애를 부르는,

남도 사투리,

오오! 왜 그것은 눈물을 자아내는가?

정말로 무서운 것이……

불붙는 신념보다도 무서운 것이……

청년! 오오, 자랑스러운 이름아!

적이 클수록 승리도 크구나.

삼등 선실 밑

똥그란 유리창을 내다보고 내다보고,

손가락을 입으로 깨물을 때,

깊은 바다의 검푸른 물결이 왈칵

해일처럼 그의 가슴에 넘쳤다.

오오, 해협의 낭만주의여!

그동안 일본 좌파와 조선 좌파와의 연대를 통한 프롤레타리아 국제주의가 간과했던 것 중의 하나가 바로 일본 제국과 식민지 조선의 비대칭이다. 자본주의의 팽창의 결과인 일본 제국주의와 빈약한 식민지 조선 사이에는 엄청난 불균형이 존재하지만 애써 이를 무시하고 좌파 간의 연대를 주장하였던 것이다. 그러다보니 현실에서 잘 맞지 않는 대목들이 불거져 나올 수밖에 없다. 일본인들은 대일본 제국의 팽창 속에서 식민지를 획득하고 그 속에서 살아가는 것에 만족하면서 만세를 부른다. 그렇기 때문에 식민지 조선에 나와서 일할 때 그들은 삶의 터전을 잃었다는 상실감보다는 일본에서 받은 차별을 피식민지에서 보상하려고 하는 우월 의식을 가졌다. 반면에 먹고 살기 힘들어 고향을 등지고 일본으로 건너가 노동자로 생계를 꾸려야 하는 조선인들에게는 생활의 터전을 옮기지 않고 자신의 땅에서 살아가는 것이 절박한 꿈이다. 하지만 현실에서는 그렇지 못하여 자신의 고국과 고향을 떠나 낯설은 곳에서 차별을 받아가면서 살아가기 때문에 일본의 노동자들과는 다른 처지에 놓이게 된다. 임화는 이 점을 조선에서 일본으로 가는 관부연락선의 이등실에 있는 일본인들의 만세소리와 삼등실에서 가슴을 태우는 조선인들의 울음소리를 대조시켜 보여주었다. 제국 일본과 식민지 조선의 거리를 읽어낸 것으로 「현해탄」 연작이 왜 기획되었는지를 잘 보여준다.

3. 새로운 국제주의의 모색

사회주의 좌파들의 전향은 비단 일본에 국한된 일만도 아니다. 조선에서도 과거에 대한 반성을 빙자하여 다양한 형태의 전향이 속출하였다. 잃은 것은 예술이요 얻은 것은 이데올로기였다고 하는 것이 있는가 하면, 조선적 특수성을 근거로 과거의 프롤레타리아 국제주의를 부정하는 태도도 있었다. 임화가 이 연작에서 중시했던 것은 후자 즉 프롤레타리아 국제주의의 이상을 부정하는 태도였다. 앞서 보았던 것처럼 제국 일본과 식민지 조선 사이의 차이를 무시한 상태에서 이루어진 프롤레타리아 국제주의란 것이 얼마나 추상적 기반 위에 서 있는 것인가 하는 점은 반성해야 할 일이지만 그렇다고 해서 그것이 지녔던 이상마저도 부정하는 것은 국민국가체제와 내셔널리즘에 굴복하는 것이기 때문에 받아들일 수 없었던 것이다. 이러한 태도를 가진 임화가 새롭게 구상한 것은 일본 제국을 넘어선 새로운 형태의 국제주의였다.

이런 구상을 더욱 촉진한 것은 중일전쟁이라는 예상치 못한 사건이었다. 연작을 시작할 때만도 해도 일본과 중국의 전쟁은 예상할 수 없었다. 그런데 연작 중간에 중일전쟁이 터진 것이다. 임화는 일본 제국을 더욱 실감하게 되었고 또한 이를 막지 못하는 일본의 좌파에 대해서도 크게 실망하였다. 이제 일본 좌파와의 연대로 대표되는 과거의 국제주의를 더 이상 지속할 수 없다는 것이 명확해진 것이다. 시야를 더 넓혀 국제주의를 갱신할 수밖에 없는 것이다. 「현해탄」은 이러한 새로운 인식의 산물이었다.

대마도를 지나면
한 가닥 수평선 밖에 티끌 한 점 안 보인다
이 곳에 태평양 바다 거센 물결과
남진해 온 대륙의 북풍이 마주친다

몽블랑보다 더 높은 파도
비와 바람과 안개와 구름과 번개와
아세아의 하늘엔 별빛마저 흐리고
가끔 반도엔 붉은 신호등이 내어걸린다.

일본과 중국이 전쟁에 돌입하면서 아시아에는 새로운 먹구름이 끼었고 식민지 조선은 그 사이에 끼여 어려운 처지에 놓이게 된다. 임화에게 이 중일전쟁은 과거의 사고의 관행으로부터 벗어나 새로운 세계의 인식을 촉진하는 큰 계기였음을 이 시에서 확인할 수 있다. 일본과의 연대만을 이야기하던 지난날과는 다르게 일본 이외의 다른 지역과의 연대를 고려하게 되는 것이다. 특히 중국은 새롭게 다가왔다. 1938년 이후 임화가 중국에 대해서 큰 관심을 갖게 된 것은 결코 우연이 아니다. 중일전쟁 이후 변화된 동아시아의 환경 속에서 연대의 틀을 새롭게 짜게 되자 중국이 새롭게 부각된 것이다.

과거의 국제주의는 암암리에 일본을 중심에 놓고 사고하는 것이었다. 물론 그렇게 표명한 적은 없지만 내적으로는 일본에 짓눌려 있었다. 일본의 동경에서 확고한 진리를 깨닫고 이를 기반으로 조선으로 돌아와 실천하는 것이다. 모든 행동의 잣대는 일본이었다. 하지만 일본을 상대화하면서 다른 세계로 눈을 돌리게 되자 일본의 강박과 콤플렉스에서 벗어날 수 있게 되었다. 일본을 중심이 아니라 수평적 연대 대상들 중의 하나로 보게 되는 것이다. 더불어 조선에서 생활하면서 사고하고 실천하는 것의 중요성을 깨닫고 강한 자부심을 갖게 되었다. 이 점은 「현해탄」에 잘 드러난다.

> 청년들아!
> 그대들은 조약돌보다 가볍게
> 현해의 큰 물결을 걷어찼다.
> 그러나 관문해협 저쪽
> 이른 봄 바람은
> 과연 반도의 북풍보다 따스로웠는가?
> 정다운 부산 부두 위
> 대륙의 물결은,
> 정녕 현해탄보다도 얕았는가?

반도와 관문해협을 대조하는 것이라든가, 대륙의 물결과 현해탄의 물결을 비교하는 태도는 전적으로 일본 중심에서 벗어나는 것이다. 반도의 북풍이 결코 관문해협의 봄바람에 지지 않는다고 하는 것은 일본의 중심에서 벗어나기 위해서는 필히 거쳐야 할 자긍심이다. 또한 현해탄의 물결보다 대륙의 물결이 결코 얕지 않다고 하는 것 역시 제국의 중심으로부터 탈피하는 의식의 소산이다. 일본의 시간대로 모든 것을 측정하는 것이 얼마나 진정한 국제주의에 방해가 되는가를 임화는 통절하게 인식했기에 이렇게 표현할 수 있었던 것이다.

제국 일본을 벗어나 새로운 연대를 꿈꾸었던 임화가 점차 자신감을 얻게 되면서 일본 바깥의 새로운 연대 대상을 넓혀 간다. 「해상에서」는 이러한 모색의 산물이다. 이 시는 다른 시들과 달리 태평양을 강조한다. 이 태평양이란 것은 얼핏 보면 일본을 가리키는 것으로 보인다. 하지만 잘 들여다보면 태평양은 일본을 넘어선 어떤 존재 즉 세계를 가리키는 것으로 보인다. 대한해협만을 염두에 두었다면 일본과 조선 사이의 문제이다. 그런데 관문해협을 넘어선 저 편의 바다 즉 태평양을 이야기하고 있기 때문에 이는 조선과 일본의 문제가 아니라 조선과 세계의 문제이다. 그렇기 때문에 일본 제국의 식민지였던 유구도 이 시에서 언급되고 있는 것이다.

태평양, 태평양 넓은 바다여!

일본 열도 저 위
지금 큰 별 하나이 번쩍였다.

내일 하늘엔 어떤 바람이 불 것인가?

배는 아직 바다 위에 떠 있고,
인제 겨우 동해도(東海道) 연선(沿線)의 긴 열차는 들어온 듯하나,

아아! 나는 두 손을 벌리어 하늘을 안고,
목적한 땅 위에 서 물결치는 태평양을 향하여
고함을 지른다.

대한해협이나 관문해협 안의 일본 내해에서 일본을 바라보는 시각이 아니다. 관문해협을 지나 태평양에서 일본을 바라보고 있는 것이다. 이는 임화가 연대의 대상을 비단 일본으로만 보지 않고 그 이상으로 넓혀나간다는 것을 의미한다.

4. 임화, 세제르 그리고 비서구 식민지 좌파의 곤혹

1차세계대전 이후 세계문학의 판도는 확연하게 달라졌다. 특히 비서구 식민지의 문학은 더욱 그러하였다. 이전만 해도 비서구 식민지의 작가들은 유럽 서구 근대를 일방적으로 추종하였고 문학 역시 유럽 근대의 문학을 그 잣대로 삼았다. 그런데 1차세계대전과 그 해결 과정을 보면서 생각을 수정하였다. 1차세계대전 자체가 강대국들이 서로 식민지를 차지하려는 욕심에서 발생하였다는 사실을 알게 되면서 유럽의 근대가 그렇게 이성적이지 않다는 사실을 깨닫게 되었다. 자본주의가 팽창하면서 야기한 약육강식의 제국주의가 유럽 근대의 진짜 얼굴임을 알게 되었던 것이다. 이러한 점은 전쟁의 강화 회담에서도 더욱 분명하게 드러났다. 패전국인 독일, 오스트리아 헝가리 제국 그리고 오스만 투르크의 영향하에 있던 나라들의 영토 중 일부를 독립국으로 해방시켜 주는 반면, 일부는 승전국들의 영토로 바꾸어 버렸다. 더욱 이해할 수 없었던 것은 승전국들의 식민지 혹은 보호국들은 철저하게 이전 상태로 유지하려고 하였다는 점이다. 이런 과정을 보면서 비서구 식민지하의 지식인들과 문학인들은 급속하게 혁명 소련에 경도하게 되었다. 소련은 다른 열강들과 달리 식민지의 민족 운동을 지지하여 주었기 때문에 유럽에 대한 환멸이 곧장 소련에 대한 환상으로 이어졌다. 파리에 갔던 김규식이 곧이어 소련의 주도하에 열렸던 극동피억압자대회에 참가하여 레닌을 만났던 것은 이러한 극적인 전환의 한 예라고 할 수 있다. 1920년대 이후의 한국문학자들 중에서 좌파 문학인들은 이러한 정신적 지향을 공통적으로 갖고 있었다. 그들이 소련을 중심으로 한 프롤레타리아 국제주의에 급속하게 기울게 된 것은 바로 이러한 분위기 탓이었다. 특히 레닌이 식민지의 민족운동을 지지하였고 스탈린 역시 형식적으로 이러한 입장을 이어받는다고 선언하였기에 이러한 태도는 시간이 흐를수록 더욱 힘을 받게 되었다.

임화 역시 이러한 정신적 분위기 속에서 성장한 이 중의 하나이다. 그렇기 때문에 자본주의 3기론에 입각하여 혁명을 위해 분투하였던 1927년부터 1933년까지의 시기는 소련을 중심으로 한 프롤레타리아 국제주의에 입각하였다. 일본 좌파와의 연대 투쟁은 곧 바로 소련과의 연대라고 생각하였다. 임박한 혁명에 대한 반성과 식민지 조선에 대한 자의식으로 충만되었던 1934년부터 1937년까지의 시기에는 일본 좌파에 대해서 서서히 비판적인 시선을 가지면서 제국 일본을 중심으로 연대하였던 과거의 행태에 대해서 자기비판하였다. 이와 반비례하여 소련에 대한 기대는 더욱 커졌다. 반공을 내세운 일본 제국이 검열을 강화하기에 소련에 대한 언급을 우회적이어서 표면적으로는 약화되어 가는 것처럼 보이지만 내면적으로는 더욱 강화되는 추세였다. 이러한 것은 2차세계대전이 터지고 독일과 일본이 파시즘의 기치 하에 세계를 몰아가자 더욱 강화되었다. 일본 제국이 파시즘화되면서 좌파들이 이에 호응하거나 혹은 무기력해지자 그나마 갖고 있던 일본과의 연대 의식을 버리게 된다. 그 대신에 세계적 차원에서 파시즘의 물결을 막아내는 소련을(독소불가침 조약이 체결되었을 때 일시적으로 혼란이 생겼지만 임화는 이를 전술적 후퇴 정도로 간주하였던 것 같다) 프롤레타리아 국제주의의 중심으로 보는 시각은 한층 더 강화되었다.

미제국주의 야수들과의 가혹한 전쟁 속에서 폐허로 된 조국 땅을 떠난 온 세계 선량한 사람들의 희망과 동경의 나라인 쏘련 땅을 처음 밟는 나는 위대한 사회주의 10월 혁명의 장엄한 소식을 열 살 때 먼 곳 우뢰처럼 들은 사람이다. 그 동안 많은 세월이 흘러갔다. 나는 이미 반생을 살았다. 위대한 10월의 불길 속에서 레닌과 쓰탈린에 의하여 창조되고 장성된 이 나라가 자유를 위하여 싸우는 전 세계 근로자들에게 또한 우리 동방 제 민족들에게 그 가운데도 우리 불행한 조선인민에게 얼마나 큰 운명적 관계를 가지고 있었던가? 자기의 조국을 사랑하고 자기 동포 형제들의 자유를 염원한 사람이면 누구이고 이 위대한 사회주의 나라의 운명을 자기 조국과 인민의 운명과 분리하여 생각하지 못하였을 것이며 또한 자기의 행복과 떠나서 이 나라의 성쇠를 바라볼 수 없었을 것이다. 시인인 나는 자기의 예술의 운명과 또한 동시대에 사업하고 있던 우리 작가들의 운명을 오직 새 세계문화의 상징인 쏘련의 장래에 연결시키고 있었다. 그러기 때문에 독일 파시스트들이 우크라이나 국경을 넘을 때 치밀어 오르는 격분을 금할 수 없었으며 드네브로 댐이 무너질 때 가슴이 무너지는 듯하였다. 그러나 영웅적 모스크바 교외가 또한 불굴의 레닌그라드가 침략자들의 더러운 발걸음을 신성한 쏘베트 나라 심장부에 한 걸음도 범접하지 못하게 하였을 때 우리의 가슴은 얼마나 꺼지지 않은 자랑에 벅찼으며 영웅적 쓰탈린의 도시가 독일 강도들의 대군을 눈보라치는 월가 강변에 장사 지냈을 때 얼마나 기뻤는가? 우리는 히틀러의 동맹자인 일본 군경들이 우리의 얼굴을 유심히 들여다보는 것조차 살필 겨를이 없었다.[2]

임화가 일제 말에 비록 노예언어를 통해서나마 일본 제국주의에 협력하지 않고 버틸 수 있었던 것은 소련 때문인지도 모른다. 해방 후에 그가 사회주의적 민족문화론에 입각한 프로문학 대신에 민주주의 민족문학을 주장했음에도 불구하고 소련에 대한 믿음과 의지는 거의 바뀌지 않았다. 오히려 냉전이 시작되어 미소가 대립하면서 더욱 강해진 느낌마저 준다. 아마도 그가 억울한 죽음을 당하는 최후의 순간까지도 이러한 믿음은 놓치지 않았을 것이다. 이태준 등을 통하여 소련대사에 구명운동을 청했던 것도 이것과 무관하지 않았을 것이다.

임화의 이러한 지적 궤적은 다른 비서구 식민지에서도 확인할 수 있다. 프랑스 식민지였던 마르티니끄의 에메 세제르 역시 임화와 매우 비슷한 길을 걸은 시인이다. 프랑스로 유학한 마르티니끄는 프랑스 공산당과 밀접한 연관을 맺으면서 네그리튀드 운동을 벌였다. 당

---

2 임화, 「나는 쏘련에서 우리 조국의 찬란한 앞날을 보았다」, 『조쏘친선』, 1951. 11. 박태일 전쟁기 림화의 줄글 세 편에서 재인용.

시 유럽의 국가들이 식민지를 주도하고 그 과정에서 흑인들을 차별하였기 때문에 식민주의를 반대하는 공산당과 연대하면 흑인의 차별이 사라질 수 있다고 기대하였다. 물론 프랑스 유학과정에서 특히 공산당 지식인들과 연대하면서 과연 그들이 식민지와 흑인들의 처지를 제대로 이해할 수 있겠는가 하는 회의를 가지면서 거리를 둘 때도 있지만, 기본적으로 소련에 대한 기대는 접지 않았었다. 프랑스 공산당에 대해 거리를 두면서 고국인 마르티니끄로 돌아와서 쓴 시 『귀향 수첩』(1939)은 이러한 세제르의 내면을 잘 보여주는 것으로 임화의 「현해탄」 연작과 비교할 만한 작품이다. 프랑스의 백인 좌파들이 식민지 마르티니끄 흑인 인민들의 내면을 잘 이해할 수 없을 것이라는 판단하에서 독자적으로 식민지 흑인들의 목소리를 내기 시작한 것이 바로 『귀향 수첩』이다. 하지만 독일에 협력한 비시 정권이 지배하던 마르티니끄에서 본격적으로 시작활동을 하였던 그는 파시즘에 반대하던 소련과 프랑스 공산당에 적극적으로 지지를 보냈다. 이러한 태도는 2차세계대전이 종결된 이후에도 지속되었다. 그러던 그가 소련에 등을 돌린 것은 1956년 무렵이다. 소련이 유고슬라비아의 독립 움직임을 탄압하고 있을 때 세제르는 프랑스 공산당 당수인 모레스 토레스에게 이렇게 썼다.

> 우리의 문제 즉 식민주의 문제를 지구상에 존재하는 보다 더 크고 중요한 문제의 일부 혹은 보조적 문제로 치부해서는 곤란하다는 겁니다.

또한 우리의 문제를 더 중요한 문제의 일부로 치부하여 모종의 거래를 성사시키고 이런 저런 조율과 타협의 대상으로 삼아도 옳지 않다는 겁니다. 전반적인 상황을 고려하여 조율과 타협을 결정하는 일이 마치 누군가의 전매특허인 양 행세해서는 곤란하다는 겁니다. 여하한 경우에도 분명한 사실이 있습니다. 우리가 처한 식민주의가 그리고 인종차별주의에 반대하는 유색인들의 치열한 저항이 결단코 단순하지 않다는 사실입니다. 뿐만 아니라 그 저항은 프랑스 자본주의에 대항해 싸움을 하고 있는 프랑스 노동자들의 투쟁과도 성격이 완전히 다르다는 점입니다. 하여 어떠한 경우에도 우리의 싸움을 그들이 벌이는 투쟁의 일부 혹은 파편으로 간주해서도 안 된다는 점입니다.[3]

프랑스 공산당뿐만 아니라 러시아 공산당을 비판하는 세제르를 볼 때 임화를 떠올리지 않을 수 없다. 임화 역시 이 시기에 자유롭게 살아 있어 소련의 유고 탄압을 보았으면 이 정도는 아니겠지만 기존의 생각을 바꾸었을 것이다. 그런 점을 고려할 때 임화의 이러한 한계는 자신의 것만은 아닌 것이다. 코스모폴리타니즘의 차원에서 임화를 읽어내는 작업도 21세기에 사는 우리가 해야 할 일 중의 하나임에 틀림없다.

3 세제르, 「모리스 토레스에게 보내는 편지—마르티니크 대표인 에메 세제르가 프랑스 공산당의 사무총장인 모리스 토레스 님께」, 『지구적 세계문학』 6호, 2015. 가을, 228~229면.

권환과 임화

유성호

1. 권환의 문학적 편력

권환(權煥)은 임화(林和)와 더불어 식민지 시대와 해방 직후의 프로문학을 이끌었던 대표적인 시인 겸 비평가이다. 물론 임화에 비해 그 인지도나 평판 그리고 기억의 밀도에서 현저하게 떨어지는 것이 사실이지만, 권환 역시 당대 프로문학의 전개에 매우 중차대한 역할을 했다고 말할 수 있다. 일단 외관으로만 보면, 이네들은 여러 모로 대척적 인상을 갖추고 있다. 가령 일본 야마가다고등학교를 거쳐 경도제대 독문과를 나온 최고엘리트 권환과 변변한 학력이라곤 보성고보 중

퇴밖에는 없는 임화는 그 자체로 확연한 대조적 배경을 가지고 있다. 또한 경남 마산의 부호 아들이었던 권환과 적수공권의 고아였던 서울내기 임화는 그 태생과 성장 배경에서도 커다란 간극을 가지고 있었다. 이렇게 차이가 나는 환경과 조건을 갖추었던 이들이 나란히 어깨를 겯고 근대문학사에 등장하는 것은, 그들이 1930년대 초두에 김남천, 안막 등과 함께 귀국하여 카프에 가담하는 순간이었다.

권환은 시 창작과 병행하여 펼친 프로문학 비평에서, 비교적 견고한 이념 우선의 창작론을 시종 펼쳤다. 그리고 그의 비평은 볼셰비키화론에 따른 문예 대중화를 적극 주장하여 카프의 창작 방향을 정립해가는 데 커다란 영향을 끼쳤다. 이러한 태도는 시 창작으로도 이어져 1930년대초에 발표한 「가려거든 가거라」(『조선지광』, 1930.3), 「머리를 땅까지 숙일 때」(『음악과 시』, 1930.8) 등의 시편에서 정치적 표어를 그대로 드러내어 일정하게 비판을 받기도 하였다. 그리고 그는 집단사 발행의 『카프시인집』(1931)에서 참여자들 중 최대인 일곱 편을 발표하는데, 임화, 박세영, 안막, 김창술, 권환이 참여한 이 사화집에서 그가 단연 우대를 받은 것은 매우 이채로운 일이 아닐 수 없다. 그러다가 카프는 안막이 출판물 통제법에 저촉되는 카프 동경지부 발행 잡지 『무산자(無産者)』를 국내에 반입했다는 명목으로 1차 검거사건을 치르게 된다. 이 무렵 진행된 창작방법에 대한 논의를 받아들이면서 권환은 독특한 풍자시를 시도하기도 하고 임화 시편과 유사한 단편서사시 양식을 탐색하기도 하여 창작 방법의 변화를 찾기도 했다. 그중 대표적인 것으로 국제적인 파시즘을 비판한 「향락의 봄동산」, 풍자시 「모던 보이 모던 걸」 등이 있다. 그밖에 단편서사시 양식의 「30분간」, 「그대」 등은 도식성을 벗어난 시편으로 평가받기도 했다. 그리고 카프 2차 검거사건은 신건설사를 가동하여 연극 활동을 한 것이 빌미가 되었는데, 이때 권환이 1년간 옥고를 치르는 데 비해 임화는 검거당하여 경성역으로 이송하는 도중 졸도하여 마산으로 요양을 떠난다. 임화는 마산으로 오게 되고, 정작 마산 출신인 권환은 전주에서 꼬박 1년간 감옥생활을 하는 아이러니가 이때 생겨난 것이다. 결국 권환은 2차 검거 이후 그 견고했던 이념 우선, 현장 우선의 지향이 현저하고도 급속하게 약해지면서 내성화의 길을 걷게 된다.

우리 프로문학의 역사는 1930년대 후반에 이르러, 임화처럼 변모하거나 권환처럼 약화되거나 김용제처럼 전향하거나 같은 양상들로 변모되어 전개되었다. 일찍이 경도에서 독문학을 공부했던 권환은 자신이 그동안 지향했던 프로문학의 반대편에 있다고도 할 수 있는 괴테의 『파우스트』를 번역 출간하려고 하였고,[1] 이어지는 개인 시집 두 권을 통해서도 지난 시절의 시적 경향과는 전혀 반대되는 섬약하고 내성화된 목소리를 보여주었다. 그 시집들이 바로 『자화상(自畵像)』(1943)과 『윤리(倫理)』(1944)였다.

1 『시학』, 1939.5, 33면.

2. 권환과 임화의 프로시론

권환이 1930년 벽두에 일갈했던 "프로문학의 내용을 부르문학의 형식으로 구성, 표현하지 못한다"[2]라는 선언은, 후속 논자들로 하여금 부르주아 문학 유산 계승을 거부함으로써 프로문학의 강경 노선을 이어가게 하는 커다란 힘이 되어주었다. 이는 부르주아 이념과 결합한 형식이라도 대중화를 위해 이용할 수 있다고 본 당대의 팔봉 견해와는 전혀 다른 주장이었다. 이어 권환은 「시평과 시론」이라는 글[3]에서 민요를 "봉건 사회의 영락 퇴폐한 자의 입에서 나온 것"이라고 말함으로써, 민요 계승을 통해 대중화를 실현하려 했던 여러 논자들의 견해에도 비판적 일침을 가하였다. 이러한 비판들은 부르주아 문학의 전통을 철저히 거부하려는 프로문학의 입장을 극단적으로 대변하는 것이었다. 또한 권환은 팔봉의 대중화론이 형식 대중화에 그치지 않고 내용의 대중화 곧 "이데올로기의 연화(軟化)"[4]로까지 나아가는데 커다란 오류가 있다고 지적하기도 하였다. 이러한 권환의 대중화론 비판에는 임화의 시를 격찬했던 팔봉에 대한 비판이 깔려 있었다고 할 수 있다.

1930년을 전후해서 프로시론은 새로운 단계로 접어들게 된다. 팔

2 권환, 「무산예술운동의 별고와 장래의 전개책」, 『중외일보』, 1930.1.10~31.
3 『대조』, 1930.6.
4 권환, 「조선 예술운동의 당면한 구체적 과정」, 『중외일보』, 1930.9.2~16.

봉의 변증적 사실주의를 필두로 하여 프로문학론에 유물변증법적 세계관이 창작의 새로운 기준으로 자리잡게 되고 그에 따라 창작의 방법론에 대한 논의가 다양하게 개화한 것이다. 본격적인 프로시의 모색은 팔봉의 「변증적 사실주의」[5] 계열에 속하는 「단편서사시의 길로」를 통해 구체화된다. 주목할 점은 그가 실제 비평을 통해 이론에 이르렀다는 점이다. 「변증적 사실주의」가 소설 분석을 통해 소설의 창작 방법을 추출한 것이라면, 「단편서사시의 길로」는 시 분석을 통해 시에 관한 창작 방법을 도출한 산물이다. 곧 「변증적 사실주의」에서 비롯한 리얼리즘 구도를 본격 시론에 적용한 것이 「단편서사시의 길로」[6]였던 것이다. 이 글은 임화 시편 「우리 오빠와 화로(火爐)」(1929)에서 받은 감동으로 시작하여, 그 감동의 원인을 분석하여 프로시가 지향해야 할 양식적 모본을 추출하고, 종내에는 그것을 '단편서사시'로 규정하는 순서를 취하고 있다. 이 글에서 팔봉은 "그러면 나를 감동케 한 것은 묻지 않아도 4, 5, 6에서 열거한 이 시의 감정의 주요 부분이었던 것이 명백하다. 사랑하는 오빠, 튼튼한 일꾼을 잃어버리고서 조금도 슬퍼하지 아니하고 조금도 외로움을 느끼지 않고 건강히 잘 싸워 나가면서 고난 속에서 오빠의 새 솜옷을 장만하는 근로하는 여성—미래 사회를 가져오고야 말 여성—진실로 조선의 ****이 가져야 하면서도 보기 드문 여성의 절규에 가까운 감정과 감격에 넘치는

5 『동아일보』, 1929.2.25~3.7.
6 『조선문예』, 1929.5.

사건이 나로 하여금 눈물을 보게 하였다. 이것은 슬픈 눈물이 아니다. 이것은 뼈 없는 눈물이 아니었다"라고 말함으로써 '감정'과 '사건'이라는 두 축을 제기하였다. 그중에서도 그는 정서의 호소를 더욱 힘주어 강조한다. 결국 이 글은 정서의 호소를 얻어내기 위해 시인이 어떠한 미학적 장치를 사용하였는지를 분석적으로 제시하게 된다. 그에 의하면 「우리 오빠와 화로」의 형식적 장점은 "우리 오빠를 부르는 누이동생의 감정이 조금도 공상적, 과장적이 아니"라는 데 있다. 그 이유는 그 감정이 '사건'에 토대를 두었기 때문인데, 더구나 그 사건은 현실적이요 실재적이다. 따라서 팔봉의 '단편서사시' 개념은 사건 도입을 주장하는 데 그치지 않는다. 그가 요구하는 사건이 단순한 사건이 아니라 통일된 정서를 전파하는 사건 즉 감격으로 가득찬 사건이었기 때문이다. 다시 말해 여기서 '사건'이란 시의 형식적 조건을 위반하지 않고 그 조건인 감정에 종속되어야 하는 것이다.

하지만 이처럼 팔봉에 의해 평가된 임화 시편에 대해 일찍이 권환은 그 안에 부르주아의 잔재가 숨어 있다고 지적하였다. 그는 비록 세련된 기교일지라도 반동 경향이 있는 것은 절대로 읽히지 말자고 주장하면서, 내용에 대한 엄선주의를 제창하기도 하였다. 그에게는 오직 노동자와 농민으로 하여금 주먹을 부르쥐고 전투의 불꽃 속으로 들어가게 하는 시가 당장 필요하였다. 그렇게 볼 때 팔봉이 격찬한 임화의 「우리 오빠와 화로」는 소부르주아를 독자로 삼았다는 점에서 대중화 원칙에 어긋난 것이었다. 그리고 그는 그것이 소부르주아로

하여금 감상적 동정을 가지게 할 뿐 전혀 진정한 대중의 프로파간다 효과는 없다고 판단하였다. 이처럼 권환의 비평안(眼)을 관통하는 것은 프로파간다 효과였을 뿐이고, 그는 어느새 극단적 편내용주의에 빠지게 된다. 그러나 임화 시에 대한 권환의 평가는 「시평과 시론」에 와서 달라지는데, 여기서 그는 과거 프로파간다 시에 대한 반성을 부가하면서 팔봉의 평가를 부분적으로 인정하는 태도를 보여준다.

> 우리의 과거의 시들은 너무도 구체성 없는 추상적 시뿐이었다. 말하자면 막연한 **, 막연한 구호, 막연한 명일의 동경이었다. 이것을 일본의 동지들의 말을 빌리면, '지나치게 일반감정만을 노래했던 것'이라 하였고 또 어떤 동지들은 '일과 결합치 않고 머리로 지은 시'라고, 또 어떤 동지는 '막연한 감정—단순한 심리상 충동'이라고 하였지만 모두 이어동의의 말이다. 그래서 작년의 어떤 동지는 '서사시의 길'하고 부르짖는 것도 아마 이 때문인 듯하다. 또 그러한 결점이 가장 적고 서사적 내용을 많이 가진 임화의 시를 높게 평가한 것인 듯하다.

권환의 태도 변경은 과거 프로파간다 시에 대한 카프 내부의 비판들이 누적된 결과로 볼 수 있다. 하지만 여전히 그것은 임화 시의 형식적 장치에 대한 관심이었을 뿐 내용에 대해서는 여전히 비판적인 모습을 보여준다. 그에 의하면 임화 시의 내용은 감상주의에 불과한 것이고, 그럼에도 그러한 경향이 "가끔 최근까지도 다른 동지들의 시

가운데에 발견"된다는 것이 문제로 따라온다. 따라서 프로시가 감상주의를 넘어 과거 프로파간다 시로 회귀하지 않으면서 '프롤레타리아 리얼리즘'의 대열에 들어설 것을 그는 당부하게 된다.

하지만 그는 임화 시의 형식에 대해서는 깊은 재검토를 시도한다. 그는 그것을 서사, 감정, 문체 등 세 방면으로 나누어 살펴보고 있다. 먼저 그는 '서사화된 사실'과 '서사화되지 않은 사실'을 구분한다. 임화의 시는 사실을 서사화했지만 꼭 서사화되어야만 구체성을 획득하는 것은 아니라면서 감정을 일으키는 사실이 이미 구체적이라면 굳이 서사화하지 않아도 충분하다는 의견을 제시한다. 서사화보다는 사실 체험을 강조한 것이다. 둘째, 이미 서사화되어서 구체성을 획득하였다고 하더라도 그 감정이 "센티멘탈한 헐가의 동정심"을 일으켜서는 안 된다는 주장이다. 프로파간다의 효과를 거둘 수 없기 때문이다. 셋째, 형식이 서사적이고 내용이 아무리 강렬해도 표현방식이 평이하지 못하면 대중에게 읽힐 수조차 없다고 하였다. 요컨대 이 글에서 권환은 서사 형식의 이용이나 혹은 서사적 사실의 체험에는 관심을 보이지만, 내용에서는 감상주의는 용납할 수 없다는 종전의 주장을 반복하고 있다.

그리고 권환은 시적 화자의 문제를 언급하고 있다. 일찍이 그는 소설과 희곡에 한정하여 볼셰비키화에 합당한 제재의 요건을 제시한 적이 있는데, 여기서는 그 제재 문제를 시에 연장하기 위해 '주인공'이라는 말을 도입하게 된다.

시에 제재 운운은 좀 우습지만 노래의 주인공(예하면 노동자가 혹은 부르가 부르는 노래)과 노래의 대상적 주인공(예하면 부르주아지의 생활을 혹은 프롤레타리아의 생활을 노래하는 시)은 즉 창작의 주인공과 같이, 또 시의 서사의 내용은 창작의 소재와 같이 말할 수 있다.[7]

이처럼 권환은 임화 시의 감상성을 비판하면서도 그 서사성 도입에는 관심을 크게 보였다. 시의 구체성 획득의 방법으로 권환은 소설적 방법의 도입을 염두에 두고 있었던 것이다. 시적 화자 대신 '주인공'이라는 소설적 용어를 선택한 이유도 그러하다. 하지만 그는 서사를 도입할 경우 시에는 '노래의 대상적 주인공' 외에도 '노래의 주인공'(=시적 화자)이 필요하다고 본다. 이 또한 시적 화자를 통해 감상성을 극복할 수 있다고 본 생각의 연장선이라고 할 수 있다.

또한 우리는 권환이 프롤레타리아의 감정을 '전형적 감정'으로 발전시킨 논자라는 점에 주목한다. 그는 「현실과 세계관 및 창작방법과의 관계」[8]에서 '시가의 리얼리즘'을 소제목으로 삼고 시의 특수성이 감정과 정서의 표현에 있다고 주장하였다. 따라서 프로시는 전형적 현실에서 울려나오는 전형적 감정과 정서를 거짓 없이 표현하면 그만이라고 말하였다.

---

7 권환, 「조선 예술운동의 당면한 구체적 과정」, 『중외일보』, 1930.9.2~16.

8 『조선일보』, 1934.6.24~29.

예하면 어떤 나라의 농민의 노래를 부를 때엔 먼저 그 나라 농민의 전형적 생활이 어떤 것인가를 현실적으로 똑똑히 보아야 할 것이다. 즉 그들은 천층만층의 여러 가지 생활을 하고 있는 그들이지마는 가장 전형적 생활이 무엇인가(안락, 유족한 그것인가 혹은 빈곤, 참담한 그것인가)를 현실적으로 똑똑히 보아야 할 것이고 또 그 전형적 농민(유족한 혹은 빈곤한)도 사실은 만열, 비애 등 천종백종의 감정, 정서를 가지고 있지마는 가장 전형적 그것이 무엇인가(만열인가, 비애인가, 광희인가, 분노인가)를 현실적으로 똑똑히 알아서 '유물변증법주의' 이론가들처럼 철학적 선입관으로 만들지 말고 거짓 없이 노래할 것이다.

한편 신유인은 "문학이 아닌" 권환 시편과 "프로문학이 아닌" 임화 시편을 동시에 비판하였다. 그는 「문학창작의 고정화에 항하여」[9]에서 "시가 다른 어떠한 문학보다도 정서적이 아니면 안 된다."라는 생각으로 권환 시를 비판하면서, 임화에 대해서는 그가 비록 "천재적 시인"이긴 하지만 시인이라는 고아한 문학적 호칭이 얼마나 프로문학 건설을 방해하는가 반성해볼 필요가 있다고 하였다. 곧 임화의 시가 문학이긴 하지만 프로문학이 아닌 까닭은 그 관점에 근본적 원인이 있다고 본 것이다. 그에게 관점 선택은 작품에 반영된 현실의 객관성을 판가름하는 호환할 수 없는 기준점이었기 때문이다. 그런데 임화

9 『조선중앙일보』, 1931.12.1~9.

시가 귀족적 시인의 눈을 관점으로 삼았다는 것은 그 자체만으로도 프로문학을 부정하는 것이었다. 그러나 신유인조차 "우리 나라의 어느 부르주아 시인보다도 우월한 예술적 기능"을 가졌던 임화가 왜 프로문학의 원칙적 노선이 아니라 부르주아의 관점과 형식을 취했는지는 해명하지 못했다.

이러한 비판들이 이어질 때 정작 임화는 「시인이여! 일보 전진하자!」[10]를 통해 자기반성을 시도하게 된다. 그는 강력한 지도부를 확립하고 소부르 개량주의와 구별되는 프로문학의 독자성을 확립해야 할 현 시점에 무엇보다 중요한 일이 시의 대중화라고 지적하였다. 하지만 자신의 시는 대중화의 대전제를 무시하고 "소시민층, 주로 학생 지식자 청년들의 가슴(?)을 흔들었는지 모르나" 노동자 농민에게는 낯선 손님에 불과했다고 반성하였다. 그 원인은 "자기의 예술을 직접 프롤레타리아의 성장과 결합하지 못한 데 있는 것"으로 그 결과 "진실한 생활상이 없는 곳에서 동지만을 부르는 그 자신 훌륭한 일개의 낭만적 개념을 형성하고 만 것"이라고 하였다. 물론 그 낭만주의는 개념적 절규의 낭만주의는 아니지만 감상주의에 해당되었던 것이다. 이러한 비판에 이어 그는 일정하게 대안을 제시하고 있는데, 노동자 농민의 생활 체험과 그 속에서 생활 감정을 얻어내겠다는 것이다. 결국 우리는 임화 시편을 둘러싼 팔봉-권환-유인-임화의 논전을 통해, 당

10 임화, 「시인이여! 일보 전진하자!」, 『조선지광』, 1930.6.

대의 논의 지평에서 그네들이 겪었던 동류감과 차이점을 동시에 느끼게 된다.

3. 임화의 '단편서사시'와 권환의 '뼉다귀시' —정서의 전면화와 소거

식민지 시대 민중들의 삶과 정서가 계급적 전망과 매개되어 형상화된 본격적 시편의 개화는, 카프가 결성되고 그들에 의해 조직적이고 이념적인 시 창작이 이루어지면서부터라고 할 수 있다. 그 가운데 가장 이채롭고 우뚝한 성취를 남긴 대표적 프로 시인은 단연 임화다. 여기서 우리는 임화를 문학 이론가나 문학사가(史家)보다는 시인으로 읽으려는 지향을 우선적으로 가지게 되는데, 그 가장 중요한 까닭은 다름 아닌 그의 생래적인 시인적 기질과 그에 따른 남다른 시적 성취에서 비롯된다. 대개의 문학적 형상이 논리적 언어보다 한 사람의 정신이나 세계관 또는 생리를 더욱 생생하게 드러내준다는 점, 그리고 그중에서도 특히 시의 형상이 주체의 세계관이나 정서가 비교적 직접성을 가지고 드러나 있다는 점에서, 임화가 남긴 시편들은 그와 그로 대표되는 프로문학의 세계를 이해하는 데 더없이 좋은 매재가 될 수 있기 때문이다.

이미 여러 연구사가 입증하고 있듯이, 임화의 시편들은 비교적 복합적이고 다채로운 과정으로 전개되었다.[11] 그의 초기 시편은 감상적 낭만주의로 시작하여 당시 신흥 사조였던 다다이즘의 세례와 결합하는 양상을 빚는다. 다다이즘 역시 한 시대의 질곡을 넘어서려던 전위의 한 양식이었기 때문에, '조선의 발렌티노'로 불렸던 도시의 아들 임화가 그러한 새로운 사조에 경도되었던 것은 어쩌면 자연스러운 일이었을 것이다. 이러한 새로운 사조가 또 하나의 신흥 이념인 마르크스주의와 굳게 결합하여 그의 시는 프로시로 전화를 하게 되고, 이때로부터 임화 시의 제2기가 펼쳐진다. 이 시기는 "세계의 가장 위대한 푸로레타리아의 동모를 / 혁명가의 묘지로 몰아넣었다"고 노래한 「담(曇)-1927」(『예술운동(藝術運動)』, 1927.11)로부터 시작되는데, "열아홉 살 때 가정의 파산과 더불어 그의 평화한 감상의 시대는 끝이 났"[12]다는 그의 고백처럼, 보다 더 커다란 세계로 그가 진입했음을 말해주는 사례이다. 이렇게 계급 사상에 바탕을 둔 임화의 성숙한 역량은 그의 시적 탐색을 '단편서사시'에 바치게끔 만든다. 이는 비록 편의적 명칭이기는 하였지만, 앞에서 보았듯이 당시로서는 꽤 파장이 컸던 창작 방법이자 양식 명칭이기도 하였다. 특히 팔봉이 임화의 「우리

11 전체적으로 보면, 다다이즘의 열정을 매개한 초기 시편, 이른바 '단편서사시' 계열의 제2기 시편, 비극적 낭만성과 영웅적 목소리를 드러낸 이른바 '현해탄' 계열의 제3기 시편, 해방기와 전쟁을 겪으면서 표출된 강한 '정치시' 계열의 제4기 시편으로 요약할 수 있다. 이 가운데 임화가 후대 시인들에게 강한 영향력을 끼친 것은 당대의 후배들에게는 제2기이고, 후대의 후배들에게는 제4기라고 할 수 있을 것이다. 물론 임화의 가장 시인다운 성취는 제3기에 있다. 이 시기의 시적 성취 또한 다양하고 중층적인 영향 관계를 간취할 수 있는 영역이 아닐 수 없을 것이다.

12 임화, 「어떤 청년의 참회」, 『문장』, 1940.2.

오빠와 화로」를 보고 감격하여 상찬한 이후, 이 양식은 당시 프로시가 나아가야 할 올바른 대중화의 방향타를 제시한 것으로 평가받게 되었다. 임화의 에피고넨들이 수없이 양산된 것도 그가 가진 영향력과 함께, 단편서사시 양식의 문제성을 드러내는 국면이 아닐 수 없을 것이다. 거기에는 시인 자신의 정서를 전면화하여 수용층을 공감케 하는 형질이 가득하게 되었던 것이다.

「우리 오빠와 화로」는 이후 카프 시인들의 유력한 양식적 전범이 된다. 이 작품은 노동 운동을 하다가 잡혀간 오빠를 생각하는 누이동생이 오빠에게 보내는 서간체 양식을 취하고 있다. 오빠를 여윈 두 오누이를 외롭게 벽에 걸린 "화젓가락"으로 비유하는 신선한 감각을 보여주기도 하고, "세상에 가장 위대한 청년들"을 통해서 포기할 수 없는 노동 운동의 정당성을 표현하고 있기도 하다. '청년'은 임화 시의 아이콘으로서 이후 줄곧 등장하는데, 아름답고 용기 있고 위대한 긍정 속성을 한 몸에 안고 있는 역사적 주체로서의 모습을 띠고 있다. 이를 통해 임화는 계급적 전망을 바탕으로 한 식민지 근대 인식과 그에 대한 실천을 구상한 것이다. 하지만 이 작품에 나타난 과도한 '감상성'을 의제로 하여 논쟁을 치르는 과정에서 임화는 스스로 자기 비판까지 수행하면서 '감상성'을 넘어 새로운 리얼리티로 나아가야 한다는 견해를 제출하였다. 이처럼 이 시기 임화 시편을 통해 추구되고 형상화된 시편들은 계급 해방을 적극적인 매개로 한 것이었으며, 이러한 일제하 노동 현장에 대한 시적 형상화는 임화 외에도 이찬, 박세영 등에 의해 지속성을 얻게 된다. 그래서 우리는 단편서사시 양식을 통해 리얼리즘의 방법적 출현과 그 한계를 함께 경험한 셈이다. 그만큼 임화는 문학의 특수성과 리얼리즘의 방법적 속성에 대해 예민하게 성찰한 시인이었는데, 그 인식의 편폭을 다음과 같은 견해로 보여주었다.

> 추상적 논리에 의한 기록 대신에 생생한 생활의 구체적 형상을 가지고 묘사하고 표현하는 데에 그 특질이 있는 것이다. (…중략…) 따라서 문학과 예술을 이해하는 데에 있어서 그것이 '기록'하는 것이 아니고 묘사하고 표현한다는 것, 또 그것이 형상에 의한다는 것, 동시에 예술적 형상에 대한 정당한 이해 없이는 예술문학은 이해되지 않는다는 것이다. (…중략…) 동시에 신흥의 문학 작품은 다만 인간 생활의 주관적 인식이나 그 관계만을 묘사 표현하였을 뿐만 아니라 항상 일정한 정도로, 소여의 역사적 시대의 객관적인 현실을 반영하고 있었다.[13]

구체성과 반영론 그리고 형상성과 시대성을 종횡으로 엮는 그의 인식 양상은 리얼리즘의 방법적 속성을 그가 잘 이해하고 있음을 보여준다. 이렇게 임화가 파악한 문학의 특수성과 리얼리즘의 속성은, "우리들이 객관적 현실의 반영으로서의 리얼리즘 가운데 표현할 주

13 임화, 「문학에 있어서 형상의 성질 문제」, 『조선일보』, 1933.11.26.

체성은 일개인의 국한된 주관이 아니라 현실의 묘사로서의 의식인 때문이다. 이러한 주체성만이 리얼리즘과 모순하지 않는 것이다. 그러면 이러한 주체성, 작자의 의식이 어떻게 현실의 반영인지 아닌지를 아는가? 그것은 예술적 생활인 실천을 통해서이다. (…중략…) 그러므로 리얼리즘이란 (…중략…) 객관적 인식에서 비롯하여 실천에 있어 자기를 증명하고 다시 객관적 현실 그것을 개변해가는 주체화의 대규모적 방법을 완성하는 문학적 경향이다"[14]라는 전언과 함께 프로시를 이끌어가는 핵심 기율로 자리잡게 된다.

나아가 임화의 리얼리즘은 두 개의 낭만성을 극복하고자 한다. 하나는 과거 프로파간다 시에 나타난 리얼리즘 '이전'의 낭만성, 다른 하나는 자신의 시에 나타난 리얼리즘 '이후'의 낭만성이다. 이에 대해 임화는 "그러나 이것은 대단히 힘드는 어려운 씨름이다. (…중략…) 소위 과거의 프롤레타리아 시 가운데 있던 낭만주의와 감상주의를 비판한다는 30년대의 운동이 우선 그 고액의 월사금을 지불했다고 생각한다. 그것은 프로시로부터 부르주아적인 요소인 낭만주의를 비판한다고 우리들의 시로부터 시적인 것, 즉 감정적 정서적인 것을 축출해버리고 말았다. 그리하여 말라빠진 목편과 같은 이른바 '뼉다귀' 시가 횡행한 것이다"[15]라고 말하였다. 여기에서 우리는 '시와 리얼리즘'의 문제가 우리 근대문학사에 처음 등장하는 초유의 장면을 목격하게

14 임화, 『문학의 논리』, 학예사, 1940, 93~94면.
15 임화, 「33년을 통하여 본 현대조선의 시문학」, 『조선중앙일보』, 1934.1.1~12.

된다. 말하자면 프로시에 리얼리즘이 도입되면서 생겨난 감상적 낭만성이 문제로 등장한 것이다. 임화는 감상성 제거를 이유로 정서를 소거한다면 그 결과는 다시 "말라빠진 목편과 같은" 이른바 '뼉다귀시'로 귀착할 수 있을 것이라고 말하고 있는데, 그 핵심 과녁에 권환의 시가 있었던 것이다.

이러한 권환 시에 대한 비판은 신유인에 의해서도 수행된다. 그는 시라는 것이 정서적 전염의 수단이라고 전제하고, 자신이 주장하는 유물변증법적 창작 방법은 "언제나 똑같은 단조로운 유형을 쓰고 나오는 추상화된 정치적 슬로건의 히스테릭한 규환"에 불과한 권환의 시와 구별된다고 주장한다. 예술이란 현실의 본질을 추상화하는 것을 목적으로 하는 사회과학이 아니라 '산 생활'을 제시하는 것인데, 권환의 시에 나타난 "노출의 심각한 내용은 선전과 선동의 팜플렛은 되어도 예술적 창작"은 아니라는 것이다. 따라서 예술로서의 '산 생활'과 시로서의 '정서'가 부족한 권환의 시는 노동자 농민을 질식시킬 뿐이라고 비판하였다. 이러한 비판은 이미 팔봉의 단편서사시론에서 비판되고 그 대안까지 제시된 바 있고, 또한 안막의 프롤레타리아 리얼리즘에서도 형상론과 리얼리즘론 그리고 심리적 방면에 대한 강조를 통해 극복된 바 있다. 하지만 앞에서도 보았듯이, 신유인은 권환의 시를 "문학이 아닌 길"로 비판하면서, 동시에 임화의 시를 "프로문학이 아닌 길"로 제시하여 양쪽 편향을 극복의 과제로 명시했다는 점에 그 비평사적 의의를 가지고 있다고 말할 수 있을 것이다.

4. 권환과 임화의 같은 길, 다른 길

권환은 자신의 시편 「가려거든 가거라」의 부제를 '동맹 내의 소부르주아지들에게'로 붙였다. 그 비판의 우선적 대상은 당시 유화적인 대중화론을 폈던 팔봉 김기진이었을 것이다. 그 점에서 임화와 권환은 한통속이었다. 그들은 노동운동을 소부르주아로부터 분리해야 한다는 12월 테제를 수용함으로써, 김기진이 나아가고자 했던 부르주와의 연합전선을 적극 비판하였던 것이다. 요컨대 권환과 임화는 그 사이에 시의 내용과 형식 차원에서 미시적인 비판이 오고 갔지만, 크게 보아 카프 안에서 노선의 친연성을 가지고 있었다고 할 수 있다.

그런데 우리는 북한문학사에서 권환의 시가 일제 식민지 정책에 적극 항거한 저항의 표본으로 서술되었다는 점을 주목하게 된다.[16] 그것은 권환이 임화 등이 추구한 "감상주의적 순수문학 노선"을 따르지 않았다는 것을 기반으로 한 평가였다. 하지만 우리는 권환이 일제 말기에 권전환(權田煥)이라는 이름으로 창씨개명 정책에 협력했고, 제2시집 『윤리』를 일종의 전향자 조직인 대화숙(大和塾) 인쇄부에서 조판한 바 있다는 점을 잘 알고 있다. (물론 이러한 침잠 과정은 옥고와 병고에 따르게 된 육체적, 정신적 소진과 관계가 깊을 것이다.) 그리고 해방 후에도 그는 문건과 프로예맹의 합동을 시종일관 주장하였고, 그 점에서 꾸준

16 『조선문학사』, 백과사전출판사, 1981, 481~489면.

히 임화와 함께 활동하였다고 할 수 있다. 그는 문학가동맹의 주요 연간 시집이나 사화집에 빠짐없이 시를 썼고, 그만큼 여러 모로 임화와 인간적 유대를 유지해왔던 것이다. 아닌 게 아니라 『윤리』의 판권 난을 참조한다면 그 시집의 발행인은 임화였지 않은가. 따라서 임화와 권환을 분리하여 평가한 북한문학사의 시각은 사실과 어긋난다고 할 수 있다. 권환은 8 · 15 후에도 일찍 프로예맹에 가입하였지만, 결국 임화가 주도한 문학가동맹에 나중에 합류하였다. 이러한 궤적을 통해 그들은 카프에 가담하면서부터 해방 직후까지 일정하게 같은 길을, 방법적 차이를 안은 채, 걸어왔다고 할 수 있을 것이다. 이러한 관점을 토대로 권환과 임화에 대한 관계론적 후속 연구가 이루어질 때, 우리 프로문학 연구도 각론적 심화를 얻을 수 있을 것으로 생각된다.

임화(林和)와 『문학의 논리』

임화 속의 '임화'가 보여주는 1930년대 후반

임규찬

1. 『문학의 논리』가 던지는 질문

이 글은 다소 뜻밖에도 임화(林和)의 비평을 논하되 평론집 『문학의 논리』[1]에 초점을 맞추겠다는 소박한 목적에서 출발한다. '다소 뜻밖에도'란 말을 쓰는 것은 『문학의 논리』가 임화 자신을 넘어서 한국비평사를 대표하는 평론집이긴 하지만, 실상 이와 관련한 연구도 없었

1 『문학의 논리』는 1940년 12월, 학예사에서 발행하였다. 본고에서 사용할 판본은 소명출판사에서 2009년 발행한 『임화문학예술전집』 중 제3권, 신두원이 책임 편집한 『문학의 논리』 판본이다. 이하 교정 등 『문학의 논리』와 관련한 제반 사항도 이 판본에 의거했다.

거니와 굳이 그럴 필요가 있겠느냐는 생각이 일반적이기 때문이다. 우리 근대문학의 경우 사회정치적 상황으로나 문화적 여건 속에서 극히 소수의 단행본만이 나온 탓이어서인지 여기저기 산발적으로 흩어져 있는 유산의 발굴과 발굴된 유산의 시대적 배열에 근거하여 가능한 전체로, 혹은 일정한 시간적 단위로 과거를 대하려는 것이 일종의 상식이다.

그런데 이런 접근에 의문을 품게 한 것은 『문학의 논리』가 출간되고 당시 거기에 대한 몇 가지 짧은 서평을 만나고서이다. 특히 임화와 가까웠던 한설야(韓雪野)의 발언이 먼저 눈에 잡혔다.

> 임화 씨의 논문집 『문학의 논리』를 받았다. 받는 순간 나는 이것이 과연 씨의 논문집의 처녀 출판인가고 다시 생각해 보았다. 나는 본시 과문과독(寡聞寡讀)한 사람이다. 일찍 씨의 논문집이 나왔다는 말을 들은 일이 없다. 이 논문집의 자서를 보아도 소화(昭和) 9년 이래 것의 수록이라 했은 즉 그 이전 것은 어찌했는가. 당연히 출판되었어야 할 논문들이요 또 씨로 말하면 다년간 출판에 관계하고 있으니까 응당 있으리라고 생각되나 역시 안 나온 것이 사실인 모양이다. 여기서도 씨의 염담(恬淡)한 성격을 찾을 수 있거니와 독자인 우리로서는 여간 통석(痛惜)한 일이 아니다.[2]

2 한설야, 「임화 저 『문학의 논리』」, 『인문평론』 16, 1941.4, 143면.

마땅히 이루어져야 할 것이 이루어지지 못한 당대의 문화적 상황에 대한 옅은 탄식이 들려온다. 그런데 한설야는 "욕심이 없고 마음이 깨끗하다"라는 염담(恬淡)한 임화의 성격으로 문제를 돌린다. 이원조(李源朝) 역시 『문학의 논리』라는 단행본을 마주하면서 가장 먼저 "그동안 씨의 노작(勞作)을 마음대로 다 모아놓았으면 실로 분량에 있어 지금 이 책의 몇 곱절이 될는지도 모를 것이다"[3]라고 하여 비평가로서 임화의 눈부신 활약과 성취를 맨 먼저 떠올린다.

따라서 이 점을 감안하면 1940년 시점에서 임화 스스로 자신의 엄청난 비평적 궤적을 어떤 식으로 정리하려 했을까가 자연 궁금하다. 아마도 『문학의 논리』가 초기 평론부터 대상으로 하여 선별된 평론집이라면 누구나가 해당 저서에서 이루어질 '선택'과 '집중', 그리고 그 결과에 대해서 많은 관심을 가졌을 법하다. 그러나 『문학의 논리』는 임화 스스로 서문에서 밝혔듯이 1934년부터 1940년 1월 사이에 발표한 평론을 모았다. 말하자면 일정한 시기를 적용한 탓에 임화의 평론 전체 속에 자연스럽게 편입되어 『문학의 논리』가 갖는 독자성, 문제성에 주목할 이유가 없었다. 실제로 한설야는 1934년 이후의 것은 거의 추려넣었다고 하여 당대부터 그런 시선이 없지 않았다.

그런데 『문학의 논리』는 해당 시기의 평론을 충만(充滿)하게 담지 못했다. 해당 시기에 발표한 글 중 수록되지 않은 평론이 무려 39편이

3 이원조, 「신간평－임화 저 『문학의 논리』에 대하여」, 『문장』 24, 1941.3, 160면.

니 거의 반 가까이를 탈락시켰다. 그렇다면 문제는 결코 가벼울 리 없고, 자연 질문이 여럿 일어선다.

1. 수록된 평론은 원(原) 발표문과 어떤 차이가 있는가?
2. 왜 1934년의 글부터 실었는가? 특별한 시대적 변별점이 있는가?
3. 수록한 평론의 기준은 무엇인가? 수록하지 못한 평론에서 특별히 주목할 점은 없는가?

2. 『문학의 논리』와 원(原) 발표문들

사실 평론집 단행본으로서 『문학의 논리』가 내뿜는 대저작(大著作)의 면모는 출간 당시부터 크게 주목받았다.

> 이 책을 들고 보면 우리 문단은커녕 다른 데서도 그 유례을 보기 드문 방대(尨大)한 저서이다.[4]
>
> 무려 8백 4십여 페이지에 긍(亘)하는 용기(容器)를 40여 편의 문학상의 이야기로써 장식하고 있는 방대한 저서다.[5]

4 위의 글.
5 안함광, 「임화 저 『문학의 논리』」, 김재용 외 편, 『문학과 진실』, 박이정, 1998, 217면(『춘

그런데 그런 방대함 못지않게 『문학의 논리』의 내용 또한 체계적이고 풍요롭다는 게 공통한 의견이다.

씨의 『문학의 논리』는 8백 40혈(頁)의 대저(大著)로 그중에는 무릇 42편의 평문이 수록되어 있는데 그 수만 해도 놀랄 만하거니와 더욱 그 내용에 들어가 보면 전기한 바와 같은 다사다난, 실로 50년을 십년에 생활해온 것 같은 고밀도(高密度)의 시대에 명멸한 모든 문학사조를 그 일류의 함축 깊은 논조로 설왕설래(說往說來)할 것이다.[6]

책을 펼쳐 들고 우선 느끼게 되는 것은 씨는 실로 많은 일을 하였다는 것이다. 이는 단순히 양에서만 하는 말이라기보다는 조선문학 위에 기여한 노력의 질에서 하는 말이다. 양식 문제, 휴머니즘의 문제, 작가론, 작품론, 소설론, 시론, 기타 등등, 실로 광범한 지역과 다양한 처소에 걸쳐서 예리한 비판안(批判眼)과 투철한 해부도(解剖刀)를 갖고 동작한 씨의 모양은 자못 에네르기슈(energisch)하게 환상(喚像)되어지는 바 있다.[7]

그 내용을 살펴본다면 실로 문학의 원리, 사조, 양식, 작가, 문학사, 심지어는 시사(時事)에 이르기까지 현대 조선문학의 전체적 상모(相貌)를 묘사하려는 앰비셔스(ambitious)한 기도를 엿볼 수 있을 것이다.[8]

추』, 1941.7).

6 한설야, 앞의 글.

7 안함광, 앞의 글.

실상 이러한 면모는 당대뿐만 아니라 그 이후 연구에서 당연히 전제로 하는 사항이다. 가령 목차에 따라 부연한 다음과 같은 서지적 설명에 대체로 동의할 것이다.

> 1934년부터 1940년간에 씌어진 총 42편의 평론이 10개의 부에 나뉘어 수록되어 있다. 1부에는 당파성의 주관주의적 강조로 경사되었던 낭만주의론과, 이를 자기 비판하고 주체의 재건이라는 문제의식 및 주객 변증법이라는 틀로 새롭게 리얼리즘을 탐구한 평론 6편이 실려 있고, 2부에는 당대 유행하던 휴머니즘론을 비판적으로 고찰한 평론들이, 3부에는 문단총평적인 글들이 실려 있다.
>
> 1930년대 후반 우리 소설의 전반적 경향을 '그리려는 것과 말하려는 것'이 분열된 세태소설과 내성소설로 규정하고 이들로부터 성격과 환경의 통일을 이룬 본격소설로 나아가야 한다는 논리를 펼친 소설론은 4부에 수록되어 있고, 기타 세대론, 작가론, 언어론 등이 5, 6, 7부에 각각 수록되어 있다. 8부에서는 비평에 대한 이론적 탐색인 비평이론이 실려 있고, 특정 주제로 묶을 수 없는 시론적(時論的) 성격의 글들이 9부에 실려 있으며, 10부는 이식문학론으로 유명한 「신문학사의 방법」 한 편으로 구성되어 있다. 1930년대 중 · 후반 임화의 중요한 평론활동이 거의 이 평론집 속에 망라되어 있는 셈이다.[9]

---

8 이원조, 앞의 글, 161면.

9 『한국현대문학대사전』(권영민, 서울대 출판부, 2004), '네이버 지식백과' 사이트에서 인용

이렇게 보면 『문학의 논리』가 갖는 역사적 위상은 확실하다. 실제로 현재까지 간행된 평론집 중 최고의 비평서로 꼽을 만큼 임화의 『문학의 논리』는 독보적이다. 그렇지만 1930년대 중·후반이라는 특정한 기간과 함께 너무나 체계적인 편제 때문에 역설적으로 『문학의 논리』는 독자적인 연구 대상으로 더 부각되지 않았다. 편제 자체의 활용도는 아주 높은데, 평론집 자체의 독자성이나 문제점에 대해서는 눈길이 가지 않은 것이다.

사실 외형적으로 보더라도 『문학의 논리』에서 어떤 특이사항을 발견하긴 쉽지 않다. 우선 수록된 평론 중심으로 원(原) 발표문과 비교해 보면 양자 사이에 특별한 변별점을 찾긴 힘들다. 어느 정도 예상 가능한 수준의 교정 작업이 여기저기 눈에 뜨일 뿐, 크게 내용을 손보아 비교 대상으로 떠오를 만한 것은 없다. 오히려 단행본으로서 통일적인 면모를 갖추도록 보정(補整)을 잘했다고 보는 편이 적절하다. 제목에서 그 점은 잘 드러난다. 수록 평론 중 15편의 제목을 바꾸었는데 모두가 단행본 체제에 맞게 수정하고 새롭게 제목을 단 경우다. 즉 '세태소설론'에 맞춰 '최근 조선 소설계 전망'을 '본격소설론', '속문학의 대두와 예술문학의 비극—통속소설에 대하여'를 '통속소설론'으로 통일했고, 또 '문예시감', '7월 창작평' 등을 '문단적인 문학의 시대', '현대소설의 귀추' 등으로 바꾸었다.[10]

(http://terms.naver.com/entry.nhn?docId=335463&cid=41708&categoryId=41737).

10 제목의 수정 사항은 다음과 같다.(왼쪽이 『문학의 논리』 제목이고 오른 쪽이 원 발표문 제

다만 원 발표문의 일부 대목을 삭제한 경우가 조금 보이는데, 이것도 몇몇 글에 집중해 있다. 특히 가장 앞선 글인 「낭만적 정신의 현실적 구조」에서 삭제 부분이 가장 많았고, 교정도 많이 이루어졌다. 그 외에 「언어의 마술성」, 「기교파와 시단」 등에서 상대적으로 많은 부분을 삭제했다. 이들 글에서 삭제한 부분이 갖는 의미는 좀더 상세히 살펴봐야겠지만 특별한 의미망을 구성할 만큼 내용적 차이는 없다. 그렇지만 보는 시각에 따라 다를 수도 있음을 보여주는 예가 없지는 않다. 가령 「신문학사의 방법」을 두고 삭제된 부분이 생각보다 큰 의미를 가질 수 있다고 지적한 분석이 있다. 이 글은 원 발표문에서 세 군데에서 문장을 삭제했는데, 그중 한 부분이 아래 강조한 부분이다.

> 그러나 외래 문화의 수입이 우리 조선과 같이 이식문화, 모방문화의 길을 걷는 역사의 지방에서는 유산은 부정될 객체로 화하고 오히려 외래 문화가 주체적인 의미를 띠지 않는가? 바꿔 말하면 외래 문화에 탐닉(耽溺)하게 된다. **외래문화에의 탐닉(耽溺)은 곧 고유문화 재래유산의 해**

목이다) '방황하는 문학정신 : 사상은 신념화, 방황하는 문학정신', '문단적인 문학의 시대 : 문예시감', '중견작가 13인론 : 창작계의 1년－중견 13인론', '생활의 발견 : 리얼리즘의 변모－혹은 생활의 발견', '본격소설론 : 최근 조선 소설계 전망', '통속소설론 : 속문학의 대두와 예술문학의 비극-통속소설에 대하여', '현대소설의 주인공 : 최근 소설의 주인공', '현대소설의 귀추 : 7월 창작평', '소설과 신세대의 성격 : 신세대론', '송영론 : 외우(畏友) 송영형께', '유치진론 : 극작가 유치진론-현실의 빈곤과 작가의 비극', '한설야론 : 작가 한설야론－「과도기」에서 「청춘기」까지', '의도와 작품의 낙차와 비평 : 작가와 문학과 잉여의 세계', '19세기의 청산 : 세계대전을 회고함－문학론 편', '신문학사의 방법 : 조선문학 연구의 일과제－신문학사의 방법론'.

체(解體)를 촉진하고 그것의 완료가 곧 새 문화의 제조가 된다. 이것은 낡은 문화의 패배다. 그러나 문화 교류에 있어 이러한 일방적 교섭은 정치적 침략의 정신적 표현에 불과하다. 또한 그러한 것이 완전히 수행되기는 문명인과 야만인과의 사이에서만 가능한 것이다. 동양 제국(諸國)과 서양의 문화 교섭은 일견 그것이 순연한 이식문화사를 형성함으로 종결하는 것 같으나, 내재적으로는 또한 이식문화사 자체를 해체하려는 과정이 진행되는 것이다. 즉 문화 이식이 고도화되면 될수록 반대로 문화 창조가 내부로부터 성숙한다.

이것은 단순한 교정상의 착오일까? 필자가 보기에는 그렇지만은 않다. "문화교류에 있어" "낡은 문화의 패배"라는 "일방적 교섭은 정치적 침략의 정신적 표현에 불과하다"는 언급은 식민지 지배체제에 대한 비판적 의미를 함축하고 있다. 이식된 문화가 "고유문화"를 완전히 구축하는 일은 문명인과 야만인 사이에서만 가능할 뿐이라는 단언은 '중심' 문화의 이식이 심화된 조선문화의 생명력을 옹호하고 있다.[11]

보기에 따라 충분히 그렇게 읽을 수도 있는 만큼 원 발표문과 수록 평론 사이의 차이는 좀더 섬세한 비교 검토가 필요한 듯하다. 가령 용어 수정만 해도 그렇다. '프로문학', '프롤레타리아문학'을 '경향(傾向)

11 방민호, 「임화와 학예사」, 『상허학보』 26, 2009, 271~272면.

문학', '신흥(新興)문학'으로, 그리고 부르(조아지)(문학)는 시민(문학)으로 바꾸었다. 신두원은 이를 두고 검열을 의식한 교정으로 이해했지만, 그 점을 충분히 유의하면서도 전부 그렇게 바꾸지는 않았고, 또 임화 자신이 1937년 「사실주의 재인식」 이후 '프로문학'보다 '경향문학'이란 용어를 더 많이 사용한 만큼 이 문제 역시 간단히 단언하기 힘들다.

3. '현대'와 『문학의 논리』, 그리고 체계

임화가 1930년대 중 · 후반을 대상으로 삼아 『문학의 논리』를 구성한 그 나름의 근거는 무엇일까. 아마도 손쉽게 연상되는 것은 1935년의 카프(KAPF) 해산이다. 실제로 많은 글에서 임화는 카프 해산과 프로문학의 위축을 하나의 변곡점으로 서술하고 있다. 그러나 카프의 지도적 이론가였던 자기 자신을 감안하면 카프 시절을 손쉽게 배제하는 것은 납득하기 어렵다. 이를 넘어설 정도로 임화 나름의 확실한 시대적 범주화를 생각하지 않을 수 없다. 무엇보다 『문학의 논리』를 발간한 시점인 1940년 임화의 '눈'을 찾아야 한다.

> 우리 조선문학자가 현대문학이라고 부르는 것은 해당문학(프로문학---인용자 주)이 퇴조한 이래 문단이 일단 순문학적인 분위기를 형성한

이후 약 5,6년간을 가리키는 것이다. 즉 사상이나 경향보다도 오로지 예술로서의 문학으로 우열을 겨루는 정신이 이 시대의 특징이다.

그래서 현대문단의 특징은 일찍이 존재했던 문단의 모든 그룹이 와해되었다는 것이고 모든 작가 비평가가 각자 알몸 하나뿐인 개인으로 돌아갔다는 점이다. 이것은 조선문학이 문학외적인 시장이나 경향으로부터 벗어나 순수한 문학으로 돌아간 또 다른 표현이기도 하다. 그 대신 현대 조선문학은 과거와 같이 일괄하여 어떤 특징한 언어를 벌어 표현하는 것이 불가능하게 되었다.

우리들은 때때로 현대를 혼돈의 시대라 하고 또 어떤 이는 사회적으로는 무력(無力)의 시대라고도 한다.[12]

임화는 이 글에서 "우리는, 현대라는 것의 앞에 근대라는 말을 쓰고 있다"라고 하여 근대와 현대를 확연히 구별한다. 덧붙여 그 근거로 "그것은 서구 문학이 한 세기 걸린 것, 또 내지 문화가 반세기를 필요로 한 역사를, 우리는 불과 30년이 채 못 되는 동안에 통과했기 때문이다. 설령 그것이 아무리 통과하는 과정의 것이고 주마등을 보는 것 같은 것이었다 해도, 조선문학은 경험해야 할 모든 것을 경험한 것이다"[13]라고 말하고 있다. 그런 점에서 『문학의 논리』는 임화의 눈으로

12 임화, 「조선의 현대문학」(『경성일보』, 1939.2.23~25), 임화문학예술전집편찬위원회 편, 『임화문학예술전집』 5, 소명출판, 2009, 485~486면.(이하 『문학의 논리』 이외의 임화 글은 『전집』으로 약함) 임화는 이 글에서 신문학 시대와 프로문학 시대까지를 '근대'로, 그리고 그 이후를 '현대'로 설정하였다.

본, '작품이든 비평이든 각양각색이고, 참으로 헤아리기 어려울 정도로 복잡하고 다양한 경향들로 채색'된, 1930년대 중·후반 조선의 '현대문학'에 대한 비평서이다.

임화는 『문학의 논리』에서 '논리'를 가장 앞세웠다. 짧은 서문 속에 강렬히 표현한 대로 "서명을 특히 문학의 논리라 붙인 것은 평론이란 형상적인 의미의 문학에 대하여 논리적인 의미의 문학이라 생각되기 때문이다. 그러므로 장르로서의 문학의 특성이 문학의 형상이라면 평론으로서의 문학의 특성은 문학의 논리라고 말할 수 있지 않을까?" 하였다. 임화는 기본적으로 문학사 연구와 문예학 및 비평을 나누고, 비평 혹은 평론 분야를 다음과 같이 구분한다.

> 이론은 독일 사람들이 말하는 문예학, 혹은 러시아 사람들이 만들어 낸 문예이론(또는 그 운동이론)에 한정하고 평론은 문학 시사(時事), 또는 문단 이론의 비교적 자유로운 논평, 이 논평이란 점에서 문예 저널리즘을 예상하고, 그런 곳에서 평론이란 것의 기능을 한정하고 연마하라는 것이며 비평은 전혀 작품의 연구와 가치판단, 그러므로 작가론 같은 것은 쓰는 데 따라 전기도 될 수 있고 평론도 될 수 있으며 비평도 될 수 있는 것이다.[14]

---

13 위의 글, 482~483면.

14 임화, 「비평의 시대」(『비판』, 1938.10), 『전집』 5, 91면.

이런 맥락에서 본다면 제1부는 '리얼리즘론'이라 칭할 만한 이론적 성격이 강한 평론들이고, 2부, 3부까지는 '문학 시사(時事), 또는 문단 이론의 비교적 자유로운 논평'에 해당하는 것이며, 이후 문학의 하위 장르나 분야라 할 수 있는 작가론, 언어론, 소설론, 시론, 비평론, 문학사론 등이 포진하고 있다. 말하자면 성격이 다른 두 영역으로 1차 구획된다. 그런데 뚜렷한 표지로 총 10부의 방대한 체계를 구성한 임화의 숨은 의도는 무엇일까? 문제를 이렇게 던지는 것은 문득 임화에게서 '조선'의 비평가로서 개척자적 포부와 일종의 과시욕까지 느껴져서이다.[15] 『문학의 논리』는 마치 비평이 수행할 수 있는 모든 형태를 배열한 것처럼 목차의 체계가 풍요롭다.

그런 점 때문에 『문학의 논리』에 배열된 영역을 절대화하여 접근하는 지금까지의 연구 관행을 역으로 한번쯤 뒤집어 볼 필요가 있다. 특히 리얼리즘론, 휴머니즘론, 지성(모랄)론 등을 마치 별도의 개별 이론처럼 한정하고 접근하는 선입관이나 통념이 그러하다.

> 현재 조선문단의 그중 큰 변화는 경향문학의 퇴조에 있다. 그러면 이미 퇴조한 경향문학을 대신하여 문단의 중핵을 차지하고 문단의 전 부면에 퍼진 새 조류는 무엇이냐 하면, 우리는 곧 그동안 논단에 명멸부침(明滅浮沈)한 여러 가지 토론 제목, 예하면 휴머니즘이라든가 주체론이

15 그런 점에서 동 시대에 나온 평론집들, 이를테면 최재서의 『문학과 지성』(인문사, 1938), 김문집의 『비평문학』(청색지, 1938) 등과 비교해 보는 일도 흥미로운 작업이 될 것이다.

라든가 최근에 와서 서서히 인목(人目)을 끄는 지성 논의라든가의 일련의 현상(現象)을 연상한다.[16]

이리하여 작금간에 평단은, 표면상[表面] 의연히 여러 가지 추상적 과제, 예 하면 휴머니즘이라든가[이라든] 로맨티시즘이라든가 리얼리즘이라든가 주체론 · 모랄론 · 지성론 등등 매거하기조차 수고스러운 일반이론 위를 황급히 뛰어왔으나, 차차로 관심의 초점은 작품비평으로 모여들고 있었다 할 수 있다.[17]

여기서 알 수 있는 것은 '그동안 논단에 명멸부침(明滅浮沈)한 여러 가지 토론 제목', '수고스러운 일반이론'이란 표현에서 보듯이 문단 시사, 문단 이론의 현상 영역을 테마별로 제시했다는 점이다. 그렇다면 우리는 이런 구성에서 무엇을 주목해야 하는가.

하나는 문학 급(及) 예술의 역사적 발전에 관한 일반적 학(學) 즉 역사적 과학으로서의 '사적 문예학'을 들 수 있으며 둘째로는 예술적 형성의 과정에 관한 논리학 인식론으로서의 '변증법적 문예과학'을 들 수가 있다.

그리하여 이러한 계열은 여태까지 전자는 문학사, 후자는 문예비평(혹은 문예학, 시학)이란 개념으로 표시되었다.

16 임화, 「문단적인 문학의 시대」(『조선일보』, 1938.7.17~23), 『문학의 논리』, 216~217면.
17 임화, 「비평의 시대」(『비판』, 1938.10), 『전집』 5, 92면.

그러나 맑스주의 예술과학은 이 두 계열을 그 통일 가운데서 체현하는 것이며, 동시에 전자나 후자가 다 이러한 통일성 가운데서만 비로소 과학으로서의 독립적인 학문이 되는 것이다.

왜 그러냐 하면 역사적인 것만이 논리적이고 논리적인 것만이 역사적이며, 다시 말하면 역사적인 동시에 논리적인 양자를 통일적으로 자기 가운데 체현하고 있는 것만이, 비로소 물질적으로 존재하는 것이기 때문이다.[18]

임화가 펼쳐놓은 것이 현실의 외적 표면 현상이라면 우리가 이제 찾아 나설 길은 그런 역사를 관통하는 통합적인 논리이다. "사물의 전체적 관찰, 이것이 없이는 논리는 성립 안 되는 것이니 이 저서 중에서 어느 한 편을 읽어보더라도 씨가 한 문제를 포착할 때 그것을 전체적으로 보고 또한 전체적으로 발전시키려고 노력하지 아니한 바가 없"[19]다고 한 이원조의 독후감도 이와 맥락을 같이한다. 임화는 「사실주의의 재인식」에서 자신의 과제를 '지도적 비평, 문학사, 문예학의 건설'이라고 선명하게 제시한 바 있다. 이것은 분할의 문제가 아니라 통합적 시선을 요구하는 맑스주의자로서 그 자신의 다짐이다. 리얼리즘론과 별개로 흔히 상정하는 휴머니즘론이나 지성론 등도 리얼리즘론과 무관치 않다. 그래서 유행하는 특정 개념을 중시하여 임화

18 임화, 「집단과 개성의 문제」(『조선중앙일보』, 1934.3.13~3.20)」, 『전집』 4, 413~414면.
19 이원조, 앞의 글.

의 이론체계를 재구성하려는 접근방식은 현상만을 추수하는 임화의 겉핥기이기 십상이다. 그런 대표적 사례가 주체 혹은 주체 재건이란 이름과 연계시켜 임화의 리얼리즘론을 체계화하는 일이다. 이를테면 『문학의 논리』 제1부 구성대로 임화는 낭만주의론을 출발로 하여 주체 재건론으로서 리얼리즘론을 펼쳤다는 식이다.

그러나 주체론은 휴머니즘론이나 지성론처럼 한때 화제가 되었던 토론거리로서 개념이었지 임화의 문학 체계에 지속적인 영향력과 의미망을 가진 개념이 아니다. 가령 주체론, 즉 주체의 재건 문제는 「주체의 재건과 문학의 세계」에서 집중적으로 논의될 따름이지 '주체의 재건과 현실의 의의'라는 부제가 달린 불과 넉 달 뒤의 글 「현대문학의 정신적 기축」만 하더라도 다음과 같은 원칙적 수준을 확인하고 있을 따름이다.

> 그러므로 문학은 본시 개인의 각도에서 세계를 보는 관념형태라든가, 전일(前日)의 작가들이 자기의 문제를 떠나 문학을 생각했기 때문에 주체를 성찰한다든가 하는 것은 상당히 무의미한 일이다.
>
> 이런 의미의 주체성이라든가 주체에 대한 반성은 모든 시대의 문학에 편재(遍在)했던 것이라 말할 수가 있다. 문학은 자기를 표현함으로써 세계를 인식하는 예술이었었고, 작품은 제 구조와 더불어 항상 제 정신을 가져온 것이다.[20]

20 임화, 「현대문학의 정신적 기축」(『조선일보』, 1938.3.23~27 · 1938.10), 『문학의 논리』,

그러므로 문학이 주체의 각도에 반성될 때는 반드시 그 시대의 문학 정신이 좁고 얕은 황무지를 저미(低迷)하고 있는 것이다.

다시 말하면 일개의 작가적 현실에서가 아니라 넓은 문학적 현실 그 것에 대한 하나의 시대적 역사적 반성으로서 주체의 성질이 물어지는 것이다.[21]

아주 일반론적 차원의 물음에서 시작하여 임화는 '넓은 문학적 현실'에 기반한 '현대의 문학정신'이 관건이라는, 차원의 이동과 전환을 강조한다. 이 점은 "바꿔 말하면 문학 위에서 최대의 휴머니즘은 리얼리즘이다"[22]라는 명확한 언명처럼 휴머니즘론에 대한 태도 역시 마찬가지다.

그러므로 "리얼리즘이란, 현실 속에서의 행위(실천)을 통해 과학적 세계관과 현실을 결합시켜 현실의 본질을 반영하고, 이를 통하여 와해된 주체를 재건하는 예술적 실천의 방법론"[23]이라는 정리처럼 일반론에 주체 재건론을 덧붙이는 식으로 임화의 리얼리즘론을 규정하는 방식은 문제일 수밖에 없다. 임화는 기본적으로 '리얼리즘론에서 파생한 주체론이나 그곳에서 나오는 모랄론'[24]이라 하여 이들을 하나의

87면.

21 위의 글.

22 임화, 「휴머니즘 논쟁의 총결산」(『조광』, 1938.4), 『문학의 논리』, 191면.

23 김미영, 「1930년대 후반기 리얼리즘론에 미친 루카치 문예이론의 영향연구」, 『관악어문연구』 22, 1997, 423면.

24 임화, 「최근 10년간 문예비평의 주조와 변천」(『비판』, 1939.5～6), 『전집』 5, 129면.

파생 문제로 보았다. 결국 '주체 재건론 → 리얼리즘론'이라는 단계론으로 보게 된 원인 가운데 하나도 『문학의 논리』 배치와 관련 있다. 발표 순서대로 보면 한 달 간격으로 「사실주의 재인식」이 「주체의 재건과 문학의 세계」에 앞서는데, 『문학의 논리』엔 순서가 바뀌어져서 '낭만주의론-주체재건론-리얼리즘론'으로 읽게 만들었다.

흔히 「사실주의 재인식」을 두고 임화 리얼리즘론의 완성태로 놓고 정리하는 방식도 많은데, 이 점 역시 더 숙고해야 할 사항이다. 오히려 그 이후 임화의 논리 속에서는 작가의 예술적 태도나 사상 수준의 좀더 느슨하고 변화된 범주로 이 문제를 폭넓게 바라보고 있거니와, 아래와 같은 유보적인 발언까지 나오고 있다.

> 그러면 예술적 태도로서의 리얼리즘으로부터 수법, 양식으로서의 리얼리즘을 거쳐 새로운 현실로서의 생활을 표현하는 새 예술적 태도로서의 리얼리즘이 우리들에게 방금 주어진 문제가 된다.
>
> 이것까지를 과연 리얼리즘이라 부를지? 생활의 새로운 의의와 더불어 재고할 문제다.[25]

임화의 서술 역시 이러한 배경에서 보자면 현상과 본질 수준의 심층적 읽기를 수행해야 한다.

일찍이 플레하노프가 예술지상주의와 예술상 공리주의를 논의하는

25 임화, 「생활의 발견」(『태양』, 1940.1), 『문학의 논리』, 268면.

데 있어 그것을 단순한 '당위'의 입장에서가 아니라 이러한 예술상 경향을 발생시키고 강화시키는 사회적 조건 중 무엇이 제일 중요한 것이며 그것이 이전에는 어떻게 있었으며 현재에는 또 어떻게 있는가를 위선 아는 것이 필요하다고 논단(論斷)한 사회적 역사적 방법이 이곳에 기억되어야 할 것이다.

그러므로 민족성이 필요한가 안한가를 논제로 하는 '당위'론이란 문제 해결에 적당치 않을 뿐더러 때로는 그 해명을 혼란케 하고 또한 그것의 구체적 고찰을 기피하는 방색(防塞)으로서 원용(援用)된다.

따라서 당위론이란 문제를 항상 소박한 형식의 견지에서 제기하는 것이다.

현재 '민족성'에 관한 모든 논의가 이 당위론의 주위를 운행하고 있는 것이 정히 우리 문단의 현상이다.[26]

임화가 30년대 중・후반에 보여주는 뛰어난 면모의 하나는 이처럼 주체 문제나 휴머니즘, 지성, 생활, 사실 논의 등 당위론의 수준에서 논의되던 혼란스러운 여러 테마를 그 나름으로 매우 치밀하게 역사적이고 논리적인 접근을 통해 논의의 수준을 한층 높여 나갔고, 그 자신의 리얼리즘론이나 문예학 속에서 이를 해결해 나가려고 했다는 점이다.[27]

26 임화, 「문학상의 지방주의 문제」(『조광』, 1936.10), 『전집』 4, 712~713면.

27 그런 점에서 임화의 『문학의 논리』에 대한 권환(權煥)의 독후감은 이러한 분석을 뒷받침해준다. 권환은 임화의 비평가적 장점을 아래와 같이 분석하였다. "첫째는 무엇보다도 그는 어떠한 새 이론을 제기할 때에도 그것을 추상적(抽象的)으로 대하지 않고 언제든지 현

4. 『문학의 논리』와 '민족문학', 그리고 문학주의

그런데 사실 『문학의 논리』를 분석하는 이 글을 쓰면서 필자는 이미 『문학의 논리』에 수록되지 못한 글을 꽤 많이 참조하고 있다. 아마도 『문학의 논리』 연구에서 가장 중요한 관심 대상이 되어야 할 것은 『문학의 논리』에 수록된 글들과 수록되지 못한 글 사이에 어떤 차이가 있고, 그 차이는 또 어떤 의미를 가질까이다.

가장 먼저 눈에 띄는 것은 '민족문학'에 관한 논의 부분이다. 1932년까지 계급문학과 대립 개념으로서 민족문학을 생각해 왔던 임화는 1933년에 들어서부터 '진정한 ××적 민족문학과 민족개량주의자들이 말하는 민족문학' 식으로 구별하면서 민족문제에 각별한 관심을 기울여왔다. 그리하여 다음과 같이 간명한 명제로 자신의 노선을 피력하기까지 했다.

> 우리는 입 끝으로만 민족적인 것을 옹호하고 행동에 있어 흐지부지하는 제 조류로부터 자기를 구별하여, 민족의 고유한 모든 것의 가장 철저한 옹호자이어야 할 운명적 노선을 걷는 인간인 때문이다.
>
> 그러므로 국제주의의 길을 걷는 인간으로서 일견 모순하는 것과 같은

실적 시간, 공간에 관련시켜 파악, 전개한 것. 둘째는 어떠한 새 조류이든지 그것을 무조건적, 무비판적으로 대하지 않고 반드시 먼저 비판적인 태도를 가지고 대한 것. 셋째는 어떠한 문제이든지 간단, 소홀하게 대하지 않고, 어떤 때엔 필요 이상이라 할 만치 철저히 조사, 연구한 것 등이다." 권환, 「임화 저 『문학의 논리』를 읽고」, 『매일신보』, 1941.2.24.

민족적인 것을 단순히 부정하는 것이 아니라, 그것을 훌륭히 긍정하고 양자의 통일 위에서 민족적인 것의 발랄한 개화를 보고, 그것을 통하여 진실한 국제주의에로 도달하는 것이다.[28]

'진실한 의미의 민족문학의 건설', '최량(最良)의 민족문학'을 구체적으로 탐색한 글들이 1935년, 36년에 집중적으로 포진되어 있다. 「역사적 반성에의 요망」(1935.7), 「조선 신문학사론 서설」(1935.10), 「조선문학의 신정세와 현대적 제상」(1936.1), 「조선어와 위기하의 조선문학」(1936.3) 등이다.

이 가운데 「조선문학의 신정세와 현대적 제상」은 해방 직후의 민족문학론에 버금가는 체계화를 이루었는데도 그간 관심대상이 되지 못했다.[29] 『문학의 논리』가 이들 글을 누락시킨 결과와 무관하지 않다. 굳이 배제한 이유를 찾자면 '현대' 시기를 주대상으로 삼아서일 것이다. 카프 조직의 해체와 집단적 경향문학의 와해라는 현실적 조건에다, 그 경계 지점에서 논의했던 주제이기에 시기적으로 배제시켰다고 할 수밖에 없다. 그리고 더 중요한 이유일지 모르지만, 민족 혹은 민족문학 문제 자체에 대한 담론 수준의 탐색이 더 이상 지속되지 못하고 중도에서 멈춰버렸다.

28 임화, 「언어와 문학」(『문학창조』 창간호, 1934.6 및 『예술』, 1935.1), 『전집』 4, 467면.
29 이와 관련에서는 졸고 「임화와 '임화'－해방 직후 임화의 민족문학론」, 『임화문학연구』 4권(임화문학연구회 편, 소명출판, 2014)을 참조할 것.

그런데 언어 관련 글 수록도 다소 민족적이고 정치적인 초기 글을 배제했다. 최근 임화의 언어론과 관련하여 핵심적으로 다루어지는 글들에서 빠짐없이 언급되는 「언어와 문학」(1934.6), 「조선어와 위기하의 조선문학」(1936.3) 등이 누락되었다. 이들 글에 비해 상대적으로 원론 수준에 해당하는 글만 수록한 것으로 보인다.

따라서 전체적으로 사회정치적인 면과 결부하여 다소 민감한 글들을 배제하고 순(純)문학적인 부면에 집중한 글들로 구성했다고 일단 추정할 수 있다. 그런 만큼 '프로', '프롤레타리아' 등을 '경향'이나 '신흥'이란 말로 바꾸거나 '부르조아'를 '시민'으로 바꾼 것도 당대 더욱 파시즘화한 정치적 상황에서 검열을 의식한 1940년 방식의 수정으로 볼 수 있겠다.

실제로 임화의 민족문학 논의는 복고주의를 파시즘적 경향과 결부시킴으로써 일종의 '파시즘적 민족문학과 프로문학적 민족문학'이라는 대결구도 속에서 펼쳐졌다.

> 중간적이란 말은 현재에 있어 국제적으로는(물론 문학적으로!) 프롤레타리아문학과 파시즘문학과의 중간의 제 경향을 의미하며, 조선적으로는 민족주의문학과 프롤레타리아문학과의 사이에 있어 부절(不絶)히 동요하고 부침소장(浮沈消長)하는 일련의 잡다한 경향의 문학에 대하여 불러지는 것이다.[30]

30 임화, 「조선문학의 신정세와 현대적 제상」(『조선중앙일보』, 1936.1.26~2.13), 『전집』

이곳에는 두개의 길이 있다. '생'의 사상이 의미하는 순수한 로맨티시즘 — 사회적으로는 민족주의-파시즘 —, 다른 하나는 사실의 인식의 과학에 임하여 역사적=진보적 로맨티시즘 — 사회적으로는 '진보주의' — 을 통하여 진보적 리얼리즘으로 통하는 것이다.[31]

파시즘 관련 논의도 민족문학 문제와 비슷하게 1936년에 집중했던 편인데, 이들 글 역시 누락시킨 만큼 문제를 좀더 넓은 차원으로 확장할 필요가 있다. '문학적인 문단의 시대', '문단적인 문학의 시대'란 임화의 규정대로 정치적 사상적 흐름과 관련한 문학적 흐름이 형성되지 못하고 완전히 이반, 모두가 개별화됨으로써 임화 자신의 논의도 더 이상 지속시키지 못함으로써 임화 자신도 결국 문학주의로 귀환 아닌 귀환을 할 수밖에 없게 된 셈이다.

다만 근본적인 이유를 더욱 강화되는 파시즘, 군국주의의 현실 탓으로 돌려야 할 것인지,[32] 아니면 임화 자신의 사유 속에 더 이상 진전하기 힘든 어떤 모순의 비등점이 있는지는 확실치가 않다. 그래서 흥미로운 비교 대상으로 게오르그 루카치(Georg Lukacs)가 다가온다. 루카치가 우리의 30년대 후반 문학에 상당한 영향을 끼쳤다는 것은 주

4, 559면.

31 위의 글, 570~571면.

32 해방 직후에 보여주는 임화의 시각이 그러했다. 30년대 말 이후를 지우고, 30년대 중반 이후를 중시하는 태도를 보여주었다. 이와 관련해서는 앞에 예시한 졸고, 「임화와 '임화' — 해방 직후 임화의 민족문학론」을 참조할 것.

지의 사실이고, 그 속에서 임화는 단연 자기식 수용의 모범적 사례로 손꼽힌다. 엥겔스의 발자크론과 리얼리즘의 승리론을 함께 공유하며 임화가 펼쳐나간 루카치적 사유의 친연성은 여기저기 확인된다. 반영론과 전형론, 발자크와 졸라에 대한 인식 태도, 보들레르와 프루스트 등 모더니즘에 대한 적대 등은 리얼리즘론 · 본격소설론이나 기타 작품 분석 등에서 여실하다. 물론 임화가 보여주는 독특한 낭만주의관이나 그에 대한 태도 등은 루카치와 어느 정도 변별되며, 당대 조선의 현실에 항상 토대를 두고 사고하는 현실 적용의 차이 역시 분명하다.

여기서 루카치와 임화를 특별히 비교하자는 의도는 시대의 변화 속에서 펼쳐나간 두 사람의 지향점 때문이다. 루카치는 파시즘이 노골화되는 30년대 후반기 들어 이전까지 내세웠던 '파시즘 대 볼셰비즘' 대신 '파시즘 대 민주주의'를 내걸었다. '야만이냐 인본주의냐', '파시즘이냐 민주주의냐'의 구도가 루카치의 비평적 뿌리로 자리잡는다.[33]

민주주의를 위한 투쟁을 '변증법적인 이행 형태'로, 즉 일종의 '혁명적 매개'로 설정한 것인데, 민주주의의 발전을 중심에 놓는 이러한 매개 중심적 시각은 1930년대 중 · 후반에 이르러 루카치의 사유 전체에 유기적으로 흡수된다. 즉 루카치의 이러한 시각은 1934년 후반부터 1938년까

33 발터 벤야민이 이 시기에 내건 '파시즘적 정치의 심미화냐 코뮤니즘적 예술의 정치화냐'의 대립도 이와 관련해서 흥미로운 비교 대상이다. 여기서 필자가 문제삼고자 하는 것은 루카치나 벤야민에 비해 정치와 문학을 매개하는 지점이 임화에게서 뚜렷하게 보이지 않는다는 점이다.

지 반파시즘 인민전선정책이 소련 및 코민테른의 지배적인 정책이 됨에 따라—1930년대 초반의 잠복기를 거쳐—재부상하여 '새로운 유형의 혁명적 민주주의론'으로 계승되며, 맑스주의를 질적으로 새로운 것일 뿐만 아니라 인류 유산의 정점을 계승 · 종합한 것으로 파악하는 그의 맑스주의관, 그리고 흔히 '의고전주의적(擬古典主義的)' 내지는 '보수주의적'인 것으로 비판되곤 한 그의 문학이론적 활동(특히 유산관 및 리얼리즘론)과 상호 조화를 이루게 된다.[34]

임화 역시 해방 직후, 민주주의를 매개로 삼은 만큼, 30년대 중후반에 임화의 민주주의관이 어떠했는지, 그리고 어떤 동력이 해방 직후 민주주의를 주요 동력으로 내걸게 되었는지 궁금하다.[35]

그러나 전체적으로 임화는 30년대 후반, 정치성이 현저히 약화된 채 루카치의 비평적 자산과 닮은 미학적 분석들을 부분부분 펼쳐놓고 있다. 그것을 가늠할 대표적인 글들이 「의도와 작품의 낙차와 비평」, 『문학의 논리』 이후에 발표한 「창조적 비평」, 「고전의 세계」 등이다. 그리고 이들 글이 특별한 것은 '리얼리즘의 승리론'에서 시작한 그의 비평적 사유가 차츰 비평 고유의 창조적 독자성에 대한 사유로까지 나아가고 있다는 사실이다. 그 점에서 이전과 다른 특별한 인물이 눈에 띄기도 한다.

---

34 김경식, 『게오르그 루카치』, 한울아카데미, 2000, 85~86면.

35 1934년의 한 글에서 임화는 '언어 · 문학상의 민주주의 개혁'을 중요한 과제로 내건 바 있다. 임화, 「언어와 문학」, 앞의 책, 482면.

비평은 작가의 의도를 넘어섬으로써 벌써 작품 현실의 구속을 떠나 비평가가 제 자신을 이야기하는 경지로 들어가는 것이다.

타인의 작품을 빌린 자기 자신의 표현, 생트 뵈브(Sainte-Beuve)의 말을 빌면 작품 가운데 자기를 숨김으로써 자기를 표현하는 미묘한 전신(轉身), 그러므로 아무리 작품에 충실한 비평가라 할지라도 타인의 재목(材木)을 가지고 제 가옥을 짓는 독특한 창조자가 되는 것이다.

작품은 벌써 비평적 창조의 소재에 불과한 것이다.[36]

그리하여 임화는 "생트 뵈브의 문제(門弟)인 것을 부끄러워하고 싶지는 않다"[37]라고까지 선언한다. 생트 뵈브가 누구인가? 바로 프랑스 근대비평의 아버지로 불리는 사람이다. 임화의 의욕이 거기까지 닿아 있다. 비록 현실과 정치의 접맥에서는 멀어졌지만 상대적으로 주어진 시대의 흐름 속에서 비평가로서 자기 내부를 직시하고 최상의 비평적 실천을 궁구했음을 알 수 있다.

그러나 다른 한편으로 이 시기 문학주의로의 귀환 이후, 해방 직후 다시 급격히 정치주의로의 선회가 이루어졌으니 문제 지점으로서 1930년대 후반의 임화는 더 치밀하게 비판적으로 사유될 필요가 있다.

---

36 임화, 「의도와 작품의 낙차와 비평」(『비판』, 1938.4), 『문학의 논리』, 568면.
37 임화, 「10월 창작평」(『동아일보』, 1938.9.20~28), 『전집』 5, 67면.

5. 『문학의 논리』, 그 성취와 한계 사이에서

『문학의 논리』가 1934년의 글부터 수록했다고 하지만, 1936년 이후의 글부터 집중적으로 싣고 있다는 점을 새삼 지적하지 않을 수 없다. 그래서 1934년과 35년의 수록 글 또한 주목된다.[38] 특히 1934년의 글 가운데 유일하게 수록된 「낭만적 정신의 현실적 구조」는 『문학의 논리』의 첫 페이지를 여는 글이기도 해서 더욱 주목대상이다. 다른 무엇보다도 '낭만'은 임화를 상징하는 대표적인 개념들의 하나이자 그 자신의 고유성을 드러내는 장소이기도 하다.

낭만정신과 관련된 2편의 비평은, 임화의 비평집 『문학의 논리』 1부의 첫머리에 배치되어 있다. 『문학의 논리』는 주제론적인 관점에서 섬세하게 비평을 분류하여 수록하고 있다. 명시적으로 소제목을 달지는 않았지만 2부는 휴머니즘, 4부는 소설론, 5부는 신세대론, 6부는 작가론, 7부는 언어에 관한 글들, 10부는 신문학사의 방법론 등 특정한 주제

38 1936년 이전의 글은 「낭만적 정신의 현실적 구조」(1934.4), 「조선적 비평의 정신」(1935.6), 「담천하의 시단 1년」(1935.12) 등 세 편에 불과하다. 이들 글에 대한 상세한 분석도 필요한 일이긴 하나 본고에서는 생략한다. 더불어 『문학의 논리』 자체를 놓고 보았을 때 시인 임화가 쓴 평론서에 왜 시 분야에 관한 글이 적은가도 흥미로운 질문이다. 실제로 발간 당시의 서평을 보면 시인으로서 평론가로 성공한 이유나 시인적 기질과 구별되는 비평가적 면모에 대한 관심, 그리고 시인적 특성이 평론에 발현하는 독특한 성격 등에 공통된 관심을 보였다. 그러나 임화의 비평 전체를 놓고 보았을 때 시에 관한 서술이 상대적으로 적은 만큼 『문학의 논리』에 집중한 본 발표의 연구대상에서 제외하였다. 이 문제 자체는 임화 연구에서 매우 흥미로우면서도 본질적인 문제 가운데 하나라는 점만 강조해 둔다.

의식 아래에 해당 비평문들을 범주화해서 배치해 놓았다. 그런데 낭만정신과 관련된 글이 수록된 1부는 주체의 재건과 리얼리즘의 승리가 집중적으로 논의되어 있다. 『문학의 논리』 1부에 낭만정신에 관한 2편의 글이 자리를 잡았다는 사실은, 그 의미를 과도하게 주장할 필요는 없겠지만, 임화의 낭만주의론이 주체 재건론 및 리얼리즘의 승리와 내밀하게 관련되어 있음을 보여주는 의미 있는 장면이라 할 것이다.

낭만주의론이 중요한 이유는 카프 해산 이후 어떻게 하면 카프와의 비판적인 연속성을 유지하면서 비평적 논의의 새로운 출발점을 마련할 것인가에 대한 임화의 고민이 담겨 있기 때문이다.[39]

임화는 기본적으로 주관과 객관, 본질과 현상 등 대립적이면서 상관적인 범주를 합치시켜 전체로, 통일적으로 보자는 일원론의 입장에 서 있다. 그래서 이들을 둘로 쪼개서 각각의 상대적 자립성으로 분리 처리하려는 이원론을 철저히 비판하였다. 그의 이론적 성취에서 두드러지는 '낭만주의와 리얼리즘', '세태소설과 내성소설''주관주의와 객관주의' 등의 문제 설정과 양자의 통일을 향한 집요한 모색이 이를 방증한다. 또한 '분열', '대립' 등 임화가 즐겨 구사하는 현실 진단의 용어 역시 이런 맥락에서 움직인다. 임화는 현실의 물질 세계 그 자체

39 김동식, 「리얼리즘의 승리와 텍스트의 무의식」, 『한국현대문학연구』 34, 2011.8, 102면. 실제로 발간 당시 서평에서 권환은 낭만주의와 리얼리즘의 문제에 관한 자신의 긴 독후감으로 서평을 시작하기도 했다.

속에 있는 '모순', '대립물의 통일과 투쟁'이 자기 운동을 성립시키고, 이것을 통해 다양한 운동, 변화 발전이 이루어진다는 변증법적 유물론의 기본노선에 매우 충실하였다.

그런 점에서 '이식문학사론'에서처럼 임화의 대표적 용어로 유독 '이식(移植)'이란 말만 일방화되어 부정적인 이론의 대명사로 간주되는 것은 아무래도 이상하다. 물론 많은 연구를 통해 임화의 '이식'이란 용어가 그 나름의 이론적 정당성을 얻었다고 여겨지지만, '이식'을 달고 담론을 종합화하려는 방식과는 기본적으로 접근을 달리해야 한다.

'이식'이란 용어는 이미 1910년 중반 이후 문화적인 용어로 널리 사용한 일반 용어였다.[40] '전통'이란 용어 역시 마찬가지다. 말하자면 임화는 이렇게 널리 쓰인 두 용어를 문화 창조의 대표적 두 범주로 포착하여 이 양자 사이의 교섭과 융합, 제3의 길을 창출하는 역사화를 창안하였다. 그가 즐겨 쓰는 '과도기'라는 시대적 설정 역시 이와 맥락을 같이한다.

> 내가 신문학사에서 쓰는 과도기라는 말은 육당(六堂)의 신시와 춘원(春園)의 새 소설이 나오기 이전 그리고 한문과 구시대(이조적인)의 언문문학이 지배권을 상실한 중간의 시대를 지정하는 좁은 의미에 한정된다. 이 시기엔 자연히 구(舊)문학이 이제 전래의 신용과 위엄을 상실한

40 이와 관련해서는 김미영의 「'이식' 논의를 통해 본 임화의 신문학사론」(『한국문화』 49, 2010.3)을 참조할 것.

대신 신문학은 당연히 가져야 할 새 위의(威義)를 채 갖추지 못하여 일종 반구반신(半舊半新)의 문학으로 충전(充塡)되었다.

이것을 일본문학사에선 개화기의 문학이라고도 하고 중국학사에선 주지하는 바와 같이 문학혁명의 시대라고도 불러온다.

두 가지 명칭이 다 중간시기를 형용함에 응분의 진리를 가지고 있으나 내가 일부러 양자중의 일자(一者)도 취하지 않고 특히 평범한 과도기란 용어를 사용함은 다름이 아니라 보다 객관적으로 이 시기를 보고자 하는 미의(微意)에서다. 개화기라 함은 구시대를 몽매기(朦昧期)라 하여 그것이 문명개화됨에 중대한 역할을 연(演)한 서구 외래문화를 중히 평가한 데서 온 결과 같고, 문학혁명이라 함은 신문학에 주관적 입장을 설정하여 구문학을 개혁했다는 의미에서 이 시기를 보아, 새 문학의 탄생과 구(舊)문학의 몰락에 있어 서구 외래문화의 큰 역할을 몰각한 것 같아 취(取)치 아니 했다.

요컨대 일방(一方)은 지나치게 의타적이고 일방은 지나치게 주관적이다. 그러나 과도기라는 말은 이 양자와 같이 의미내용이 명백치 못한 흠이 있으나 그 대신 일층 포괄적이고 객관적인 점이 또한 전자보다 우월하였다.[41]

임화는 여기서 대립된 두 범주의 긴장과 동시적 힘을 중시하여 특정한 시대의 표지로 '과도기'를 내걸었다. 그리고 긴장 없는 대립 항으로

41 임화, 「개설 신문학사」, 『전집』 2, 133~134면.

만 보는 이분법적 사고를 지양, 새로운 종합을 모색하는 열린 변증법을 추구했다. 임화의 성공은 그러한 문제의식이 세부에까지 그 자신의 표현을 빌리면, '붓대에 흘러내리는 산 혈액'[42]이 되었는가의 여부이다. 그렇기 때문에 "문학사란 단선적 · 단층적이 아니라 복선적 · 다층적으로 이해되어야 하며, 정태적이 아니라 동태적으로 이해되지 않으면 안 된다"[43]라는 지적처럼 임화의 올바른 문제 설정이나 의도에도 불구하고 문학사에 대한 협소한 이해로 결과 자체가 이식문학사임을 보여주었다는 비판은 그 자체로 흘려버릴 수 없는 사안이다. 왜냐하면 임화 자신이 힘겹게 도달한 30년대 후반의 이론적 성취가, 그 자신의 작업에 고스란히 육화되어 합당한 경지를 보여주었는지는 별개의 문제이자 그 자신의 온전한 성취를 가늠하는 스스로의 잣대가 되기 때문이다.

실제로 임화의 본심을 이해하고자 하면 할수록 그 속에 깃들여 있는 서구적 근대주의자로서의 면모, 아니 국제주의자로서의 면모를 지울 수 없다. 이 점은 그가 표면상 가장 강하게 주장했던 반봉건성과 관련한 것으로, 우리의 현실(조선시대, 언어와 유산 문제, 그리고 구체적으로 홍명희, 채만식, 이태준, 정지용, 백석 등의 작품에 대한 이해 문제 등)에 대한 매우 단순화된 외눈박이 비판으로 오랫동안 전통 혹은 유산의 측면을 배제하거나 철저히 무시하고 있음을 주목하지 않을 수 없다.[44]

42 임화, 「사실의 재인식」(『동아일보』, 1938.8.24~28), 『문학의 논리』, 106면.
43 박희병, 「임화의 이식문학론 비판」, 『한국문화』 22, 1998.12, 101면.

임화의 활동을 다시금 전체적으로 되돌아보면 임화가 남다르게 문학사적 방면에 특장을 보인 것은 이른바 역사적인 연관을 파악하는데 상당한 혜안을 가진 결과일 터이다. 가령 시간을 주 대상으로 하여 운동이나 발전, 또 일련의 과정 속에서 보여지는 계기적인 연관 등은 그의 비평이나 문학사 속에 매우 중요한 역할을 한다. 반면 공간을 중심으로 할 때 당대적 양상으로서 자신과 다른 것과의 병존이나 공존 등의 면을 다룰 때에는 상대적으로 취약하거나 아예 배척하는 양상을 보여주었다.[45]

이상과 같이 결과가 보여주는 임화의 문제점들은 임화의 비평 전체에 역으로 삼투해 들어가야 한다. 『개설 조선신문학사』의 중단 같은 경우도 그동안 아쉬움과 가능성의 대상으로 봐 왔지만, 중도에서 멈출 수밖에 없는 비판적 관점도 함께 쌍안(雙眼)으로 작동해야 한다. 이 점에서 발터 벤야민(Walter Benjamin)의 '문화사적 변증법을 위한 작은 방법론적 제안'은 매우 종요롭다.

각 시대에 대해 여러 '영역'에서 특정한 관점에 따라 이분법을 수행하기는 아주 쉽다. 그러니까 한편에는 그 시대의 '생산적인' '전망이 있는' '생생한' '긍정적인' 부분이 있고, 다른 한편에는 실패한 · 낙후된 · 사멸

44 졸고, 「임화 문학사를 둘러싼 몇 가지 쟁점」, 임화문학연구회 편, 『임화문학연구』, 소명출판, 2009, 114면.

45 위의 글, 139~140면.

한 부분이 있다는 식으로 말이다. 우리는 심지어 이 긍정적인 부분을 부정적인 부분에 대비함으로써 긍정적인 부분의 윤곽을 더욱 뚜렷하게 드러낼 것이다. 그러나 모든 부정은 살아 있는 것, 긍정적인 것의 윤곽을 위한 배경으로서만 그 가치가 있다. 따라서 이처럼 미리 배제된 부정적인 부분에 대해 새로이 이분법을 적용하는 일이 결정적으로 중요하다. 그러니까 (척도를 전치시키는 것이 아니라!) 시각을 약간 전치시켜 그 부정적인 부분에서도 이전과는 달리 다시금 긍정적인 부분과 그렇지 않은 부분을 드러내는 일이 중요하다. 그리하여 이런 작업을 무한히 계속함으로써, 과거 전체를 역사적 완전복구(historische Apokatastasis) 속에서 현재로 불러낼 수 있게 할 필요가 있다.[46]

아도르노, 하버마스 등에 의해 '구제비평(救濟批評)'이라 불리는 벤야민의 비평적 태도는 지나간 역사적 유산을 현재화하는 방책으로 매우 유의미하다. 무엇보다 "현재가 과거와 맺는 관계는 (연속적인) 순전히 시간적인 관계인 데 반해 과거가 지금과 맺는 관계는 변증법적 관계, 비약적인 관계"[47]라는 벤야민의 말은 임화의 문학사 관련 서술과 관련하여 매우 의미심장하다. 특히 역사주의와 진보 관념에 대한 비판은 임화의 비평적 육체에 직접 비수를 들이댄다. 벤야민에 따르면 역사주의는 동질적이고 공허한 시간을 사실들로 채워 놓고 이 재료들

---

46 최성만, 『발터 벤야민 기억의 정치학』, 길, 2014, 29면.
47 위의 책, 55면.

로부터 인과론적으로 하나의 이야기를 만들어낸다고 비판한다. 그 속에서 진보라는 표상 역시 이러한 시간을 통과해가는 발전이라는 표상과 결합한다는 것이다. 이러한 사회진화론과 밀접한 연관을 맺고 있는 진보에 대한 신념은 목적론적인 역사철학을 구성할 수밖에 없다. 그래서 벤야민은 진보 개념이 '특정한 역사적 변화를 가늠하기 위한 척도'로 사용되는 것이 아니라 '역사 진행 전체의 표식'이 되는 것에 문제를 제기하였다.

그렇다고 『문학의 논리』 안에 함께 동거하고 있는 여러 모순들을 곧바로 임화의 한계로 전면화시켜서는 안 된다. 가령 당대의 한 동감 어린 시선을 보자.

> 『문학의 논리』의 제논책은 그 때문으로 해서 논리적 요청의 궤를 반드시 동일히 하고 있지만은 않아, 애써 발견하려면 그 가운데서 비협화음(非協和音)을 발견케도 된다는 점이다. 그래서 씨는 변하면서 살아왔다는 것을 말할 수 있는 것 같다.
>
> 동시에 그것이 나쁜 것도 아니었다는 것을 말할 수 있다. 요컨대 한 개의 인간이려고 노력하는 절실한 심정의 논리로서 윤기를 돕고 있을 뿐이다. 인간적인 감각을 갖고 자신을 에워싸고 있는 모든 특질을 마치 해면(海綿)과 같이 호흡하면서 그때그때를 살아온 시대의 지계표(地界標)! 이것이 다름 아닌 씨의 『문학의 논리』다. 이곳에는 사실(寫實)에 철하려고 한 인간의 표정이 있다.[48]

임화는 1930년대 후반, 한 편으로 과거와 같은 프로문학 중심의 '진영' 개념이 아닌 개별화된 작가들을 상대로 정직하게 맞대면함으로써 그 나름의 세계를 재구성할 수 있는 당대적 공간을 마련하는 데까지 이르렀다. 그러나 다른 한편으로 과거와 현재를 잇는 진화론적 외길 역사화의 길에서 그는 주춤거렸다. 지속적인 것에 시선을 두지 말고 교차로에 선 채, 도처에서 길을 보라는 벤야민의 말을 30년대 말, 임화의 흔들리는 시선 속에서 어떻게 바라봐야 할까? 그래서 우리는 임화를 성급하게 단순 규정화하기보다는 임화의 모순과 혼란과 갈등 속으로 더 깊이 자맥질해 들어갈 필요가 있다. 그것이 임화를 '계속된 삶'이 되게 하는 일이며, 우리가 임화를 만나는 것이 아니라 임화가 우리를 만나는 길이 될 것이다. 임화 스스로 추려 놓은 『문학의 논리』라는 거대한 성채와 그 주변에 흩뿌려져 있는 임화의 또 다른 비평적 유물들을 함께 보면서 그 점은 더욱 확실해진다.

---

48 안함광, 앞의 글.

임화의/와 역사주의

와다 요시히로

1. 서론

이 글은 임화가 역사라는 것에 대해 보인 태도를 둘러싼 문제에 대해 논한다. 20년대 후반쯤부터 문학을 주된 활동 영역으로 삼아 문화 실천에 나아가기 시작한 임화가 그 후 활동의 각 시대에서 역사라는 것에 대해 보여온 태도를 차례를 따라 정리하는 작업은 솔직히 말해 버린다면 극히 어려운 일이다. 그러나 시대와 상황에 따라 그의 글의 입론 방법이나 뉘앙스가 다르다고 해도, 임화가 조선문학을 파악하기 위한 판단 기준을 항상 일관해서 역사라는 것과의 관계 속에서 찾아왔다고 상정하는 것은 타당할 것이다. 그만큼 임화에게는 역사에 대한 사유가 문학이라는 장(場)에서 행하는 실천에서 큰 비중을 차지했으며, 역사적 사고는 항상 그의 뇌리에서 사라지지 않았다.[1]

임화의 문학 실천에서 역사적 사고가 큰 비중을 차지하게 된 사상적 이유는 그의 지적(知的) 자기 형성에 결정적으로 중요한 영향을 끼친 마르크스주의에 기인하는 것으로 봐야 할 것이다. 임화는 조선문학을 대상화하기 위한 외재적 기준을 항상 확보하려고 한 사람이었다. 임화에게 있어 외재적 기준 중에서도 최대의 것이 마르크스주의 경험을 통해 눈을 뜨게 된 세계 인식이었다. 다르게 표현하면 임화가 빈번히 그 말을 사용한 세계관이라는 것이다. 임화가 세계관을 중시하는 자세를 취하게 된 계기는 마르크스주의와의 만남이었다. 마르크스주의는 과학적인 앎이라는 것 자체를 체현하는 것으로서(그리고 때로는 앎 이상의 존재감을 띠고) 임화 앞에 등장했으며 보편적이자 전체적인 앎의 세계로 임화의 눈을 뜨게 했다. 방증으로서 일본의 사례를 들어보면, 임화와 마르크스주의 청년이 되기 시작한 그 시기에 일본에서 임화처럼 마르크스주의자가 된 이들의 대부분에게 마르크스주의와의 만남이란, 특히 문학에서는, 고바야시 히데오와 같은 비마르크스주의자조차(혹은 그는 마르크스주의라는 사상 운동의 외부에 있었으므로 오히

1 역사를 주제로 임화를 다룬 선행 연구로서 이진형, 「일제 말기 '역사' 담론의 아포리아와 그 초극의 문제－임화와 김기림의 역사 이해를 중심으로」, 『한국근대문학연구』 29, 한국근대문학회, 2014.4.

려) 그러한 판단을 내린 것처럼, 개인적인 것으로 해소될 수 없는 사상의 외재성(고바야시의 말에 따르면 '사회화한 사상')에 직면하게 되는 역사적 사건이었다.[2] 그 역사적 사건과 거의 동시대를 일본어 책에 둘러싸이면서 살게 된 청년 지식인 임화에게도 마르크스주의가 세계를 옳게 인식('관찰'이나 '관조'를 능가하는 '인식'을 자랑으로 삼는 것이 마르크스주의였다) 하는 것을 강력히 요구하면서 동시에 그러한 세계 인식을 가능하게 해주는 포괄적인 체계로 도래한 것은 역시 의심할 수 없다.[3]

마르크스주의의 맥락에서 논의되는 세계관의 내용은 여러 가지 요소들로 구성되어 있었는데, 중요한 요소 중의 하나가 역사의 보편성이라는 사고였다. 다시 말해 세계사라는 보편적인 시간의 진행에 대한 역사상이었다. 세계사라는 말에서는 1942년에 열린 교토학파의 좌담회와 관련되는 '세계사적 입장', '세계사의 철학'이 역시 당연히 연상된다. 이런 담론들과 임화의 관계를 묻는 것도 필요한 작업이지만 이 글에서는 다룰 수가 없으므로 그것은 금후의 과제로 미루고자 한다.[4] 이 글이 세계사라는 말을 사용하면서 염두에 두고 있는 것은 세계사의 기본 법칙—각각 특유한 생산양식을 갖는 원시사회, 고대, 중세, 그리고 근대라는 식으로 단계를 밟아가는 역사의 전개 과정—이라는 더

2 小林秀雄, 「私小說論」(1932), 『X氏への手紙・私小說論』, 도쿄 : 講談社, 1962.

3 한국의 문학 연구에서 비평사의 징표를 20년대 전반에 초기 프롤레타리아 문학에 참여한 사람들의 비평 실천에 찾는 것도 유사한 사정이 의식되었기 때문이라고 생각한다. 김윤식, 『韓國近代文藝批評史硏究』, 서울 : 일지사, 1988 참조.

4 교토학파와 조선인 마르크스주의자의 관계에 언급한 논문으로서 김철, 「동화(同化) 혹은 초극(超克) — 식민지 조선에서의 근대초극론」, 『동방학지』 146, 2009.

오서독스한 세계사의 마르크스주의적인 상(像)이다. 이런 의미에서의 세계사라는, 지역적 한정을 초월한 기준에 비추어 조선문학을 파악하는 것이 임화에게 조선문학을 이해하는 작업 중의 하나의 내용이었다. 마르크스주의를 통해 배운 사적 발전의 모델, 그러한 사적 발전에 따라 생긴다고 하는 문화 현상, 특히 문학에서 일어나는 현상, 그것들은 임화가 산 시대의 조선에서도 어떤 형태로든 관철하는 세계사의 이미지로서 임화에게 주입되고 그가 조선문학을 판단할 때의 척도가 되었다. 여기에 임화가 역사주의와 교섭을 시작한 기점(起點)이 있다.

외부의 사상으로서 임화에게 도래한 역사주의는 피식민지화와 전시 동원(그리고 이 글에서는 다룰 수 없지만 '해방'과 분단)이라는 그가 놓인 현황과의 사이에 늘 균열을 일으켰고 그때마다 그에게는 그 균열과의 교섭이 요청되었다. 그리고 그 균열을 접하는 경험이 임화의 텍스트에 독특한 힘을 부여하고 있었다. 마르크스주의적인 보편적 세계사상을 문학 실천을 위한 기준으로 삼는 이상, 식민지 조선에서 역사를 어떻게 생각하는가가, 피식민 마르크스주의 지식인으로서의 임화가 마르크스주의를 접할 때의 판돈이 되었다.

임화는 역사주의를 그 나름의 어떤 방식으로 표현했는가? 이것이 이 글에서의 질문인데, 이것을 묻기 위해 이 글은 임화에 의한 역사주의의 표현이 당시 마르크스주의적 지적(知的) 실천의 체제—아마 어느 정도는 동아시아적이라고까지 할 수 있을지도 모르고, 한정적으로는 일본어적이라고 할 수 있는 마르크스주의의 체제—속에서 차지한 위치에 주목한다. 이 글은 그 위치를 측정하려고 하는 작업이다. 이 작업에서는 임화가 역사에 대해 보여온 태도 중에서도 명시적인 역사주의만을 다룬다. 그러므로 역사에 대한 임화의 태도에는 이 글에서 다루는 범위를 넘는 잔여가 있는데, 하지만 이 글에서는 그것까지 다루는 여유가 없는 것을 이 글의 한계로서 미리 적어두고자 한다. 문제를 추적하기 위해 이 글에서는 '신문학사' 서술에 특히 주목한다. 현재까지 축적된 연구 성과 때문에 임화의 '신문학사' 서술을 실증적으로 비판하는 작업은 다분히 가능하고 또 그것은 필요한 작업이다. 그러나 이 글이 질문하려고 하는 것은 그의 작업의 실증적인 진위가 아니다. 또 흔히 논쟁의 대상이 되어온 것처럼 '이식'이라는 말로 상징화된 그의 관점의 시비를 판단하고 그것을 받아들이거나 거부하거나 비판적으로 갱신하여 문학사에 대한 새로운 관점을 다시 제출하는 것도 아니다. 이 글은 '신문학사' 서술이라는 임화의 작업을 실천의 수준에서 재맥락화하는 일에 가능한 한 머무르려고 하는 작업이다. 문학과 역사에 관한 어떤 이론이나 관점이 그의 문학사관을 뒷받침했는가, 그리고 그러한 이론이나 관점에 의해 뒷받침되면서 문학사를 기술했다는 실천 그 자체를 당시 그가 놓이던 지적 실천의 편성 속에 어떤 방식으로 자리매김할 수 있는가를 기술하는 것이 이 글에서의 목적이다. 이 작업을 통해 임화에게 있어서의 역사주의라는 문제에 접근하고자 한다.

이하에서는 ① 역사주의는 임화의 문학 실천을 어떻게 지탱했는가, ② '신문학사' 서술은 어떤 실천이었는가, ③ '신문학사' 서술을 배치할 수 있는 지적 · 역사적 맥락이란 무엇이며 그 맥락은 어떤 문제를 내포했는가 하는 차례로 고찰을 진행한다.

2. 비평과 문학사 서술에서의 역사주의

비평가로서의 임화의 방법은 마르크스주의 문학이론의 용어법에 따라 표현하면 반영론부터 시작되었다고 할 수 있다. 즉, 하부구조의 운동이 역사적 현실을 결정하는 것이며 상부구조로서의 문학에는 하부구조가 결정하는 그 역사적 현실이 반영된다는 사고법이다. 그것과 동시에 임화는 그러한 역사적 현실을 인식하며 문학에 반영할 수 있는 '전위의 눈'을 가진 계급적 주체를 강조하고 있었다. 이것들은 비평 활동을 시작했던 시기에 임화가 놓였던 문학적 영향 관계에 비추어보면 그 영향 관계 속에서는 일반적으로 유통되고 통용되고 있었던 방법론이며 주장이었다고 할 수 있다.[5] 작품이나 작가가 놓인 역사적 현실(이라고 임화가 간주한 것)이 그가 그들 작품이나 작가를 비평할 때의 기준이 되었다. 어떤 작품이나 작가는 역사적 현실이 발전해가

5 KAPF 해산까지를 중심으로 임화가 받은 문학적 영향에 대해 일본 프롤레타리아 문학과의 관계에서 언급한 연구로서 임규찬, 『일본 프로문학과 한국문학』, 서울 : 연구사, 1987.

는 움직임을 문학의 내용과 형식에 올바르게 반영했다, 혹은 올바르게 반영하지 않았다, 혹은 역사의 배후로 사라져가는 계급의 혼란을 반영했다 등의 판단을 내리는 것이 한 시기의 그의 비평에 볼 수 있는 전형적인 스타일이었다. 특히 카프 해산까지의 임화는 스스로 반영이라는 말을 다용하여 그러한 비평 스타일을 취했다.

따라서 임화의 비평 기준을 성립시키고 있던 것은 어떤 역사관이었다. 이때, 마르크스주의자로서, 임화는 역사주의자였다. 즉, 마르크스주의적인 역사주의자로서 임화는 낡은 것이 새로운 것에 의해 극복되며('낡은 것'과 '새로운 것'은 마르크스주의자들의 상투적인 표현이었다) 세계사가 단일의 미래를 향해 보편적으로 발전해가는 것을 상정하고 있었다. 그리고 임화가 사는 식민지 조선의 역사도 세계사가 나아가는 방향으로 진전하는 것으로 생각하고 있었다. 이 역사 감각이 한 시기 임화의 비평 실천을 지탱하고 있었다. 그 자신이 '역사주의'라는 말을 사용했으며 그 말을 긍정적으로 보고 있었다. 예컨대 1933년의 조선문학에 대한 동시대적 평가로서 임화는 당시 그의 눈에 띈 어떤 문학적 경향에 대해 다음과 같은 평가를 내렸다.

> 그러나 이 경향의 시인들에게 있어 가장 큰 플러스는 그들이 아직 수다의 전 자본주의적 협잡물로부터 정화되지 못하였음에 불구하고 그들이 명확히 역사주의의 발전의 사상의 긍정자이며 관념적으로나마도 사회의 진보적 부대에 좌단하려는 적극성을 지녔다는 것이다.[6]

또, 같은 텍스트에서 동시대의 프롤레타리아 시가 놓여 있던 상황에 대해서는 "진보적인 것은 억류되고 반역사적인 것은 옹호되는 일—종국적 장면의 화화(花火)를 뿌려본 안티테제의 일 년이었다"[7]고 정리한다. 이때 임화에게 역사주의란 역사가 특정한 방향을 향해 비가역적으로 진보해가는 이미지와 그 이미지에 대한 확신을 의미했다. 그러한 확신이 있었기 때문에 평가해야 할 문학에 대해서는 그것이 사적 발전의 법칙을 올바르게 받아들인 역사주의적 입장에 서는 것으로서, 비판해야 할 문학에 대해서는 그것이 역사의 흐름에 거스르는 반역사적인 행동으로서 판단을 내릴 수 있었다.

임화의 비평은 이런 식으로 역사주의를 판단의 기준으로 삼으면서 시작되었다. 이 글은 초기 임화의 여러 가지 요소들(역사주의 그리고 주체성의 강조와 더불어 반영론도)은 재편성되면서 그의 문학관의 틀로서 오래 유지되었다고 상정하고 있다. 그런데 세계사의 보편적 발전에 대한 신뢰라는 점에 관해서는, 임화가 그러한 신뢰를 어느 시점까지 어느 정도의 강도로 보지해갔는가를 이 글에서 자세히 볼 여유는 없다. 일단 지적해둘 수 있는 것은 전시 동원 체제가 진행됨에 따라 임화의 비평에서는 명확히 발전단계론적인 역사주의의 표명과 역사의 발전

---

6 임화, 「33년을 통하여 본 현대 조선의 시문학」(『조선중앙일보』, 1934.1.1~12), 『임화문학예술전집』 4(평론 1), 서울 : 소명출판, 2009, 357면. 이하에서는 임화의 텍스트는 기본적으로 임화문학예술편집위원회 편, 『임화문학예술전집』(소명출판)에서 인용하며 필요에 따라 원문을 참조한다. 또, 출전 표기는 다음과 같이 하기로 한다. 예) 임화, 「[글 제목]」(『[원전 제목]』, [원전 간행일]), 『전집』 [권 번호], [페이지 번호].

7 위의 책, 358면.

성이 문학에 반영되어야 한다는 주장이 그 강도를 약화시켜갔다는 것이다. 그리고 그것에 따라 그는 매우 애매하고 판단하기 어려운 비평 스타일을 취하게 되었다. 예컨대 「소설의 인상」[8]은 제목에 들어간 인상이라는 말이 상징하는 듯이 글쓴이의 의도를 쉽게는 알아차리지 못하게 하는 필치로 쓰여졌다. 이것은 비평가로서의 순전한 성숙이라기보다는 분명히 정치적 상황의 변화에 대응한 결과임을 생각하게 하는, 카프 시대 비평과는 전혀 이질적인 스타일이다.

그러나 '신문학사' 서술에 관해서 말하면, 이하에서 자세히 논의하는데, 그것은 역시 세계사의 기본 법칙을 염두에 두면서 조선 근대 문학을 파악하려고 하는, 역사주의의 입장에서 기술한 텍스트이다. 시계열적으로 말하면 임화가 조선 근대 문학사의 틀을 처음으로 제시한 것은 1930년대 중반의 일이었다.[9] 그 후 30년대 말부터 40년대 초에 걸쳐 그는 전보다 상세한 '신문학사'를 발표하며 신문학사의 방법론까지 제출한다.[10] 이 글에서는 편의상 30년대 중반의 '신문학사' 서술을 제1기, 30년대 말부터 40년대 초의 그것을 제2기라고 부르기로 하

8 임화, 「소설의 인상-다섯 편의 단편을 읽은 감상」(『춘주』, 1943.1), 『전집』 5.

9 임화, 「역사적 방성에의 요망」(『조선중앙일보』, 1935.7.4~16) · 「조선신문학사론 서설-이인직으로부터 최서해까지」(『조선중앙일보』, 1935.10.9~11.13), 『전집』 2.

10 임화, 「개설 신문학사」(『조선일보』, 1939.9.2~10.31) · 「신문학사」(『조선일보』, 1939.12.8~27) · 「속 신문학사」(『조선일보』, 1940.2.2~5.10) · 「개설 조선신문학사」(『인문평론』, 1940.11~1941.4), 『전집』 2.(『전집』 2에서는 이 텍스트들을 「개설 신문학사」라는 제하로 하나로 묶어 수록) 이것들과 더불어 「소설문학의 20년」(『동아일보』, 1940.4.12~20), 『전집』 2도 임화가 이 시기에 제출한 문학사 서술이다. 방법론은 임화, 「신문학사의 방법」(『동아일보』, 1940.1.13~20, 발표시 제목은 「조선문학사 연구의 일 과제-신문학사의 방법론」), 『전집』 3.

는데, 제2기의 작업이 30년대 말부터 40년대 초에 걸쳐 행해졌다는 사태는 적어도 그 시점에서는 임화가 역사주의적인 발전에 대한 구애(拘礙)를 갖고 있던 것을 보여준다. 그 구애의 이유에 대해서는 이하에서 의논하기로 하고, 여기서는 우선 임화의 '신문학사' 서술은 마르크스주의적인 세계사의 발전 법칙이 조선 근대 문학이라는 영역에서도 관철되고 있는 양상을 보이려고 하여 시도된 작업이었다는 점을 확인해두고자 한다.

그렇다면, 역사의 보편성을 조선 근대 문학에서 증명하려고 했을 때 임화는 그런 보편성의 관철을 왜, 그리고 어떻게 표현하려고 했을까? 우선 제1기의 서술에 관해 이야기하면 그것을 통해 그가 행한 것은 구체적인 논적이나 현상을 상대로 한 이데올로기 비판이었다. 그 배경에는 조선 프롤레타리아 문학운동의 쇠퇴라는 사정이 있다. 쇠퇴한 프롤레타리아 문학운동을 둘러싼 조선문단의 현황을 위기로서 인식하며 그 위기를 극복하기 위해 프롤레타리아 문학의 역사적 의미와 전망을 제시하는 것이 제1기 '신문학사' 서술에서의 임화의 의도였다. 이때 그가 비판 대상으로 삼은 것은 한편에서 특수 조선적인 것을 칭찬하는 특수사관 담론이며, 다른 한편에서 정치와 문학을 구분하면서 프롤레타리아 문학을 예술적 평가 대상 밖에 두는 '이원론자'들이라는 두 가지 경향이었다.

이들 두 가지 담론에 반대하는 임화는 문학의 역사는 문학 이외의 역사와 함께 보편적이자 변증법적인 단일의 발전 과정에 있다는 '일원론'에 입각하여 조선 근대 문학사를 개설해 보였다.[11] 그의 생각은 프롤레타리아트에 의한 부르주아지의 초극이라는 정치경제상의 변증법적 발전과 부르주아 문학에서 프롤레타리아 문학에 이르는 내용과 형식상의 변증법적 발전은 단일의 역사 운동을 형성한다는 것이었다. 프롤레타리아 문학으로의 도달까지를 일원적 진보의 상(相) 아래서 파악한 임화의 이 구상은 문학의 전체성의 관념이 프롤레타리아 문학에서 실현되는 것으로서 발상한 목적론적인 것이다. 그에게는 이 사고법이야말로 조선 근대 문학의 "복잡다단한 역사적 발전의 모든 노정 가운데서 일관한 객관적 법칙성을 찾아내어 한 개의 정확한 체계적 묘사"[12]를 가능하게 하는 문학사의 체계성의 조건이었다.

11 마르크스주의적인 역사관에 입각하여 동시대의 조선특수론을 비판하려고 한 동기는 백남운이나 이청원과 공통한 것이었다. 백남운을 논하면서 임화의 이 동기에 대해서도 지적한 연구로서 洪宗郁, 「白南雲－普遍としての〈民族＝主体〉」, 趙景達・原田敬一・村田雄二郎・安田常雄 편, 『講座東アジアの知識人』 제4권, 도쿄 : 有志社, 2014, 106～107면. 조선특수사관에 대한 비판으로서 백남운의 역사학을 다룬 연구로서 같은 글 및 李成市, 「植民地期朝鮮におけるマルクス主義史学－白南雲『朝鮮社会経済史』を中心に」, 磯前順一・ハリー・D・ハルトゥーニアン 편, 『マルクス主義という経験』, 도쿄 : 青木書店, 2008.

12 임화, 「조선신문학사 서설－이인직으로부터 최서해까지」, 『전집』 2, 374면.

3. '신문학사' 서술과 역사학의 앎 – 일본어 마르크스주의와의 비교 고찰

제1기와 제2기의 문학사 서술은 조선 근대 문학사에 대한 관점 자체에는 일관성이 있다. 그러나 텍스트의 외형, 텍스트가 지향하는 것, 텍스트의 뉘앙스라는 점에서 몇 가지 변화를 보이고 있다.[13] 그리고 이 변화 속에 당시 현황과 교섭함으로써 역사주의라는 생각과도 재교섭하게 된 임화의 위기의 흔적들이 남겨져 있다. 첫째로 직접적인 이데올로기 비판은 자취를 감추면서 임화의 텍스트는 제1기에서 주장한 문학사의 체계성을 단지 주장하는 것이 아니라 글 자신의 스타일과 구조로 체현해 보이려고 하는 것이 되었다. 조선 근대사 인식의 일반적인 틀을 제시한 다음에 그 틀에 입각하여 구체적인 문학 작품이나 작가를 취사선택하며 역사 위에 배치해가는 일이 제2기의 중심적 작업이 되었다. 둘째로 제2기의 서술은 제1기에 비해 훨씬 긴 글임에도 불구하고 프롤레타리아 문학의 시대까지 도달하지 않았다. 제1기와 같이 조선 근대 문학의 계기를 개화기에 등장한 '신문학' 중에서도 '신소설'에 두면서 이인직과 이해조, 특히 이인직의 가치를 논하는 일

---

13 시간 경과에 따른 문학사 서술의 변화에 대해서는 선행 연구에서 흔히 지적되었다. 김윤식, 『임화와 신남철』, 서울 : 역락, 2011; 김영민, 「임화 신문학사(新文學史) 연구의 성과와 의미」, 문학과사상연구회, 『임화문학의 재인식』, 서울 : 소명출판, 2004; 이진형, 앞의 글, 2014 참조. 일관성에 대해 언급한 연구로서 김외곤, 「신문학사와 오리엔탈리즘」, 『임화 문학의 근대성 비판』, 서울 : 새물결 출판사, 2009. 김외곤이 지적했듯이 임화의 관점은 '해방' 후에도 일관한다. '해방' 후 변화로서 눈에 띄는 것은, 그가 이전과 동일한 관점에 입각하여 도출한 실천 과제(민족문학의 건설)를 주장했다는 점이다.

에 집중한 채로 미완이라고 할 만한 상태로 제2기의 작업은 끝났다. 제2기에서 문제가 되어 있는 것은 "근대 시민적인 문화의식"[14]이며 임화가 그 근대적=시민적=부르주아적인 정신의 표현 형태로 간주한 '신문학', 특히 '신소설'이다. 그 결과, 프롤레타리아 문학을 최신의 도달점으로 삼는 목적론적인 분위기는, 물론 밑바닥에 깔려 있기는 하지만 상대적으로 약해졌다.[15] 이리하여 조선 문학에 (임화의 관점에서 보아) 근대적=시민적=부르주아적 정신에 대응한 문학이 나타나기 시작한 시기에 집중하며 그 시기의 성격을 체계적으로 파악하려고 시도하는 점이 제2기 서술의 특징이 되었다.

그렇다면 제2기 서술이 체현하려고 한 체계성을 임화는 무엇을 가지고 확보하려고 했을까? 우선 확인해두어야 하는 것은, 항상 문제가 되는 것인데, 임화의 지식에 일본어 마르크스주의 담론이 결정적인 영향력을 가졌다는 점이다. 그의 지식의 원천은 마르크스주의를 중심으로 한 최신의 서양 과학(이때 '서양'이라는 범주에는 소련도 포함된다)의 일본어 번역 문헌이며 서양 과학 영향하에서 형성된 일본의 담론, 특히 마르크스주의 담론이었다. 번역 서적을 포함하여 일본어로 산출된 마르크스주의라는 넓은 의미의 일본어 마르크스주의 담론이 그에게 앎의 기반이었다.[16]

---

14 임화, 「개설 신문학사」, 『전집』 2, 135면.

15 그렇다고 해도, 동시기에 발표된 「소설문학의 20년」이 제1기와 같이 프롤레타리아 문학에 이르는 목적론적 비전을 보이고 있다.

16 임화의 텍스트들을 독해하기 어렵게 만들고 있는 원인은, 그가 활동한 시대가 피식민지화

문학 이론에 관해 말하면 일본어 번역을 통해 접하는 소련 문학이론이 임화에게 이념적으로는 최상의 모범이었다. 자세히 논의하는 여유는 없지만 일원론에 입각한 문학사의 방법론도 기본적으로는 동시대의 소련 문학 담론을 염두에 둔 것일 터이다.[17] 다른 한편으로 그는 조선 근대 문학사는 하부구조 및 문학 외의 다른 상부구조들이 영향을 끼치는 상부구조의 일부분이라는 전제에 기반하여 서술의 체계성을 보증해주는 틀을 조선 근대사 자체의 과학적인 파악에도 찾았

와 전시 동원이라는 긴장을 면치 못했던 시대성에 있는 것은 물론인데, 그것과 더불어 그가 시대의 사상의 흐름에 민감하여 그의 텍스트들의 대부분이 타자의 어떠한 담론을 어느 시기에 어떠한 목적으로 참조했는가, 어떻게 그것들과 교섭하고 그것들을 취사선택하고 섭취했는가, 그러한 참조 행위는 동시대의 앎의 체제 속에서 어떤 의미를 띠었는가 하는 문제들과 뗄 수 없는 데에도 있다. 텍스트로서의 임화는 외부 텍스트들과의 관계가 특이한 형태로 넓고 깊고 복잡하여 그것이 임화를 독해하는 작업을 곤란하게 만들고 있다. '신문학사' 서술에서의 임화의 참조 문헌들에 주목한 연구로서 장문석, 「임화의 참고문헌-「개설 신문학사」에 나타난 임화의 '학술적 글쓰기'의 성격 규명을 위한 管見」, 『冠嶽語文研究』 34, 2009.

17 이 글에서는 자세히 검토하는 여유가 없지만 예를 들어 다음과 같은 것이 금후의 연구 과제가 될 수 있다. 임화는 소련의 학자인 누시노프(Isaak Markovick Nusinov)를 인용한 적이 있었는데(임화에게 누시노프가 가진 의미를 다룬 연구로서 김윤식, 앞의 책, 2011) 그 전거는 『文藝の本質』(도쿄 : 清和書店, 1936)이라는 책이다. 이 책은 당시 소련에서 간행된 문학백과사전인 *Literaturnaja ènciklopedija*를 일본어로 초역한 '文藝百科全書'라는 총서 중의 한 권이다. 그 총서는 당초에 예정했었던 만큼 간행되지 않았던 것 같은데, 간행된 서적 중에는 상부구조로서의 문학의 성격 규정, 비평과 문학사의 관계, 지리적·시간적 경계를 넘는 문학의 영향 관계, 장르의 의미, 텐(Hippolyte Adolphe Taine)이나 '비교문학파'에 대한 연구사적 위치 부여 등, 임화 '신문학사' 서술의 방법론을 고찰하는 데에 있어서 시사적인 내용을 포함한 것들이 적지 않다. 물론 임화가 그 총서를 어느 정도까지 읽어 영향을 받았는지는 별개의 문제이지만 비교 고찰을 해볼 만한 과제라고 생각한다. 덧붙여 말하면 임화가 누시노프와 더불어 인용한 아마카스 세키스케[甘粕石介]의 『芸術論』 역시 '唯物論全書'라는 유물론 사상의 체계적인 소개를 목적으로 삼은 총서 중의 한 권으로 간행된 것이었으며, 체계성이라는 것이 당시 임화에게 중요한 요소였던 것을 생각하면 이 책을 둘러싼 간행 상황이 임화 독해에서 또 의미를 가지게 될 것이다.

다. 이 글은 조선 근대사의 과학적인 파악이라는 것이 그의 '신문학사' 서술에서 핵심적으로 기능했다고 생각한다. '신문학사' 서술의 체계성에 개성을 부여하고 있는 것은 문학의 담론보다 오히려 역사의 담론, 특히 사회경제사라고도 불린 분야의 담론이다. 문학은 상부구조로서 역사에 규정을 받는데 조선의 경우 그 규정력이 되는 역사란 무엇인가. 이것이 임화에게 문제가 되지 않을 수 없었다. 조선 근대에 고유한 역사적 특징을 의식하여 그것을 전제로 삼는 상부구조론을 구상한 점이 임화의 서술을 독특한 것으로 만들었다.

조선 근대 문학의 '물질적 배경'을 기술한 대목에서 임화는 몇 명의 연구자들[18]을 거명하면서, 그들은 반드시 의견을 같이하지는 않지만 조선의 전근대 사회에 '자주적 근대화의 조건의 결여'가 있는 것은 그들에게 '일치한 결론'이 되어 있는 '조선근대사의 기본적 특징'이라고

---

18 아시아적 정체성의 개념을 논하기 위해 임화가 거명한 인물은 백남운, 이청원, 김태준, 하야카와 지로[早川二郎], 모리타니 가쓰미[森谷克己], 이우진, 하야시다 아사히토(혹은 아사토, 정식한 발음 불명, 林田朝人)이며 여기에 라이할트(Reikhardt, Viktor Vladimirovich)도 들어간다. 『조선일보』 1939년 9월 14일 연재분의 「개설 신문학사」에는 "早川二郎, 『타이할트』 등 참조"라는 주가 있다. 하야카와에게 『타이할트』라는 저작이 있는 것처럼 읽을 수 있는 기술인데 하야카와는 당시 그러한 제목의 책을 내지 않았을 터이다. 타이할트는 아마 라이할트의 오식이었으며 당시 아시아적 생산양식의 이론가로서 알려진 소련의 역사학자인 라이할트를 가리킨 것으로 생각한다. 그 경우에도 하야카와는 『라이할트』라는 제목의 책을 내지 않았을 터이다. 겹낫표가 붙여진 것 역시 오식 혹은 임화의 잘못일 것이다. 라아할트는 당시 저서가 일본어로 번역되었다.(『前資本主義社会経済史論』) 그 주는 하야카와와 라이할트의 연구를 참조하라는 의미 혹은 하야카와가 번역한 라이할트의 글이 당시 있었다고 하면(이 글에서는 하야카와가 번역한 라이할트의 글이 당시 있었는지는 확인할 수 없었다) 그 글을 참조하라는 의미였을 것이다. 또 임화가 언급한 인물들 중 이우진에 관해서는 경력이나 저작을 찾을 수 없었다. 앞으로 조사를 계속해보고자 한다.

한다.[19] 그리고 "이 불성숙하고 변형된 사회를 역사학에선 동양적 사회라고 하고 그 원인을 소위 아세아(亞細亞)적 정체성(停滯性)에다 구하고 있"[20]다고 한다. 이 인용문에서 주목하고자 하는 점은 세 가지 있다. 역사학이라는 학문, 동양적/아시아적이라는 범주 그리고 정체성이라는 관념이다.

이 글이 주목하는 세 개 논점을 집약적으로 표현하는 말이 인용문에 있는 아시아적 정체성이므로 이하에서는 아시아적 정체성을 중심으로 논의를 진행시키고자 한다. '신문학사'에서 아시아적 정체성론의 도입은 극히 평이 나쁜 요소 중의 하나이다. 예컨대 김외곤의 「신문학사와 오리엔탈리즘」은 "무엇보다도 임화의 신문학사를 왜곡 없이 실제 그대로 분석하는 일부터 시작해야 할 것"[21]을 최우선으로 삼은 논문인데 거기서도 '신문학사'에서의 아시아적 정체성론은 "신문학사의 많은 부분이 일본식 오리엔타리즘의 침윤을 받은 것으로 보이"[22]게 만든 최대 원인으로서 지적당한다. 그 경종을 빠뜨리지 않고 듣도록 주의하면서도 이 글에서는 아시아적 정체성이라는 개념에 대한 임화의 취급 방법에 다른 각도로 접근하고자 한다.

임화가 아시아적 정체성을 논하기 위해 거론한 이들의 거의 모두가 마르크스주의를 기반으로서 공유하는 연구자이며 더구나 그중 대

19 임화, 「개설 신문학사」, 『전집』 2, 22면.
20 위의 글, 23면.
21 김외곤, 앞의 책, 167면.
22 위의 글, 171면.

부분이 일본 마르크스주의와 깊은 관계가 있었다. 그러면 당시 일본 마르크스주의에서 아시아적 정체성이란 무엇이었을까?

임화가 제2기 '신문학사' 서술을 발표하기 시작한 시점에서 아시아적 정체성에 관련하는 담론은 일본 마르크스주의에 기본 개념으로서 들어가 있었다. 국제 공산주의 운동의 맥락에서 말하면 아시아적 정체성의 관념은 아시아적 생산양식의 논의와 결부된 것이었다.(아래에서도 언급하지만 아시아적 정체성과 아시아적 생산양식은 말의 뉘앙스가 반드시 완전히 일치하는 것은 아니다) 아시아적 생산양식은 이론적으로는 마르크스의 『경제학 비판』에 삽입된 한 대목에 대한 해석을 두고, 그리고 무엇보다 중국혁명의 평가를 둘러싼 정치적 차원에서, 한 동안 국제적인 논쟁을 일으켰다. 이 국제적 맥락에서는 아시아적 생산양식은 독자적인 생산양식이 아니라는 결론과 함께 논쟁은 소련에서 정치적으로 결말이 맺어졌으며, 이후 정치적·이론적 무대의 표면에서 사라졌다고 한다.(국제적 논쟁으로서는 60년대에 재연(再燃)된다) 그러나 일본 마르크스주의에서는 코민테른이 제시한 일본의 현황 분석을 염두에 두면서 일본에서 부르주아혁명이 불철저한 형태로 끝난 원인으로서 일본 근대의 특수성을 인식하려고 한 마르크스주의자들의 시도를 통해(그런 시도는 당초에는 경제학적 접근이 중심적이었다) 아시아적 생산양식과 그것과 결부된 아시아적 정체성은 일본사 분석의 기본 개념이 되었으며, 국제적 논쟁이 끝난 후에도 거의 30년대를 통해 마르크스주의 역사학의 공통 기반으로서의 위치를 계속 차지했다.(임화가 인용한 라이할트

의 책도 이 과정에서 번역되었다)[23]

아시아적 정체성·아시아적 생산양식을 내면화·재해석하면서 일본의 특수성을 비판적으로 인식하려고 한 일본 마르크스주의 역사학의 대표적 조류가 『일본자본주의 발달사 강좌(日本資本主義發達史講座)』와 『일본역사 교정(日本歷史教程)』이다. 전자는 1932년부터 33년에 걸쳐, 후자는 36년부터 37년에 걸쳐 간행되었으며 둘 다 그 이후로 일본 역사학의 틀에 오래 큰 영향을 미친 지적(知的) 프로젝트였다고 역사학사에서 자리매김되어 있다. 각 그룹에 모인 연구자·지식인들은 서로 교류가 있었으며 또 내부적인 차이도 있어서 각 그룹의 사고를 획일적으로 생각할 수는 없다. 그런데 각 그룹은 각각의 특징적 경향성을 가지고 있기도 했다. 『일본자본주의 발달사 강좌』(강좌파 / 고자하)는 과거에 의해 준비된 것으로서의 현재에 대한 지향이 강했으며 '아시아적'의 함의를 일본의 현재를 왜곡한 원인인 역사적 정체성을 의미하는 것으로서 부정적으로 파악했다. 『일본역사 교정』은 분석대상으로 다루는 시대를 고대로 거슬러 올라가는 "역사적 기원으로의 지향성"[24]을 가졌으며 '아시아적'을 보편 법칙이 구현화될 때의 특수성이라는 의미로 파악하여 강좌파보다 중립적인 이미지를 제출했다.[25] 전자를 일본의 근대화에 대한 비판적 개입으로서, 후자를 제국

---

23 福本勝清, 「アジア的生産様式論争史－戦前日本編」, 『明治大学教養論集』 351, 2002.

24 磯前順一, 「序論 戦後歴史学の起源とその忘却」, 磯前, ハルトゥーニアン 편, 앞의 책, 2008, 25면.

25 강좌파와 『일본역사 교정』 그룹의 성격의 정리에 대해서는 위의 글 참조.

일본의 이데올로기인 국체론(國體論 / 고쿠타이론)에 대한 비판적 개입으로서 정리해볼 수 있을 것이다.

제2기 서술에서 사용된 참고 문헌을 통해 판단해보면 임화는 아시아적 정체성을 다루면서 『일본역사 교정』 그룹과 그 주변의 인물들을 특히 참조했다는 것이 눈의 띈다. 예컨대 임화가 몇 번 참조한 하야카와 지로[早川二郞]는 그 그룹에 속한 인물이자 일본의 아시아적 생산양식론에서 주요 인물이었다. 또 그는 러시아어 번역자로서 아시아적 생산양식 관련 기타 소련 문헌을 정력적으로 일본어로 번역하여 소개하고 있었다는 점에서 임화와 소련 역사학을 매개한 사람이기도 한다.(아시아적 정체성을 논한 대목에서가 아니지만 제2기 '신문학사' 서술의 다른 대목에서 임화가 세계사의 과정을 논하면서 참조한 『유물사관 세계사 교정(唯物史觀世界史教程)』(임화의 원문에서는 『유물 세계사 교정(唯物世界史教程)』으로 표기되었다)[26]의 번역자는 하야카와이다)[27] 또 백남운과 이청원 역시 『일본역사 교정』 그룹과 무관하지 않는 인물로 꼽을 수 있다. 백남운은 『일본역사 교정』과 그 주변의 일본사 연구 동향을 주시하면서 조선사의 연구 성과를 발표했고, 이청원은 『일본역사 교정』의 모체가 된 '유물론연구회'와 관계하면서 조선사 연구로 개입해갔다.[28]

26 임화, 「개설 신문학사」, 『전집』 2, 48면.

27 하야카와 지로와 『일본역사 교정』 그룹의 활동에 대해서는 田中聡, 「転機としての『日本歴史教程』 ― 早川二郎のアジア的共同体論」, 磯前, ハルトゥーニアン 편, 앞의 책, 2008 참조.

28 백남운과 『일본역사 교정』 그룹의 관련에 대해서는 李成市, 앞의 글, 2008 참조. 이청원에 경력과 활동에 대해서는 広瀬貞三, 「李清源の政治活動と朝鮮史研究」, 『新潟国際情報大学情報文化学部紀要』 7, 2004 및 박형진, 「1930년대 아시아적 생산양식 논쟁과 과학적 조선

이처럼 제2기의 참고 문헌을 통해 보여오는 것은 일본 마르크스주의의 고유한 관심에 의해 유지 · 구축되면서도 조선인 마르크스주의자도 전용(轉用) 가능했던 담론과 참여 가능했던 지적(知的) 협동의 영역이다. 일본 마르크스주의에서 아시아적 정체성이나 아시아적 생산양식은 일본의 특수성을 파악하려는 스스로의 실천적이자 이론적인 요청 때문에 주목받고 도입된 것이었는데, 그것이 아시아에 관한 담론임에 말미암은 대상적 폭과 담론에 관여한 사람들의 지역 횡단적인 성격 때문에 일본이라는 틀 안에 한정되는 담론이 아니었다.[29] 그리고 임화에 의한 참조의 배후에서는 임화가 참조한 사람들 사이에서 서로를 참조하여 부정 · 비판 · 긍정하거나 같은 1차 · 2차 문헌을 공유함을 통해 참조의 네트워크가 형성되어 있었다. 또 그것이 마르크스주의의 앎을 전제로 한 지적 영역에서 행해진 작업이었다는 점이 역시 중요하다. 임화가 갑오개혁을 논한 대목에서 '어떤 경제학자'가 사용했다고 하면서 허물어져가는 미라의 비유에 언급한 것에 주목해 보고자 한다.[30] 이것은 마르크스의 중국론에 나오는 비유를 가리키는 언급이었을 것이다. 그 글은 그의 다른 글들과 함께 마르크스의 「인도 지나론(印度支那論)」이라는 제하로 일본어로 번역되었으며(개조

학 연구—이청원의 식민지기 학술활동과 논쟁을 중심으로」, 성균관대 석사논문, 2012 참조.

29 일본자본주의논쟁의 국제성에 대해서는 小山弘健 · 山崎隆三, 『日本資本主義論争史』, 도쿄 : こぶし書房, 2014, 27~29면. 소련만이 아니라 중국에서의 연구 동향이 주시되고 있었는데 특히 궈모뤄[郭沫若]은 그의 연구 성과가 흔히 참조되었으며 직접적인 인적 교류도 있었다. 李成市, 앞의 글, 2008 참조.

30 임화, 「개설 신문학사」, 『전집』 2, 42면.

사 판 『마르크스 엥게르스 전집』 제6권, 1928) 일본어권 마르크스주의자들의 입길에 오르내렸던 표현이었다. 이때 임화에게는 자신이 마르크스주의의 역사관에 참여하고 있다는 자의식이 있었을 것이다. 마르크스주의의 동양 / 아시아관과 교섭하는 태세가 동양에 속하는 마르크스주의자들의 역사학 속에 형성되어 있었으며(물론 마르크스주의를 그냥 신봉하는 태도도 포함하여) 임화도 그러한 맥락 속에 있었다. 그 맥락으로 들어감으로써 임화는 역사관까지를 마르크스주의로 무장하려고 했었을 것이며 그것은 '신문학사' 서술이 의연히 마르크스주의의 테세를 취하려고 한 의지의 발로였을 것이다.

물론 그러한 지적 협동의 영역은 제국 일본의 입장에서 만들어지는 동양 담론과 인접하면서 성립하고 있는 것이었다.[31] 실제로 강좌파의 중심인물들 중 한 사람이었던 히라노 요시타로[平野義太郎]나, 임화가 참조한 모리타니 가쓰미와 같은 마르크스주의자들이 아시아적인 특수성을 연구하면서 얻은 아시아 인식을 지렛대로 삼아 제국 일본의 권력 측으로 전향해갔다. 또 그 담론 공간은 일종의 앎의 오만함과 같은 것이 발호하는 곳이기도 했다.[32] 임화가 도입한 담론은 지배

31 제국 일본의 동양 담론과 조선인 지식인의 관계에 대해서는 정종현, 『동양론과 식민지 조선문학』, 서울 : 창비, 2011 참조.

32 임화가 '특히'라고 그 의의를 강조하면서 참조한 林田朝人의 「李朝末期の経済状態に関する若干の考察」에서는 조선에 대한 고압적인 어조를 감지할 수 있다. 실효적인 지배 권력의 문제와는 별개로, 앎에 기댄 이러한 오만함을 어떤 방식으로 생각할 수 있는가가 문제가 될 것이다. 저자인 하야시다에 대해서는 경력을 알 수 없었다. 혹시 조선인이 일본명으로 쓴 글일 가능성도 없지 않을지도 모르지만 하야시다의 글에서는 조선어 자료가 전혀 이용되지 않았다. 또 다른 화제로서, 하야시다의 글이 실린 『歴史科学』은 도쿄의 白揚社

권력적 및 교화주의적인 포섭 / 그것과의 교섭이라는, 줄타기와 같은 역학 관계 속에서 구성되고 있었다.

그런 것들을 염두에 두면서 생각할 때 아시아적 정체성의 도입은 임화 '신문학사' 서술에서 어떤 내재적 기능을 가졌다고 할 수 있을까? 우선 확인해두고자 하는 것은 임화가 아시아적 정체성이라는 관념을 도입한 직접적인 목적이 조선의 근대 경험의 성격을 규정하는 데에 있었다는 점이다. 임화는 아시아적 정체성의 내용을 노예제, 봉건제, 자본주의라는 보편적인 사적 단계를 스스로 충분히 전개하지 못하며 각 단계에서 극복해야 했을 역사적 과제를 해결하지 못한 채로 다음 시대로 그것을 넘겨가게 된 발전의 비전형성 · 지체로서 정리했다. 임화가 강조하는 것은 그러한 역사적 과정 위에 조선 및 동양 사회의 근대가 있으며, 따라서 정체성이 조선 및 동양 사회의 근대 경험의 조건이라는 점이다. 그는 다음과 같이 썼다.

> 이렇게 동양사를 장구한 동안 지배해오던 소위 아시아적 정체성이란 결국 서구의 근대 사회제도를 수입 이식하지 않고서는 봉건사회로부터 근대사회제에의 전화, 과도를 불가능케 한 조건을 만드는 데 결착되는 것이다.[33]

가 간행한 잡지이며 도사카 준(戸坂潤)도 그 잡지에 기고한 것이 주목된다. 白揚社는 당시 좌익 계열의 서적을 정력적으로 간행한 출판사 중 하나였으며 임화가 제2기 '신문학사' 서술에서 참조한 사람들과 여러 점에서 관련이 있는 역사 서적도 그 출판사에서 많이 간행되었다. 임화의 독서 세계를 엿볼 수 있는 사례일 것이다.

위에서 말한 바와 같이 마르크스주의 맥락에서는 아시아적 정체성이라는 개념은 아시아적 생산양식이라는 개념과 결부된 것이다. 아시아적 생산양식 담론은 동시대에 대한 이미지가 과거에 투영된 면도 있는 한편, 그것을 이론화함에 있어 문제가 된 것은 고대로 거슬러 올라가는 전근대 동양 사회였다. 임화가 아시아적 정체성에 언급하면서 참조한 연구자들도 대부분이 고대에서 근세에 이르는 역사에 주력한 이들이다. 그러나 임화의 경우는 정체성의 그러한 기원을 향해 문학사의 시간을 스스로 거슬러 올라가 탐구하는 일은 목적이 되지 않았다.[34] 그에게 과제는 무엇보다 근대 경험을 묻는 것이며 조선의 근대 경험의 특징을 어떻게 이미지하는가가 문제였다.

임화가 제시한 근대화의 상은, 뒤떨어진 동양은 "서구 자본제의 동점"[35]에 휩쓸리면서 서양에서 갖가지 근대적 제도를 이식함을 통해 근대화할 수밖에 없었다는 것이었다. 즉 그가 포착한 동양의 근대 경험이란 제국주의적 세계화 속에서의 자본주의와의 접촉이다. 임화의 이념적 요청으로서는 보편적인 세계사에서 자본주의라는 단계는 내

---

33 임화, 「개설 신문학사」, 『전집』 2, 25면.

34 임화가 제2기 서술에서 참조한 김태준의 『조선소설사』는 서양 근대에서 국민문학과 Novel이 발전해간 과정을 기준으로 삼으면서, 그 기준에 비추어본다면 '기형적'으로 보이는 조선문학을, 그러나 고유한 역사를 갖는 것으로 고대로부터 기술한 작업이다. 그 책에서는 근대에 대한 기술은 간략한 것에 머물렀다. 자세한 검토를 요하는 것이지만 백남운과 같이 세계사적인 보편성이 구현할 때의 조선적인 특수성을 고대로 거슬러 올라가면서 파악하려고 한 마르크스주의 역사학자의 문제의식을 문학 영역에서 공유한 마르크스주의자로서 김태준을 생각하는 가설이 성립되지 않을까 싶기도 한다.

35 임화, 「개설 신문학사」, 『전집』 2, 25면.

재적으로 달성해야 했을 것이었다.[36] 그는 근대문학은 그러한 사적 단계로서의 자본주의 시대에 형성되는 것으로 생각하고 있었다. 그러나 임화가 보기에는 동양의 실제 역사는 자본주의라는 단계를 외부와의 만남으로서 경험했으며, 그런 것으로서밖에 경험하지 못했다. 자본주의 단계로의 도달은 세계사에서 보편적인 흐름인데 그 보편성을 외부로서, 더구나 정체성이라는 조건하에서 경험했다는 것이 임화에게 조선의 근대이며 동양의 근대였다.

조선 및 동양의 근대에 관한 이 발상법은 임화만의 것은 아니었다. 임화가 서명을 들면서 인용한 백남운의 『조선사회경제사』[37]는 서문에 다음과 같이 썼다.

> 즉 조선민족의 발달사는 그 과정이 얼마나 아시아적일지라도 사회구성의 내면적 발전법칙 그 자체는 완전히 세계사적인 것이다. 삼국시대의 노예제사회, 통일신라기 이래의 동양적 봉건사회, 이식자본주의 사회는 금일에 이르기까지 조선역사의 기록적 총 발전단계를 표시하는 보편사적 특징(!)이고, 그 각각은 그 특유의 법칙을 가진다[38]

---

36 임화는 내재적 자본주의화에 가능성에 대해서도 언급했으나 그것은 동양에서는 내지=일본에 그 가능성이 있었다고 하는 언급 방식이었으며 극히 문제적인 표현이 되어 있다.

37 누락인지 임화 자신의 잘못인지, 인용문의 출전이 『조선경제사』가 되어 있는데 실제 서명은 『조선사회경제사』이다.

38 백남운, 『조선사회경제사』, 도쿄 : 改造社, 1933, 9면. 인용문은 하일식 역, 『조선사회경제사』(백남운 전집 1), 서울 : 이론과실천, 1994를 참조했다.

이 인용문에 볼 수 있듯이, 그리고 같은 책의 다른 대목에서도 그가 "전인류사(全人類史)의 한 부문으로서, 세계사적 규모에서 현대 자본주의의 이식발전 과정"[39]이라고 표현했듯이, 백남운의 관점으로는 이식에 의한 조선의 자본주의화 역시 결코 세계사의 법칙을 일탈한 것은 아니었다. 자본주의를 위부로서 경험했더라도 그 자체가 세계사의 법칙 안에서 생긴 일이라고 생각되었다.

더 그것은 일본 마르크스주의가, 특히 강좌파가 일본 및 동양의 근대화에 대해 가진 이미지이기도 했다. 백남운이 『조선사회경제사』에서 그 저서 『전형기의 역사학[転形期の歴史学]』과 『역사학 비판 서설(歴史学批判序説)』을 참조한 하니 고로[羽仁五郎]는 아시아적 생산양식론에 개입한 논문인 「동양에서의 자본주의 형성[東洋における資本主義の形成]」에서, 『공산당 선언』과 로자 루크셈부르크 『경제학 입문』에서 각각 한 대목을 인용한 후 다음과 같이 썼다.

[서양에서 일어난 자본주의화와 노동자의 예속이라는 운동은ー인용자] 여기서 세계적 규모로 확대되었다. 한편에서는 경제적 내지 정치적으로 또 부분적 내지 전체적으로 자립이 파괴되고 속박당한 식민지 반(半)신민지 내지 후진자본주의국이라는 것을 만들어 그것을 자의적으로 혹은 논업 식민 원료 산지로서 혹은 상품 판매지 시장으로서 혹은 투자지 공업지로서 편면적으로 속박하면서 착취한다. 다른 한편에서는 이

39 백남운, 앞의 책, 5면.

른바 선진자본주의국들이 자기들의 집중 축적을 진행한다. 이리하여 식민지 내지 이른바 후진자본주의국들의 이른바 선진자본주의 내지 제국주의국들 아래로의 예속 종속이 수행된다. 우리 인도 및 중국 그리고 일본, 그들의 모든 동양적 신비는 이제 자본주의적 세계 경제의 세계사적 법칙에 따르는 역사적 운명밖에 가질 수 없었던 것이다. [중략] 이른바 인도의 식민지화, 중국의 반식민지화, 일본의 개항 및 메이지 유신, 그것들은 이러한 세계사적 법칙의 동양사적 표현에 다름 아니다.[40]

동양 사회(하니의 구도에서 조선이나 대만이 완전히 빠진 것의 문제성은 별도의 검토 과제이다)에 대한 '서구적 자본주의의 동점'은 여기서도 세계사의 법칙으로 간주되었다. 이러한 이해 위에서 하니는 일본에서의 근대화의 '동양사적 표현'인 메이지 유신에 대해 다음과 같은 성격을 부여했다

이제 세계자본주의가 산업자본주의의 절정에서 곧 제국주의 단계로 들어가고 있었던 것은 일본에서 부르주아 민주주의 혁명[메이지 유신—인용자]의 철저적 수행이 미루어져야 했었을 것과 대응했으며, 이리하여 일본은 세계적 자본주의가 제국주의 단계로 함락해가는 속에서 자기 자신이 급속도로 제국주의화했다. 더구나 그때 일본 국내 농촌에서의

40 羽仁五郎, 「東洋における資本主義の形成」, 『明治維新史研究』, 도쿄 : 岩波書店, 1956, 6~7면. 「東洋における資本主義の形成」이 처음 발표된 해는 1932년.

봉건적 유제의 잔존이, 따라서 부르주아적 민주주의 혁명 발전 일반의 불철저 내지 질식이 일본 자본주의 발전의 조건을 이루며, 따라서 그 모순 격화의 조건을 이루며, 그 제국주의적 결정적 모순의 주된 요인이 되지 않을 수밖에 없었다.[41]

이 관점에서는 동양 사회에서 근대가 제국주의화한 세계자본주의와의 접적으로 경험된 것으로 간주되었다. 그 접적은 다분히 '정체(停滯)'적이기도 하는 '아시아적 형태'(위에 인용한 대목에는 안 나오지만 둘 다 하나의 논문에 나오는 말이다)를 동양 근대에 연명시켰다. 그리고 정체성이라는 조건하에서의 근대 경험 자체 역시 제국주의적 세계자본주의의 움직임이라는 세계사의 법칙 안에서 일어나는 현상으로 간주되었다.

여기서 임화에 의한 동양적 / 아시아적이라는 범주의 사용 방법에 주목하고자 한다. 그는 '신문학사' 서술에서 조선을 항상 동양 / 아시아 속에 들이며 '일반으로는 동양', '구체적으로는 조선'이라는 구도로 사고를 전개했다.[42] 이 범주는 백남운이나 하니가 상정한 것과 같은 제국주의적 자본주의 단계라는 세계사의 법칙 속에 조선을 두기 위해 사용되었다. 즉, 그것은 조선을 세계사에 접속하는 매개로서 기능한 것이다. 이때 동양적 / 아시아적이라는 범주는 적어도 동양주의로서는 기능하지 않았다. 제국주의에 종속한 근대 경험이라는 형태

41 위의 책, 113~114면.
42 임화, 「개설 신문학사」, 『전집』 2, 25면.

로 조선은 세계사와 단절되지 않았다. 조선사를 과학적으로 파악하는 목적으로 동양적 / 아시아적이라는 범주에 주목하는 조선인 마르크스주의자는 임화만이 아니었다. 특히 백남운은 "조선사를 본질적으로 파악하자면 동양민족의 발달사를 주목해보아야 할 꺼시다"[원문 대로][43]고 의식한 바와 같이, 조선사를 이해하는 데에 있어 동양사라는 틀이 긴요하다는 태도를 일찍이 보이고 있었다. 보편주의자로서 "세계사의 일원론적 보편 법칙"[44]이 조선사에도 관철되고 있는 것을 말하려고 한 백남운에게도 조선이 보이는 현상상(現象上)의 특수성을 보편성에 접속하는 중간적 범주가 동양 / 아시아였다. 임화나 백남운과 같은 조선인 마르크스주의자에게 조선사를 동양 / 아시아의 역사의 일관으로 파악하는 것은 과학적인 역사관의 기초일 수 있었다. 이것에 대해 던질 수 있는 질문이 있다면 마르크스주의자들이 그 시대에 이러한 방식으로 조선을 세계사에 접속하는 일에는 과연 어떤 실천적 의미와 한계가 있었는가 하는 질문일 것이다. 그런데 이 질문에 대답하는 작업은 이 글의 범위 밖의 것이다.

이러한 맥락에 기반하여 제2기 '신문학사' 서술에서의 임화의 특징을 말하면, 그 특징은 동양적 / 아시아적이라는 범주를 정체성이라는 단선적인 시계열에서의 시간적 차이의 의미로 사용함으로써 조선의

---

43 백남운, 「조선사관수립의 제창」(『경제연구』 4, 연희전문, 1933), 『백남운 전집』 4, 서울 : 이론과실천, 1991, 83면.

44 백남운, 앞의 책, 1933, 9면.

근대를 일원적인 세계사의 시간에 접속하는 매개로서 기능하게 했고, 그러함으로써 그 나름의 과학적 서술로서의 체계성을 보증한 점에 있다. 이것은 평가하기가 어려운 점이다. 예컨대 마르크스주의에 입각한 백남운이 조선에 대한 '정체성론의 마르크스주의 역사관'에 대해서는 엄격히 비판하고 있었다는 지적[45]에 비추어본다면, 동양적 / 아시아적의 의미를 정체성으로 파악했음으로써 임화는 조선을 과도하게 정체성 속에 밀어넣은 것이 아닌가 하는 의문은 의연히 남아 있다. 이것은 서양과 일본에서 던져진 이중적으로 억압적인 오리엔탈리즘을 내면화한 결과에 지나지 않는 것일까? 이 질문에 관해서는 조선 근대 문학의 시작을 기술하기에 주력한 제2기 서술이 과잉하게 그 시작의 시기에 집착했다는 점을 강좌파적인 비판적 역사 감각을 염두에 두면서 생각해보고자 한다. 위에서 언급한 바와 같이 임화가 문제로 삼은 것은 근대 정신=시민 정신이었으며, 그것만이었다. 그것만이었다는 점이 긴요하다.

왜 임화는 제2기 서술에서 그렇게까지 근대에 집착했을까? 가까운 시기에 그는 '시민 문화의 종언'에 언급한 적이 있다.[46] 그 텍스트 속의 임화는 준순하고 있다. "'르네상스' 이래 19세기까지 서구 아니 세계에 군림했던" 시민 문화가 제1차 세계대전을 겪은 후 20년의 시간 속에서 종언해가는 모습을 간취하는 임화는 "19세기래(來)의 시민문

45 洪宗郁, 앞의 글, 2014, 108면.

46 임화, 「시민문화의 종언」(『매일신보』, 1940.1.6), 『전집』 5.

화의 가장 큰 협위인 '토탈리즘'"에 대해 "민족인은 주관적이요 분리적이요 '토탈리즘'은 민족과 혈통의 고조자"라고 비판하면서 시민 문화에 대해서도 '여태까지의 서구문화를 형성했던 기초인 인간적 합일의 양식이 시민적 양식에 불과하였다면'이라고 쌀쌀한 표현을 부여한다. 그러나 전쟁을 겪고 인간을 분리하는 민족적=인종적 전체주의 가운데에서 시민 문화가 종언해간다고 하는 한편으로 "전쟁의 결과 인간적 합일의 다른 양식이 발견"되어 문화가 "다시 구출될 수도 있는" 가능성에 대해서는 "오늘 논하기에는 상조한 문제"라고 하여 태도를 유보했다. 또 역시 가까운 시기에 쓰여진 「무녀져가는 낡은 구라파 문화의 신대륙(혹은 '최후의 구라파인들')」에서는 미국의 기계 문명에 언급하면서 "기계는 사회적으로는 이익과 편의의 상징인 동시에 정신적으로 합리성의 표현"이므로 "정신적으로는 구라파적 합리성의 연장에 불외하"며, 따라서 "아메리카가 쇠망기에 임한(만일 그렇게 볼 수 있다면) 구주문화의 최후의 존속지"일 수도 있다고 한다. 그리고 '19세기의 구라파 정신' 이후에 '20세기의 문화'가 온다고 해도 그때 '혈족주의'는 '민주주의'를 대신할 수는 없는 것이기 때문에 "아메리카는 구라파문화의 최후의 서식지가 될 뿐 아니라 문화의 신대륙이 될 수도 있다"고 끝을 맺는다.[47] 제국일본이 진주만을 기습할 때까지 나머지

47 임화, 「무녀져가는 낡은 구라파 문화의 신대륙(혹은 "최후의 구라파인들")」(『조선일보』, 1940.6.29), 『전집』 5. 이 글에서 임화가 모건(Lewis Henry Morgan)에 언급한 것은 주목할 만하다. 모건은 당시 마르크스주의 역사학에서 기본 문헌이 되어 있었던 엥겔스의 『가족, 사유재산, 국가의 기원』에서 그의 연구가 중요시되었음을 통해 알려지게 된 학자였

1년 반의 시점에서 쓰여진 텍스트이다. 당시 신문 지면에는 전쟁 의식의 앙양과 전쟁을 완수하기 위한 사회 각 부문에서의 합리화라는 지배 권력의 의지를 반영한 담론이 넘쳐 있었다. 그러한 상황 속에서 임화가 지배 권력의 의지와는 다른 시각에서 근대의 유산으로서의 시민 정신이나 합리성에 가치를 보고 있었던 모습을 이들 텍스트에 찾는 것은 부당한 일이 아닐 것이다.

제2기 '신문학사' 서술 그리고 그것과 가까운 시기의 기타 텍스트들에서 임화는 흔히 르네상스에 언급했다.[48] 근대적 시민 정신의 프로젝트라는 의미로서이다. 르네상스란 무엇인가? 미키 기요시[三木清]—임화에게 사상적인 교섭 대상이었던 이들 중의 한 사람—는 37년에 발표한 텍스트 「동아사상의 근거」에서 르네상스에 대해 다음과 같이 말했다.

> 민족주의가 20세기의 사상이라고 할 수는 없을 것이다. 세계사적으로 보면 민족주의 내지 국민주의의 시대는 저 르네상스 시대였다. (…중략…) 르세상스에서 볼 수 있는 것은 신의 나라라는 그러한 관념의 몰락과 통일적 가톨릭적 문화가 각각 독립적인 국민적 문화로 나눠진 분열이다. 중세의 세계어였던 라틴어에 대해 국어의 가치가 인식되며 '국민

다. 임화가 마르크스주의 역사학의 동향을 주시하고 있었던 것의 증좌일 것이다.

48 임화가 르네상스에 관심을 기울인 것에 대해서는 연세대학교에서의 학우인 가케모노 쓰요시[影本剛] 씨에게서 가르침을 받았다. 여기에서 감사의 뜻을 표한다.

> 문학'이 나타난 것도 이 시대의 일이다. (…중략…) 세계에서 르네상스의 선구자인 이탈리아의 국민주의는 동시에 자기 속에 근대적 사회의 보편적 원리를 갖추고 있었다. 바로 그렇기 때문에 당시 이탈리아에서 국민주의가 출현한 것은 세계사적인 것이었다. 이 국민주의는 그 자체로서는 특수적인 것이었다 하더라도 동시에 보편적인 의미를 가진 것이었으며 새로운 세계 질서를 지시하고 있던 것이다. 이러하게 역사 그 자체가 가르치는 바와 같이 진실로 역사적인 것은 모두 특수적임과 동시에 보편적인 것이다. 단순히 특수적이고 보편성을 갖지 않는 것은 진실로 역사적일 것이라고 할 수가 없다. (…중략…) 고유한 의미로서의, 그리고 진실로 진보적인 의미를 가졌던 국민주의는 르네상스 시대의 것이었다.[49]

미키의 이 텍스트는 "세계사의 오늘은 벌써 단순한 민족주의에 머무를 수가 없"고, "단순한 민족주의로서는 생각할 수 없는" 이념인 '동아공동체'에서는 "더 한층 합리적인 것"이 기초가 되어야 한다고 호소하는 글이다. 그렇기 때문에 그는 민족주의에 대하여 그것은 세계사적인 가치가 있으나 그 진가는 이제 지나간 역사 속에 있으며 현재에서 민족주의의 가치는 어떤 조건하에서만 인정되는 것으로 가치를 부여했다.

---

49 三木清, 「東亜共同体の根拠」(『改造』, 1937.12), 『三木清全集』 제15권, 도쿄 : 岩波書店, 1967.

임화가 르네상스에 주목한 것은 이러한 논리에 대한 가치 전도일 수 있었을지도 모른다. 임화는 '신문학'의 발흥을 르네상스에 겹쳐 보고 있었다. 르네상스로 시작하는 19세기적인 서양 문화의 종언을 스스로도 이야기하면서도 '신문학사' 서술에서의 임화는 근대 시민 정신이나 근대적 합리성이라는 가치를 폐기하지 않고 조선 근대의 르네상스를 지금, 여기에 호출하고 있었다. 임화에게 르네상스로서의 '신문학'은 "어떠한 정치적 곡절도 조선을 근본적으로 갑오 이전으로 회귀시키지는 못"[50]하는 비가역적인 진보의 역사 위에서 창조된 것이었다. 그러함과 동시에 "조선의 시민문화는 아직 시민문화라고 불러질 수 없을 만치 유소할 때에 맹아체로 발전이 조해되고 새로운 이식문화의 거대한 파랑 속에 휩쓸린 것"[51]으로서 아직 완료되지 않았던 역사적 프로젝트였다. 그러한 미완의 근대를 문학에서 집요하게 물었던 임화의 실천은 근대의 초극(근대의 초극이라는 지향성은 원래 마르크스주의가 내포한 것이기도 했다)이 지배 권력에 의해 각종 미디어를 통해 억압적인 형태로 이야기되고 있었던 시대에 대항하여 근대에 머무르려고 하는 의지에 뒷받침되어 있지 않았을까? 정체성이라는 시간적 차이에 대한 집착은 초극해야 할 근대가 아직 제대로 도래하지 않았음을

50 임화, 「개설 신문학사」, 『전집』 2, 53면.

51 임화, 「농촌과 문화」(『조광』, 1941.4), 『전집』 5, 325면. 「농촌과 문화」에서 임화는 시민문화의 미완성이라는 과제와 이식된 근대 문화의 극복이라는 이중 과제를 해결할 열쇠를 찾을 수 있을지도 모르는 곳으로서, 전통이라는 것을 보존한 농촌을 보고 있는 데에 주의해야 할 것이다. 그러한 태도에는 제2기 '신문학사' 서술로부터 적지 않은 변화가 있음을 읽을 수 있어 시대와 교섭하는 임화의 다면성을 상상케 한다.

주시하며 계승해야 할 근대의 유산을 찾으려고 시도한 역사주의의 발로였다고 할 수 있지 않을까?

「역사 · 문화 · 문학」에서 임화는 현대의 위기에 대해 다음과 같이 말했다.

> 다시 말하면 재래의 통용되어오던 현실이해의 방법이나 행의의 기준, 내지는 공상(미래에 대한)의 구도가 일채로 통용이 정지하는 순간 (…중략…) / 이러한 순간은 현실의 발전이 재래의 여러가지 관념보다 아주 다른 방향을 취하기 비롯한 때, 객관적으로는 사람들의 생각과 외부의 현실이 조화를 잃고 모순하고 있는 때다. / 이러한 시기에 인간은 어디까지 과거를 이해했던 자기들의 관찰력을 의심하고 행의의 기준을 상실하고 미래애 대한 투시와 구도를 세우지 못하고 방황하게 된다.[52]

이 위기 가운데에서 '미래와 현재를 과거와 더불어 일관하게 이해하지 아니할 수 없는 절박한 필요가 역사에의 의식을 환기한다' 임화가 역사적 사고의 요청을 자신에 명하는 것은 그러한 위기의 순간에서이다. 제1기 '신문학사' 서술 때도 임화의 문학사적 사고는 위기 의식이 뒷받침하고 있었다. 제2기 '신문학사' 서술 역시, 거기서 임화는

---

52 다만, 물론 판단하기 어려운 요소는 많다. 예컨대 임화는 아시아적 정체성 일반이 아니라 구체적으로 조선의 개화사를 기술한 대목에서는 오쿠다이라 다케히코[奥平武彦]를 많이 참조함으로써 제국 일본의 시선을 글의 내부에 도입했으며, 그러함으로써 일본이 조선의 개화에 미친 긍정적인 영향이 강조되게 되었다.

위기에 대해 직접적으로는 언급하지 않았지만, 위기에 대응한 글로 봐야 한다. '그 시대 급 사회와 작가와'는 '교섭'이 가능하다고 임화는 말한다. 그리고 "백철씨의 '사실주리설'이나 토탈리즘이 시대의 정신으로서 혹은 사회의 의식으로서 이야기될 때는" "사회에서 유리한 작가도 역시 위대할 수 있"으며 "사실 많은 작가가 자기의 시대에서 고독했다!"[53] 임화는 제2기 '신문학사'를 서술했을 때 시대에서 비판적으로 유리했으며 거기에 '정체'한 채인 미완의 과거를 향해 시대착오적으로 도약하고 있었다. 그것은 아시아적 정체성 담론의 도입 그 자체가 사상적 저항이 될 수 있었던 마르크스주의적인 태세에서 나온 실천이었다. 임화는 억압 속에서 한편으로는 시대와, 또 다른 한편으로는 이론과 교섭하는 의지를 보이고 있었다.

4. 결론을 대신하여

임화 '신문학사' 서술은 지식인 의식의 사적 서술이었다. '신문학사'의 '정신적 준비'로서 실학파에 언급한 것도 '선구적 지식층'인 그들이 "현대 인텔리겐차의 성격과 조금도 다름이 없"었기 때문이며, 그만큼

53 임화, 「창조적 비평」(『인문평론』, 1940.10), 『전집』 5, 246~247면.

그에게는 지식인의 지적 실천이, 그것도 사회적 실천으로서의 지적 실천이 무엇보다 관심사였다.[54] 근대 조선 지식인들의 그러한 실천을 그는 나름대로의 마르크스주의적인 틀을 가지고 체계화하려고 했다. 자본주의 발전과 근대 정신의 발전이 하부구조와 상부구조의 과계로서 동기(同期)하는 것이라면 임화 체계 속에서는 자본주의를 외부로서 경험했다는 사정 역시 동양 근대 문학과 동기해야 한다. 동양 근대 문학 일반에 대해 그는 "동양의 근대문학사는 사실 서구문학의 수입과 이식의 역사다"[55]라고 하며 그가 동양의 동질적 체험으로 파악한 그 현상 속에서 조선의 경험이 가진 특수성을 다음과 같이 말했다.

> 다른 곳의 몇 백 년[서양의 경우—인용자] 혹은 근 백년[일본의 경우—인용자]이 조선에선 약 30년으로 단축되어 청황히 지나간 것이다. / 이러한 역사적 시간의 단축은 이식문화사의 한 특징이거니와 동시에 그 문화 내용의 조잡과 혼란은 필수의 결과로 연구자에게 막대한 곤란을 맛보세 하는 것이다.[56]

임화에게 동양에서 조선이 가지는 특수성이란 외부와의 만남을 통한 근대화가 동양의 다른 지역 등의 그것보다 급속하며 압축적이라는

54 임화, 「개설 신문학사」, 『전집』 2, 49면.
55 위의 글, 10면.
56 위의 글, 10면.

점이었다. 임화의 조선 근대 문학사는 이 혼란을 검토하며 그 혼란 속에서 일어나는 조선의 근대 정신의 모습을 기술하려고 하는 것이었다.

이러한 작업은 지식인으로서의 그의 당시 모습이 반영된 것이었다고 생각해도 큰 무리는 없을 것이다. 조선 근대 지식인들의 정신사에 현재의 임화 자신을 겹쳐 바라보는 조선 지식인의 주체성에 관한 이중의 검토 작업이 '신문학사' 서술이라는 실천의 함의였을 것이다. 그것은 식민지 조선의 마르크스주의 지식인이, 자신이 서 있는 동시대 조선의 역사적 위치를 인식하기 위한 시점(視點)을 조선 근대 정신의 맹아가 그린 궤적을 탐구하는 작업을 통해 확보하려고 한 이중화된 내성(內省)이었다. 조선에서 정치적 활동의 여지가 폐색해감에 따라 "문화를 정치적 정열의 방수로로써 선택"[57]한 움직임을 '신문학사'에서 찾았으며 "정치와 문화가 한 행위의 두 가지 측명"[58]이라고 간주하고 있던 그에게 그러한 내성은 다분히 정치적인 실천이기도 했을 것이다. 그때 세계사의 법칙의 선을 역으로 따라 과거로 향하는 퇴각은 실천적으로는 자신이나 조선의 형황을 비판적으로 대상화하는 위치를 확보하기 위한 수단이었다.

그런데 의연히 문제는 남게 된다. 몇 번이나 다시 돌아오게 될 텐데, 한편에서는 동양적 / 아시아적이라는 것을 둘러싼 담론이 양의적이

---

57 임화, 「개설 신문학사」, 『전집』 2, 89면.

58 임화, 「역사 · 몬학 · 문화 혹은 시대성이라는 것에의 일 각서」(『동아일보』, 1939.2.18~3.3), 『전집』 3, 589면.

라고 하기에는 너무나 권력적이며 억압적인 담론이 되어 있었던 담론의 기능 혹은 구조의 문제이며, 다른 한편에서는 임화의 근대주의라는 문제이다. 전자에 관해서는, 일본에서는 아시아적 정체성 담론이 정치적(政治敵)에 대한 비판의 회로가 될 수 있는 여지가 그나마 있었음에 비해 임화의 경우에는 조선의 인텔리 정신사에 대한 비판이라는 자기비판에 철저히 머무르는 실천이었던 것에 주의해야 할 것이다. 조선을 대상으로 한 자기비판이라면 제국일본의 권력이 허용하는 범위 안에 있는 것이며 상황이 그러한 실천밖에 허용하지 않았던 것을 보여주는 예로서도 읽을 수 있다. 그리고 억압받은 지식인의 자기 회귀적인 실천은 임화의 경우 조선의 정체 상태를 전제로 하여 그 상태를 진실한 근대성으로 극복하려고 하는 근대주의로 도달한 것처럼 보인다. 다시 말해 임화의 역사주의는 임화를 근대의 한정성으로까지 회귀시키지 않았을까? 그때 임화의 근대주의는 확실히 저항의 요소를 가졌으며 또 근대주의는 마르크스주의가 내포한 일면이기도 했지만, 그것은 역시 마르크스주의라는 사상의 핵심과는 다른 것이다. 식민지 조선에서 억압받은 주체로서 마르크스주의를 실천한 결과가 근대주의와 결부되게 된 일은 무엇을 의미했는가. 바꿔 말하면 식민지 조선이라는 장에서 마르크스주의는 어떤 주체 효과를 발휘했는가. 이 글에서는 '해방' 후 임화를 다룰 수 없었지만 그때 임화에게 형성된 사상은 '해방' 후에 임화가 걸어 나가게 된 길을 준비한 것이기도 했다. 임화의 실천에서 나온 산물과 부산물들에 던져야 할 질문들은 아직 많다.

1940, 식민지 조선문학의 행방을 둘러싸고

임화와 김사량의 문학관을 중심으로

곽형덕

1. 시작하며

1930년대 초반 카프(KAPF)가 건재하던 당시 임화와 김사량에게는 어떠한 문학적 접점도 없었다. 여섯 살 터울 진 두 작가는 만 18세에 조선어로 작품 활동을 시작했지만, 앞서 활동을 전개한 임화가 프롤레타리아문학 작가로서 문명을 떨쳤던 것에 비해, 김사량은 습작에 가까운 동시, 산문시, 기행문 등을 잠시 썼을 뿐 한동안 무명에 가까웠다. 임화와 김사량의 문학 활동에 접점이 생기기 시작한 것은 중일 전쟁 이후부터였다. '국어(國語, 일본어 · 내지어)' 창작에 대한 현실적 압

력을 조선 문인이 심각하게 받아들이기 시작한 1939년 이후 이 두 작가는 처음으로 문학적으로 조우하게 된다. 이 시기 두 작가는 '조선적 특수성'에 대해 방법론적으로는 상이하지만 유사한 고민을 하고 있었다. 김재용은 임화가 중일전쟁 이후 "프로문학의 활동이 지닌 원천적 한계를 끄집어"낼 때 합리적인 설명기제로 쓴 이식문학론의 핵심으로 조선적 특수성을 인식했으며, 그것을 통해 "계급적인 것과 민족적인 것을 통일적으로 바라보는 인식"[1]을 하게 됐다고 쓰고 있다. 이에 비해 김사량은 조선적 특수성을 임화와 같은 방식으로 이론화해서 인식했다기보다는 일제의 문예통제가 점차 강고해지는 가운데 '보편'에 맞서는 '특수'논리로써 조선적 특수성을 일본어 창작의 근간으로 삼으려 했다. 다시 말하자면 김사량은 '조선적인 것'을 '일본적인 것[日本的なもの]'[2]의 하나(무늬)로 만들려 하는 제국주의적 기획에 '조선적인 것'이 가지는 특수성을 고향 평양의 풍속과 풍습을 집요하게 쓰는 것으로 맞섰다. 이는 김사량이 1941년에 집중적으로 쓴 고향과 향토에 관한 일본어 소설과, 조선으로 송환된 이후 에 쓴 「바다의 노래」(『매일신보』, 1943.12.14~1944.10.4)에서 확인할 수 있다. 임화가 프롤레타리아 국제주의와 아시아적 생산양식론을 비판적으로 전유해서 독자성

1 김재용 「임화의 인식문학론과 조선적 특수성 인식의 명암－프로문학 부정론과 민족문학 수립의 전제」, 문학과사상연구회 편, 『임화문학의 재인식』, 소명출판, 2004.2, 91~104면.
2 '일본적인 것'에 대해서는 다음 연구를 참조. 河田和子, 『戦時下の文學と〈日本的なもの〉－横光利一と保田與重郎』, 花書院, 2009.3; 石井知章・小林英夫・米谷匡史 編, 『一九三〇年代のアジア社会論－「東亞共同体」論を中心とする言説空間の様相』, 社会評論社, 2010.2.

이라는 문제에 도달했다고 한다면, 김사량은 일본어로 글을 쓰는 창작자의 입장에서 조선적 특수성을 작품 속에 투영하고자 했던 것이다. 조선적 특수성에 대한 두 작가의 인식은 조선어를 문학어로서 수호하려 할 때도 근간이 됐다. 임화와 김사량은 정도의 차이는 있지만 민족주의적인 편협한 언어관과는 거리가 먼 문학어로서의 조선어를 창출하기 위한 실천적인 고민을 하고 있었다. 다만 조선문단에서 문학어로서의 조선어를 지키려는 임화와, 일본문단에 몸을 두고서 민족어로서의 조선어를 지키려 했던 김사량 사이에는 언어관은 물론이고 조선문학붐에 대한 해석에서 적지 않은 차이가 존재했다.

본고는 일제 말 임화와 김사량의 문학관을 비교해 일본어 전용론과 조선문학붐이 조선문단과 일본문단에서 어떻게 인식됐는지를 고찰하고자 한다. 1939~40년 사이에 조선과 일본에서 동시에 진행된 일본어 전용론과 조선문학붐은 그 동안 각각 분석됐을 뿐으로 연동해서 바라보는 관점을 결여하고 있었다. 다만 본고는 임화와 김사량의 문학을 일대일로 비교하려는 것을 목적으로 한다기보다 일본어 전용론과 조선문학붐을 두 작가의 문학적 실천에 비춰서 새롭게 조명하는 것을 목표로 한다. 방법론적으로는 임화의 언어관과 문학을 중심으로 놓고 김사량문학과의 비교 · 대조를 시도했다. 이는 일제 말 조선문학을 논할 때 임화라는 '거울'에 김사량을 비춰보는 것은 가능하지만, 김사량이라는 거울에 임화를 비춰보는 것은 쉽지 않다는 인식에 근거한 것이다. 1939~40년 사이 조선문단에 초점을 맞춘다면 임화와 김사량의 문학적 위상은 비교 가능한 것이 아니었다. 이는 당시 임화가 확고한 위치를 확보한 조선문단의 대표적인 문인이었던 것에 비해, 김사량이 일본문단에 갓 데뷔한 신인이었다는 것을 예로 들더라도 명확히 드러난다.

2. 임화와 김사량의 언어관 – '일본어전용론'과의 관련을 중심으로

1938년은 국가총동원법(国家総動員法, 1938)이 제정되고 출판신체제(出版新体制)가 대두되면서 문예가 프로파간다의 수단으로 전용돼가던 시기였다. 내지문단에서는 중일전쟁 이전인 1935년부터 문예통제가 이전과는 다른 양상으로 전개되기 시작하고 있었다.[3] 요컨대 1935년 이전이 유통해도 되는 것과 그렇지 않은 것을 검열이라는 검역 시스템을 가동해 선별해냈던 방식이었다고 한다면, 1935년 이후는 작가가 무엇을 써야 하는지를 국가가 나서서 가이드라인을 제시해 갔던 시기였다. 물론 이는 중일전쟁 이후에 본격화된 것으로, 1941년 12월 '태평양전쟁'에 이르면 작가의 신변을 위협할 정도에 이른다. 정도의

3 필자는 이에 대해 박사논문, 『金史良日本語小説期研究』(早稲田大学大学院文学研究科, 2014.2) 제3부 제1장 「戦時期の「外地ブーム」と芥川賞の中の地方認識」에서 자세히 다루었다.

차이는 있지만 이러한 문예통제 정책은 식민지 조선에 더욱 강도 높게 적용되었다. 특히 중일전쟁에 승리하기 위해 일제가 국가총동원법을 제정한 이후, 그 여파는 식민지 조선에서 내선일체를 근간으로 하는 일본어 전용론과 창씨개명 등으로 나타나게 된다. 이러한 시국의 변화 추이를 지켜보던 임화는 시국에 단순히 휩쓸려 갔던 것이 아니라, 이를 세계와 일본, 세계와 조선으로 끊임없이 치환해 가며 보편성의 범주에서 객관화해서 사태를 살펴보려 했다. 한편 당시 일본에 거주하며 조선을 수차례 오가던 김사량은 중일전쟁 이후 조선적 특수성이 침해당하는 것을 보고 이에 반대하는 입장을 견지했다. 임화와 김사량의 입장은 언어관에 단적으로 드러나 있다.

〈표 1〉 임화와 김사량의 언어관과 관련된 글

임화의 글 목록	김사량의 글 목록
(1)「언어와 문학-특히 민족어와의 관계에 대하야」, 『문학창조』, 1934.6. (2)「언어와 문학-특히 민족어와의 관계에 대하야」, 『예술』, 1935.1. (3)「언어의 마술성」, 『비판』, 1936.3. (4)「조선어와 위기하의 조선문학」, 『조선중앙일보』, 1936.3.8.~24. (5)「언어의 현실성-문학에 있어서의 언어」, 『조선문학』, 1936.5. (6)「예술적 인식 표현의 수단으로서의 언어」, 『조선문학』, 1936.6. (7)「예문의 융성과 어문정리」, 『사해공론』, 1938.7. (8)「문학어로서의 조선어-일편의 조잡한 각서」, 『한글』, 1939.3. (9)「言葉を意識する」, 『京城日報』, 1939.8.16~20. ※ (9) 이외는 모두 조선어	(1)「朝鮮文學風月錄」, 『文藝首都』, 1939.6. (2)「조선문학측면관 상・중・하」, 『조선일보』, 1939.10.4~6. (3)「朝鮮の作家を語る」, 『モダン日本』 第一次朝鮮版, 1939.11. (4)「朝鮮文化通信」, 『現地報告』, 1940.9. (5)「內地語の文學」, 『讀賣新聞』, 1941.2.14. 석간. (6)「朝鮮文學と言語問題」, 『三千里』, 1941.6. ※ (2) 이외는 모두 일본어

〈표 1〉[4]에 정리한 임화와 김사량의 언어관과 관련된 글을 비교해 보면 우선 발표 매체(조선-일본) 및 발표 시기에서 차이가 나는 것이 확인된다. 임화의 언어론이 카프 해산 이전부터 1939년까지 오랜 기간에 걸친 논의였던 것에 비해서, 김사량의 언어론은 조선문학붐 시기에 집중돼 있다. 우선 임화의 언어관은 조선어학회와의 관계, 프롤레타리아 국제주의와 민족적인 것에 대한 인식의 변화 과정,[5] 방언에 대한 거부, '제3차조선어교육령'(1938)에 따른 내선공학제에 대한 위기의식과 그 대응 양상, 일본어 창작 강요에 대한 반발 다방면에 걸쳐있다. 이 글에서는 '제3차조선어교육령' 이후 일본어 창작을 둘러싼 논의가 진행 중이었던 1939년을 기준점으로 삼아 그 이전의 언어관을 역으로 거슬러 올라가 분석하는 방법을 취하려 한다. 임화가 쓴 (9) 「언어를 의식한다」는 조선문인협회(朝鮮文人協會)가 발족되기 이전에 쓰인 글이지만 「좌담회 조선문화의 장래와 현재[座談會 朝鮮文化の将来と現在]」(『京城日報』, 1938.11.29~30; 12.2 · 6~8, 일본어)[6]가 발표된 이후라는 시점을 고려해 본다면, 창작 언어를 둘러싼 갈등에 대한 임화의 확고한 의지 표명이 담긴 글이다. 일본어로 쓰인 이 글은 비슷한 주제로

4 임화의 언어관과 관련된 글 목록은 와타나베 나오키, 「임화의 언어론－1930년대 중 · 후반의 견해를 중심으로」(『국어국문학』 138, 국어국문학회, 2004.12, 441면)을 참조.

5 신재기는 "임화의 형상적 언어론은 당파성과 계급성만을 일방적으로 강조하던 속류사회주의에서 벗어나는 단초가 되었다" 쓰고 있다. 신재기,「임화의 문학언어론 연구」, 『한국문예비평연구』 19, 2006, 177면.

6 이 좌담회는 「座談會 朝鮮文化の将来」(『文学界』, 1939.1)라는 제목으로 형식이나 용어 등 여러 면에서 내용이 바뀌어 실렸다.

『경성일보』에 쓰인 김문집, 김용제, 한효 등이 쓴 글에 대한 반박문이기도 하다.

> 근래에 우리 조선문단의 젊은 제군들이 『경성일보』 지상에서 벌이고 있는 논쟁을 나는 대단히 우스꽝스럽게 느끼고 있는 한 사람이다. 왜냐하면 그들은 언어를, 참으로 언어만을 논하고 있는 것처럼 보이는 반면에, 실은 언어에 대해서 아는 바가 너무나도 적고, 또한 논의된 것도 거의 없었기 때문이다. 특히 그들이 언어를 문학상의 언어로 한정하여 논의한 것에 비추어 볼 때, 더욱더 이런 느낌을 갖지 않을 수 없다.(강조는 인용자, 이하 동일)
>
> —하정일 편, 『임화문학예술전집』 5(평론 2), 소명출판, 2009.5, 491~492쪽

임화는 김문집이나 김용제가 내선일체론에 입각해 '국어'창작의 당위성을 제기한 것에 대해서도 반대했지만, 한효가 그 반대 입장에서 정치적 문제에 결부시켜 언어를 논하고 있는 것에 대해서도 동의하지 않았다. 물론 임화는 한효가 "조선문학의 온상이며 기초여야 할 현실에서 여전히 생활상의 국어 보급화가 이뤄지고 있지 않음에도, 문학만이 그 현실적인 생활과는 완전히 융합되지 않은 국문 문학을 해야 한다는 것은 상식적으로 판단하더라도 불가능한 것이다"[7]라고 했던

---

7 韓曉, 「國文文學問題－所謂用語觀の固陋性に就て(六)」, 『京城日報』 夕刊, 1939.7.19. 본고에서 역자가 표시되지 않은 일본어 문건의 번역은 모두 필자에 의한다.

견해에는 의견을 같이했다. 다만 임화는 한효 또한 김문집이나 김용제와 마찬가지로 "언어를 문학상의 언어로 한정하여 논의"하고 있는 것으로 봤다. 다시 말해서 임화가 언어 일반의 보편적 / 세계적 지평에서 조선어의 방향성을 논하려 했던 것에 비해, 『경성일보』지상의 논객들은 정책적인 차원에서 제기된 언어 논쟁을 문학상의 언어에만 한정해서 논의한 결과 언어를 정치적인 틀에서만 보고 있었다. 임화는 카프 해산 전부터 세계사의 전환 속에서 언어의 문제를 사유해 국제주의적인 것과 민족적인 것 사이의 합의 지점을 찾으려 했다. 이는 (1) 「언어와 문학－특히 민족어와의 관계에 대하야」에서 "민족적인 것의 발랄한 개화를 보고, 그것을 통하여 진실한 국제주의에로 도달"[8] 하는 방법론적 고찰이라는 형태로 이미 1934년 당시 제기됐던 것이다. 하정일이 지적하고 있는 것처럼 임화는 프로문학이 위기에 직면한 상황에서 "민족어의 정립이라는 근대적 과제"[9]를 프로문학의 임무로 파악했다. 이는 (4) 「조선어와 위기하의 조선문학」에 이르면 "부르조아 민족주의로 치부될 수 있는 오해를 피하면서 국제주의와 민족어의 관계"[10]를 정립해 민족어를 "우리 문화의 현재에 있어서의 최대의 양식적 특징"으로 규정하는 인식으로 나타난다. 이 시기 임화는 국

---

8 신두원 편, 『임화문학예술전집』 4(평론 1), 소명출판, 2009.5, 467면.

9 하정일, 「임화의 민족문학론과 언어론」, 『한국근대문학연구』 23, 한국근대문학회, 2011.4, 12면.

10 김재용, 「프로문학 시절의 임화와 문학어로서의 민족어」, 임화문학연구회 편, 『임화 문학 연구』, 소명출판, 2009.10.

제성과 식민지 조선의 사회성을 비판적으로 인식하면서 민족주의적 언어관[11]에 거리를 두고 언어의 일반론적 특징을 살피면서, 미학적으로 다듬어진 민중어로서의 문학어를 확립하려 했다. 임화는 "민족어 정립의 절박함"[12]을 안고 있던 시기에 '제3차조선어교육령'이 발표되고 일본어 전용론이 횡행하자 (9)「언어를 의식한다」에서 다음과 같이 쓰고 있다.

> 완벽함과 아름다움을 위하여, 작가들은 최량의 언어를 원한다. 최량의 언어란 결코 우리의 폴리티칼한 두뇌들이 단정하는 것처럼 무언가 경향적인 편견으로 선택되는 것이 아니다. 주의해야 할 것은 작가들이 최량의 언어로서 가장 우선하는 조건은 사용하기 편함이라는 것이다.
>
> ―『임화문학예술전집』 5(평론 2), 493쪽

장혁주가 「조선의 지식인에게 호소한다」[13]에서 조선인 작가가 일본어로 창작해야 하는 당위성을 주장하며 "30년 후에 경성에 내지어 문단이 생기지 않는다고 누구도 예언 할 수 없으리라"(239쪽)고 주장하던 당시의 상황을 염두에 두고 이 글을 읽어보자. 임화는 (1)~(8)에서는 언어 일반론을 말하면서 고도로 추상화된 글쓰기를 하고 있지

---

11 임화의 비민족주의적 언어관에 대해서는 여태천, 「기획연재(5) : 민족과 문학―임화의 경우 : 언어의 현실성과 민족어의 가능성」(『민족연구』 29, 한국민족연구원, 2007)을 참조.

12 김재용, 앞의 글, 2009.10.

13 張赫宙, 「朝鮮の知識人に訴ふ」, 『文藝』, 1939.2.

만, (9)에서는 "폴리티칼한 두뇌들이 단정"하는 언어(일본어)를 직접적인 방식으로 거부하고 있다. 임화의 언어론은 대개 일본어 대 조선어의 관계성에서만 고찰된 것이 아니라, 언어의 일반론적 기준과 성격을 국제성과 식민지 조선의 사회성에 비춰서 다루고 있는 것이 특징이지만, (9) 「언어를 의식한다」를 집필하던 당시에는 민족어 대 '국어'라는 이항대립적인 관계로 언어를 다룰 수밖에 없었다. 임화가 더 이상 간접적이고 일반론적인 방식으로 언어를 논할 수 없을 만큼 당시 상황은 급박하게 돌아가고 있었던 것이다.[14] 김예림은 1941년 당시 임화가 "조선어의 발전이 어떻게 이루어질 수 있는가 라는 문제를 제국어와의 관계 속에서 적극적으로 찾"[15]은 것으로 보면서, 그 대표적인 예로 「總力聯盟文化部長 失鍋永三郎 · 林和 對談」(『조광』, 1941.3)를 들고 있다. 다만 이는 (9) 「언어를 의식한다」 이후 거의 1년 7개월이 지난 시점에서 나온 대담인 만큼, 이를 임화가 펼쳤던 언어론의 연장선에서 논하는 것은 쉽지 않아 보인다. 이 대담은 임화가 지방적 특수어(조선어)가 제국어(일본어)를 풍요롭게 하는 논리[16]를 이 글에서 펼치고 있다고 주장할 수 있는 표면적 근거를 제시하고 있지만, 대담에

14 윤대석은 임화가 (9) 「언어를 의식한다」에서 민족이나 민중이라는 용어를 사용하지 않은 것을 '언어=국가'라는 틀을 부정하고 있는 것이라고 쓰고 있다. 이는 급박한 상황하에서 찾아낸 대응 논리의 하나였다고 하겠다. 윤대석, 「1930년대 말 임화의 언어론」, 『우리말글』 45, 우리말글학회, 2009.4, 213면.

15 김예림, 「초월과 중력, 한 근대주의자의 초상—일제 말기 임화의 인식과 언어론」, 『한국근대문학연구』 5-1, 한국근대문학회, 2004.4, 53~54면.

16 위의 글, 55쪽.

개입되는 잡지의 기획과 편집 등을 생각할 때 이를 곧 임화의 언어관으로 확정하는 것은 쉽지 않다. 더구나 이 대담에서 언어와 관련된 부분은 대단히 짧아서 이를 근거로 임화의 언어관을 확정한다는 것은 불가능해 보인다. 더구나 임화는 이 대담에서 "自然이라든지 歷史라든지 血統이라는것은 飜譯이 되지 않습니다"(초출 150쪽)라고 전제한 뒤에, 조선어가 조선인과 일본인이 정신적으로 통합하는 유력한 수단이 될 것이라고 쓰고 있다. 즉 임화는 조선적 특수성의 번역불가능성을 전제로 그 외의 번역가능성을 말하고 있는 것이다. 그러므로 이 대담에서 펼친 임화의 언어관(논리)만으로도 그가 제국어에 기여하는 특수어로 조선어를 위치 지으려 했다고 확정할 수는 없다.

한편 임화의 언어관과 비교해 볼 때 김사량의 언어관은 식민지 조선 출신의 일본어 작가라는 입장에서 합리성(이성)에 호소해 조선어 글쓰기를 지키고자 하는 입장에 서있었다. 김사량의 언어관을 임화와 비교했을 때 가장 두드러진 차이는 김사량이 경성과 도쿄를 이분한 후 그 현실에 맞는 언어로 글을 쓰면 될 것이라고 주장하고 있는 부분이다. 다시 말해서, 김사량은 조선문단에서 조선인이 일본어로 글을 쓰는 것에 대해서는 반대하면서도, 일본문단에서 조선인이 일본어로 글을 쓰는 것에 대해서는 반대하지 않았다. 물론 이는 일본어로 작품 활동을 할 수 있는 조선인에 한정된 것이었다. 하지만 조선문단과 일본문단을 이분해서 각 공간의 특수성과 제약성을 인지한 현실적인 방책이기도 했다. 그러한 차이를 인정하는 것을 전제로 해서 김사량은 임화가 (9) 「언어를 의식한다」에서'국어'에 포섭되지 않는 조선어를 상정하는 것과 같은 방식으로 조선어의 특수성을 주장하기에 이른다. 다만 임화가 국제주의와 민족주의를 변증법적으로 고양시킨 문학어로서의 조선어를 확립하고자 하는 방향성을 보였다고 한다면, 김사량의 고민은 보다 실천적인 측면에 있었다. 김사량은 일본어 창작자와 번역자라는 입장에서 조선인이 조선어 문학을 할 수밖에 없는 당위성을 피력했다.

김사량은 문학어로서의 조선어가 위기에 처하자 이를 단호하게 비판한다. 특히 (1) 「조선문학풍월록」을 보면 "우리들은 조선어 감각으로서만 기쁜 것을 알고 슬픔을 느끼며, 화를 느껴왔다. 물론 우리들 가운데 일부 사람은 내지어로 자신의 의지 표명이 가능하다. 하지만 감각과 감정 표현은 할 수 없다"며 조선인 작가가 일본어로 글을 써야 하는 상황에 대해 명확한 반대 의사를 표했다. 김사량이 이 당시 이처럼 단호하게 글을 쓴 배경에는 그해 초까지만 해도 문학적 선배로 믿고 따랐던 장혁주가 조선 지식인의 성격적 결함을 논하고 일본어 전용론을 들고 나오는 등의 활동을 한 것에 대한 반발도 큰 부분을 차지하고 있다.[17] 다만 김사량은 조선문학자가 내지어로 쓸 수 없다는 당

17 다만 자신의 문학적 선배로 대우하며 믿고 따랐던 장혁주가 조선에 있는 조선문학자들도 '내지문(국어)'로 창작을 하라는 주장을 펼치며 조선의 지식인에 대한 성격적 결함을 일본 측에 주장한 것에 대한 실망감도 이 평론을 쓰게 한 원동력이었다. 예를 들어 (4) 「조선문화통신」에 이르면 김사량은 조선문인협회를 직접적으로 비판하고 조선문화소멸론자인 장혁주와 인정식의 실명을 거론해 비판하고 있다. 김사량이 장혁주에게서 느낀 실망과 분노를 느낄 수 있는 부분이다.

위성만을 제시한 것이 아니라, 조선에서 조선어로 쓰인 문학을 내지에 번역해 내놓을 '번역클럽'을 만들자고 제안함으로써 실질적인 타개책을 찾고자 했다. 하지만 김사량은 번역클럽의 필요성을 제안하는 한편 "조선 작가에게 응할 수 없는 상담을 해서 일본어로 쓰라고 하는 것은 부당"[18]하다는 입장을 취했다. 이는 조선 내 조선문학자가 일본어로 창작을 하는 것에 대해서는 명확히 반대하면서도, 이중어 창작이 가능한 조선문학자가 일본어로 글을 쓰는 것에 대해서는 찬성하는 이중의 전략이었다.

김사량은 일본(제국) 대 조선(식민지)이라는 이항대립적인 구도를 설정하고 민족어와 조선문학의 장래를 묻는 방식을 취했다. 김사량의 언어 인식은 그가 창작언어로 조선어보다는 일본어를 선택해갔던 방향성과 관련지어 생각해 볼 수 있다.[19] 김사량은 사가고등학교에 진학한 이후에는 일본어를 상용하는 환경에 처하면서, 조선어 창작보다는 일본어 창작 쪽으로 기울어져 갔다. 물론 평양고등보통학교에서 퇴학을 당한 후부터 사가고등학교 재학 중에도 조선어로 동시, 동요, 기행문 등을 써서 발표했지만, 소설은 조선어보다 일본어로 창작을 시도했다. 이는 일본어로 소설을 써서 조선의 현실을 더 넓은 세계에 알리고 싶다는 마음과 일본문단에서 유명해 지고 싶은 욕망이 합

---

18 金史良, 「朝鮮文学風月録」, 『文藝首都』, 1939.6.

19 김사량의 언어관 형성에 대해서는 졸고, 「재일조선인 문학자들의 김사량문학 수용과정 연구－1970년대 전후를 중심으로」(『국제어문』 62, 국제어문학회, 2014.9)에서 자세히 다루었기 때문에 여기서는 생략한다.

쳐진 선택이었던 것으로 보인다. 김사량은 도쿄제국대학 재학 시절에 쓴 「잡음(雜音)」에서 일본어로 창작하는 것의 어려움을 토로하고 있다.

> 글을 쓰면서도 새삼 힘든 것은 언어이다. 그래서 문장에서 일본어를 없애고 싶다고까지 생각해 본다. 모국어를 가나(仮名) 문자로 생경하게 직역해서 옮기면, 과연 어떤 것이 될 것 인가.
>
> —「雜音」『堤防』創刊号, 1936.6

김사량이 '잡음(雜音)'으로 느낀 언어는 일본어였지만, 그는 잡음이 가득해 없애고 싶다고까지 생각한 일본어로 계속해서 창작을 시도했다. 고통스러운 일본어로 창작을 시도한 이유는 앞서 살펴본 것으로 다소의 설명이 될 수 있다. 김사량은 (1)「조선문학풍월록」에 이르러서도 "내지어로 써야 할 것인가"라는 고뇌를 계속해서 품고 있었고, 그에 대한 대답은 "조선의 문화나 생활, 인간을 보다 넓은 내지의 독자층에게 호소하려는 동기"를 갖고 있는 작가라면 써도 된다는 것이었다. 이는 김사량 자신이 "조선문화를 동양과 세계"((1)「조선문학풍월록」)에 알리는 '중개자'의 역할을 하고 있다는 자각이 있었기 때문에 쓸 수 있는 글이었다. 이는 자신이 일본어로 창작을 하는 당위성에 대한 설명이기 이전에, 그러한 중개자 역할을 할 수 없는 다른 조선 문인이 일본어로 글을 쓰지 않아도 됨을 피력하기 위한 것이기도 했다.

다만 여기서 되물어야 하는 것은 김사량에게 조선어가 잡음이 포함되지 않은 청음(淸音)이었을까 하는 점이다. 다소의 비약이 허용된다면, 김사량이 일본어로 창작을 하는 당위성 이면에는 조선어로 만족할 만큼의 작품을 써내지 못했던 고뇌를 엿볼 수 있다. 이 추론은 김사량이 일본으로 유학을 떠나면서 현지에서 일본어로 사고하고 생활하면서, 선험적인 것으로 파악하고 있던 민족의 감정과 생활을 조선어로 제대로 표현할 수 없는 상황에 직면했을 것이라는 추측에 근거한다. 김사량은 최정희에게 보낸 편지(1940년 3월 30일자)에서 "아직 日本말도 서툴고 또 부끄러우나마 朝鮮말도 서툴어, 或時 읽어주셧는지는 몰으나 朝光 連載 「落照」에서 말 때문에 애를 쓰고 잇읍니다. 되도록 朝鮮文으로, 좋은 作品을 쓰게 된다면 나의 希望 그에 더함이 없읍니다"[20]라고 적어 보내는 등 조선어에 대해서도 확신을 갖지 못했다. 이는 물론 유학 경험에서 오는 감각과 언어의 불일치라는 측면만이 아니라 김사량이 평양 태생이라는 것도 고려해 봐야 한다. 그렇게 보면 '朝鮮말'에 서툴다는 고백은 평양말(방언)이 아니라 경성말(표준어) 이 중심이 된 언어 양식을 말하고 있는 것이라 해석할 수 있다. 김사량은 1930년대에 조선어로 동시, 동화, 기행문 등을 쓰기는 했지만, 조선문단에서 문학으로서의 조선어 수행을 충분히 쌓지 못했다. 김사량이 「바다의 노래」에서 마치 벼르기라도 한 것처럼 평양 방언을

20 김영식 편, 『巴人 김동환 탄생 100주년 기념－작고문인 48인의 육필서한전집』, 도서출판 민연, 2001.8, 120면.

장편 소설 속에 녹여내고 있는 것은 잡음을 최대한 소거하고 자신이 제대로 구사할 수 있는 언어 세계를 정립하려 했음을 말해주는 것은 아니었을까. 이처럼 김사량이 경성말이 중심이 된 표준어에 위화감을 느꼈던 것과는 달리, 임화는 민중어와 경성말을 중심으로 한 표준어를 적극적으로 장려했다. 이는 임화가 (3) 「언어의 마술성」과 「문학상의 지방주의 문제」(『조광』, 1936.10)에서 방언을 제외하고 표준어(근대적 통일어)를 확립하려고 했던 것에 단적으로 드러나 있다.[21] 임화가 표준어(경성말)를 중시한 것은 문학어로서의 조선어를 확립해서 근대 조선문학의 토대를 확고하게 다지려 했던 것으로 이해될 수 있다.

1939~40년 사이 임화가 비평가의 입장에서 일본어 전용론에 맞서 문학어로서의 조선어의 가치를 지켜가려고 했다면, 김사량은 "조선문화를 동양과 세계" 알리는 '중개자'로서 일본어 창작의 당위성을 인정하면서도 조선문인은 조선어로 써야한다는 입장을 고수했다. 이는 1939~40년 사이에 일본에서 전개된 조선문학붐을 응시하는 두 작가의 각기 다른 시각과도 이어지는 문제의식을 내포하고 있다.

---

21 김재용, 앞의 글, 2009.10 참조. 김재용은 조선어학회의 표준어 제정에 대한 임화의 찬성과 백석의 저항을 대비시키며, 임화가 경성말 중심의 표준어 제정에 찬성했던 것을 분석하고 있다. 작가의 이러한 언어 경향은 일본문단에서도 유사하게 전개됐다. 동북 출신의 요코미쓰 리이치[横光利一]는 1931년에 "국어(國語)와의 불령하기 그지없는 혈전시대"(「序」, 『書方草紙』, 白水社, 1931.11)라는 표현을 쓰며 표준어에 대한 위화감을 표출했다.

3. 식민지 조선문학과 '세계'

1939년 당시 상황을 보면 조선 내의 조선인 작가는 일본어로 글을 쓰라는 압박을 받고 있었지만, 일본 내 조선 작가는 조선문학붐이 일어나는 와중에 조선어 작품을 일본어로 번역하는 등 각기 다른 역할을 담당하고 있었다. 당시 조선의 지식인은 1939년 이후 일본어 전용론(조선)과 조선문학붐(일본)과 관련된 언설을 거의 비슷한 시기에 접하고 있었던 셈이다. 이는 양쪽 다 조선문학을 일본어로 표현하라는 것이라는 점에서는 공통점이 있다. 하지만, 후자는 조선어로 창작된 작품을 일본어로 옮기는 번역 작업이기에 임전혜가 쓰고 있듯이 '조선어 말살 계획'[22]의 일부라고 단정 하기는 힘들다. 당시 전자와 후자에 공통되는 것은 그 귀결점은 다르지만 '조선어 말살 계획'이었다기보다 식민지 문학을 보다 넓은 독자 / 세계와 접속시킨다는 논리였다. 다시 말해서 일본어 전용론은 특수성(민족성)을 버리고 보편성(일본제국)으로 나아가라는 것에 다름 아니었고, 조선문학붐은 좁은 조선문학의 환경에서 벗어나 일본문학 / 세계문학으로 나아가라는 논리를 함포하고 있었다. 특히 전자와 달리 후자는 조선어로 창작된 조선문학을 일본어로 옮기는 번역과정이 개입하고 있었기 때문에, 판단하기에 따라서는 이를 호기(好機)로 볼 수 있는 여지가 있었다.

22 任展慧, 「朝鮮側から見た日本文壇の「朝鮮ブーム」一九三九～一九四〇年」, 『海峡』 12, 1984.3, 11～16쪽.

하지만 일본어 전용론이 표방하는 '세계'로의 진출은 조선적 특수성을 담보하는 조선어를 폐기하는 방향으로 향해 갔기 때문에 이에 대한 찬반이 극렬하게 갈렸다. 이에 비해 조선문학붐이 내세운 '세계'로의 진출은 조선적 특수성을 폐기하는 방향으로까지 나아가지 않았다. 오히려 이는 조선적 특수성을 번역이라는 수단을 써서 일본에 전파하는 역할을 담당했다는 점에서, 일본 측에서 봤을 때는 시국이 변하면 지속할 이유가 없는 이벤트였다. 왜냐하면 일본어 전용론이 힘을 얻어가는 상황에서 조선문학을 일본어로 번역해서 일본에 소개하는 것은 일시적 / 과도기적인 것일 수밖에 없기 때문이다. 더구나 일본어로 번역된 조선문학을 선정하는 기준이 지나치게 자의적이라는 점 때문에 조선문학붐은 조선에서도 환영을 받지 못하고 있었다. 조선의 문인은 1939년 전후에 일본 문단에서 '외지(식민지)붐'이 일어난 것이 중일전쟁 이후 '대동아'의 논리를 내세워 아시아를 침략해 갔던 일제의 정책과 연동된 측면과, 그 과정에서 일본 문학계가 '부진'에 빠지면서 자신에게 결여된 것을 외부에서 찾으려한 저널리즘 차원의 기획이 맞물려 있음을 간파하고 있었다.[23] 임화는 일본 동경에서 불고 있는 조선문학붐에 대해서 「동경문단과 조선문학」(『인문평론』, 1940.6)에서 다음과 같이 쓰고 있다.

---

23 이 시기 마해송이 주재하던 잡지인 『모던니뽄[モダン日本]』은 1939년 11월과 1940년 8월 두 차례에 걸쳐 잡지 전체를 조선 특집으로 발행했고, 『문예(文藝)』(1940.7)에서는 '조선 특집호'를, 『주간아사히[週刊朝日]』(1941.5.18)에서는 '반도작가 신인집편성(半島作家新人集編成)'을 꾸렸다.

그것을 가리켜 동경문단이 조선문학을 똑바로 평가하기 시작한 결과라든가 혹은 그간에 조선문학의 수준이 상승된 결과라고 생각한다면 약간 어리석다 아니할 수 없다. (…중략…) 조선문학을 급작스러이 밝은 각광 앞으로 끌어낸 것은 역시 동경문단의 새로운 환경이다. 물론 그것은 시국이다. 시국이 비로소 일본문학 앞에 지나와 만주와 그리고 조선이라는 새 영역을 전개시켰다. (…중략…) 이 점을 착오하고 오직 조선문학이 이제야 진가를 발휘할 때가 왔다고 생각하는 사람이 있다면 후일 타인의 웃음을 살 것이다.

—『임화문학예술전집』 5(평론 2), 211~214쪽

임화는 조선문학이 동경문단에서 소개되는 현상을 자연스러운 상호 교류로 봤다기보다 시국과 관련된 것으로 파악해 냉정하게 응시하고 있다. 당시 조선문단에서는 "色다른文學이 一時 저—나리즘위에 歡迎을받다가 그만 時代의 흐름과더부러 자최를 감추고마는 實例를 우리는 잘 알고 있"(「권두언」, 『인문평론』, 1940.1)다는 식의 반응을 보이고 있는 것처럼 이는 조선문단에서 상당 부분 공유되던 견해였다. 임전혜가 밝히고 있듯이 당시 신건(申建)이 편역한 『朝鮮小説代表作集』(教材社, 1940.2)이 조선과 일본문학자의 우호를 증진하는 대신에 저작권 문제를 불러일으키고 있었던 것도 이와 같은 부정적인 반응을 불러일으킨 요소 중 하나였다.[24] 더구나 1940년 초 『모던니뽄』(특대

24 任展慧, 앞의 글, 1984.3, 11~16면. 신건의 이 번역서에는 김남천, 이기영, 이효석, 유진오, 채만식, 박태원, 안회남, 김동리, 최명익, 김동리, 이광수, 이상, 이태준의 작품이 실려 있다.

호, 1940.4)에 제1회 조선예술상 수상작으로 이광수의 「무명」이 선정되자 조선문학붐에 대한 비판은 더욱 거세진다.

그로부터 가장 중요한 것은 심사의 문제이다. 왕복으로 엽서를 돌리는 것에서도 조선예술상에 대한 진중하지 못한 태도가 나타나 있지만, 아쿠타가와상 선고위원으로 조선예술상의 심사위원을 대신하는 것은 실로 타당하지 않음을 말하지 않을 수 없다.

－漢陽學人, 「『朝鮮藝術賞』—『モダン日本』への公開壯 1・2」, 『京城日報』, 1939.12.28・30

한양학인의 글은 조선예술상의 심사과정의 문제성에 대해 지적한 것으로 당시 조선 작가들이 느꼈던 불쾌감을 단적으로 보여주고 있다. 한양학인은 조선문학에 대해 전혀 알지 못했던 아쿠타가와상 선고위원들이 무성의하게 조선예술상 수상작을 뽑은 것을 문제 삼고 있다. 임화는 이 평론에 자극 받아 다음과 같이 쓰고 있다.

그러나 작품 「무명」에 국한하여 말하면 여러 가지 이론이 있지 않을까 싶다. 그것은 물론 작품의 심사방법에 대해서이다. (…중략…) 저 졸렬한 번역을 통해서 원작의 좋고 나쁨을 알 수 있다는 것이 이상해서 견딜 수가 없다. 누군가가 본지에서 말했듯이 심사위원 중에 조선어를 아는 사람이 하다못해 한 사람이라도 들어가지 않으면 안 될 것이다. 그것은 지금까지의 조선문학에 대해서뿐만 아니라 뻗어나가는 조선문학에 대해서 깊이 이해를 하지 않으면 안 되기 때문이다.

—「李光洙氏の小説「無明」に就て 上」,『京城日報』, 1940.2.15.;

『임화문학예술전집』 5(평론 2), 500쪽

임화는 위 글에서 한양학인과 마찬가지로 심사과정에 대해 불만을 표하면서도, 이광수의 「무명」의 작품성에 대해서는 일정 부분 인정하는 태도를 보이고 있다. 다만 임화가 조선예술상 선정과정에서 무엇보다 분노한 것은 번역(김사량 옮김)의 문제였다. 「무명」이 임화를 분노하게 할 만큼 조악한 번역이었는지의 여부는 차치하고, 여기서 추측할 수 있는 것은 당시 조선 작가들이 속도전 식으로 조선문학이 일본어로 번역되는 상황에 대해서 불만을 품고 있었다는 것이다.[25] 이에 대해서는 김사량이 쓴 「조선문학측면관 하」(『조선일보』, 1939.10.6)에서 그 흔적을 발견할 수 있다.

그리고 또 한 가지 부언하고자 하는 것은 하여간 이번과 같은 번역 소개로부터 조선문학이 좀 더 넓은 무대의 '스팟(spot)'에 비칠 때 우리들은 다시금 우리의 문학을 반성하고 검토하게 될 줄로 안다. 그러나 조선

---

25 김사량이 번역한 조선문학에 대해서는 다음 연구를 참조. 김영미, 「일제 말기 김사량문학 연구—번역자로서의 자의식을 중심으로」, 『한국현대문학연구』 41, 한국현대문학회, 2013.12; 정실비, 「이광수 원작 「무명」의 번역을 통해서 본 번역자로서의 김사량」, 『한국근대문학연구』 30, 한국근대문학회, 2014.10.

내에서 번연히 조선문학 번역에 대하여 반대 의견이 있는 것인 심히 이해하기 곤란한 바이다. 조선어의 감각을 어떻게 화문(和文)으로 이식할 수 있느냐 하는 것은 물론 타당한 의문일지 모른다. (…중략…) 언어의 '쇼-비니즘'은 금물이다. 어떤 것을 번역할 것인가가 문제일망정 번역 그 자체가 문제되지를 않는다.

— 김재용 · 곽형덕 편, 『김사량, 작품과 연구』 2, 역락, 2009.12, 317쪽

임화의 글이 더 후에 발표됐다고 하더라도 『모던니뽄』(조선특집)과 관련돼 당시 문학자들 사이에서 조선문학의 일본어 번역에 대한 반감이 고조되고 있었던 것만은 확실해 보인다. 『모던니뽄』 제1차 조선판은 1939년 11월에 나왔지만, 잡지의 기획과 번역 작업 등의 시간을 생각해 보면 그해 초부터 관련 작업이 진행됐다고 보는 편이 온당할 것이다. 김사량은 일본 측에 몸을 두고 일본어로 소설 창작과 번역을 병행했기 때문에 조선 측 작가들과는 의견을 달리했다. 달리 말한다면, 김사량은 조선문학붐을 시국적인 것으로 인식하는 한편으로 조선문학이 일본어라는 '공용어'를 매개로 해서 더 넓은 세계로 나아갈 수 있는 하나의 전기(轉機)로 인식했다. 이는 김사량이 일본어 창작을 할 때 그 형식보다는 안에 담긴 '절실함'에 가치를 두었던 것과 연동되는 것이다. 다만 김사량은 (1) 「조선문학풍월록」을 중심으로 다른 평론에서도 조선인 작가의 일본어 창작을 권장하는 입장이 아니라, 조선어 문학을 일본어로 번역해 동경문단과 세계문단과 교류를 꾀해야

한다는 태도를 취했다. 당시 일본어로 번역된 조선문학은 오쿠보 아키오[大久保明男]가 발표하고 있듯이 일본어에서 중국어로 번역돼 만주국에 2차 전파돼 나갔다.[26] 이런 상황이었던 만큼 김사량이 조선문학붐을 조선문학이 일본어로 더 많이 번역돼 더 많은 독자와 만날 수 있는 기회로 인식하고 있었던 것도 무리는 아니었다. 김사량은 자신이 조선문학붐 자체에 직접 관여하게 되면서 그것을 냉정하게 재단했다기보다는 긍정적인 방향성을 보려했다. 다만 일본어로 쓴 평론과 달리 (2) 「조선문학측면관」과 같은 조선어 평론에서는 조선문학계에 대한 불만을 직접적으로 토로했다. 일본어 평론에 그것을 쓰지 않고 조선어 평론에 쓴 것은 그것이 자칫 조선 지식인 사이의 분쟁으로 보일 것을 염려했기 때문으로 보인다.

다만 김사량이 조선문학붐을 임화보다 현저히 협의의 개념으로 인식한 것은 문학관의 차이만이 아니라 미디어의 기획이라는 측면에서도 살펴볼 수 있다. 특히 김사량의 경우는 조선문학붐이 일고 있는 일본 내 미디어가 조선인 작가에게 청탁한 내용의 글쓰기를 하다 보니, 언어 일반론적인 논의로 나아가지 못한 측면을 고려할 필요가 있다. 왜냐하면 일본 내 독자에게 글을 쓸 때는 우선 조선문학이란 무엇인

26 大久保明男, 「만주국에 있어서의 조선문예에 관한 고찰－중국어신문, 잡지를 일별하며」, 『제29회 식민지와 문학 국제심포지엄 자료집』, 2013.11. 한편 岡田英樹는 『続 文学にみる「満州国」の位相』(研文出版, 2013.8)에서 만주국에서 이뤄진 일본문학 번역 소개 등을 구체적으로 조사해 제시하고 있다. 장혁주의 「춘향전(春香伝)」(外文訳, 『藝文志』, 1939.6.18)과 김사량의 「월네[月女]」(鄒毅訳, 『濱江日報』, 1941.10.24~26, 3회 연재)는 그 대표적인 경우이다.

지, 조선어가 현재 어떤 단계에 있는지 등의 기초적인 것부터 설명할 필요가 있기 때문이다. 김사량은 조선문학붐이 1941년 이후 빠르게 후퇴해가고 조선문학계에서 일본어 전용론이 더 힘을 얻어가자 평론 활동보다는 조선적 특수성에 관한 소재를 작품화하는 방향으로 나아갔다. 그것은 임화가 「문학상의 지방주의 문제」(『조광』, 1936.10)에서 비판적으로 다루고 있는 '이국정조주의(exoticism)'와는 다른 양상이어서 일본인 독자에게는 낯설고 이화된 방식의 글쓰기였다.

한편 임화는 일본어로 창작을 하는 입장도 아니었고, 일본문학을 조선문학보다 상위에 있는 것으로도 인식하지 않았기 때문에 김사량과는 달리 조선문학붐에 대해서 냉정한 시선을 유지할 수 있었다. 이는 임화가 프롤레타리아 국제주의로부터 조선적 특수성에 이르기까지 문학과 사회를 세계사적인 차원에서 고민했던 것과 관련이 깊다. 임화는 「19세기의 청산－세계대전과 문학」(『동아일보』, 1939.5.12~14)에서는 제1차세계대전 전후의 유럽의 문학을, 「전체주의 문학론」(『조선일보』, 1939.2.26~3.2)에서는"제3제국적인 문예정책"과 민주주의 관련을 논하는 등 '세계'(대부분의 경우는 유럽과 미국)와 마주하고 있었다. 임화는 조선문학붐에 대한 일본 측 평가자 중에서 "이런 의미에서 (조선문학은－인용자 주) 민족문학의 전통 위에 선 현대문학이 아니며, 또한 일본 현대문학의 분점도 아닌, 세계문학이 이 이십세기라는 시대에 지방적으로 꽃을 피운 근대문학의 일종"[27] 이라고 『문학계』 「편집후기」에서 평한 가와카미 테쓰타로[河上徹太郎]를 가장 높게 평가했다.

가와카미는 당시 적극적으로 시국에 협력하고 있었지만, 독일관념론과 프랑스 상징파에 큰 영향을 받아 순수예술 이론을 전개했었던 만큼 조선문학을 근대문학이라는 거울에 비춰볼 수 있는 시야와 안목을 갖추고 있었다. 임화가 가와카미의 「편집후기」에서 공명한 부분은 바로 그 지점이었다.

일찍이 임화는 「문학상의 지방주의 문제」에서 유럽에서 불고 있는 지방주의를 들여다보면서 1939년 절정에 달하는 조선문학붐을 1936년이라는 시점에서 마치 예언이라도 하고 있는 것처럼 쓰고 있다.

> 만일 조선문학의 특성을 '조선색'이나 '지방색'에서만 발견하려는 자가 있다면 그는 조선문학을 식민지문학으로 고정화하려는 자일 것이다. 우리는 조선문학의 세계적 수준, 세계문학적 의의를 갖는 조선문학의 생산을 위하여 노력하는 자이다.
>
> ―『임화문학예술전집』 4(평론 1), 711~723쪽

임화가 조선문학붐을 냉철하게 판단할 수 있었던 것은 조선문학을 '세계문학'적 수준에서 바라보려 했던 지향이 있었기 때문이 아니었을까. 백지은이 쓰고 있듯이 "임화에게 '세계문학'이란 협소한 특수성에서 벗어난 보편적 문학으로 상정된 일종의 표준"[28]이었다. 임화는 일

---

27 林和, 「現代朝鮮文學の環境」, 『文藝』, 1940.7. 인용은 『임화문학예술전집』 5(평론 2), 514면.
28 백지은, 「역설의 일관성－임화의 언어론 연구」, 『동양학』 46, 단국대 동양학연구소,

본 제국의 권역으로 조선문학이 번역돼 나가는 것을 보편으로 나아가는 것이라고 판단하지는 않았던 것으로 보인다. 그 대신 임화는 조선문학붐이 시국에 편승한 문학현상인 데다 상호 교류적인 성격을 결여한 일방적인 평가가 내재된 전파였다는 점에서, 그것이 "조선문학의 세계적 수준, 세계문학적 의의"와는 거리가 먼 것으로 파악했다고 볼 수 있다. 그렇다고 해서 임화가 조선문학붐을 완전히 부정적인 눈으로만 바라봤던 것은 아니다. 임화는 「이출문학(移出文學)」(『매일신보』, 1940.4.27)에서 "어떻게 해서 조선문학이 클로즈업되었든 조선문학이 향상 진보된 표식이라고까지 말하기 어렵다 하더라도 조선문학이 반도의 좁은 한계선을 넘어섰다는 데서 경하로운 일이다"[29]라고 하면서 의미를 부여하기도 했다. 다만 이는 임화가 문화 / 문학의 계몽성의 파국을 인지하고 "문화적 영역(領域)의 시장화"[30]를 자조적으로 고찰한 것과 연동된 것으로, 조선문학의 월경을 무조건적으로 긍정하고 있는 것이 아니라는 점을 염두에 두고 해석해야 할 것이다.

이처럼 1939~40년 사이 임화와 김사량 사이에 무엇보다 이견이 갈리는 부분은 조선문학붐을 바라보는 태도의 차이였다. 임화는 조선문학을 세계문학 및 근대성과의 관련 속에서 위치시키려 했기 때문에 조선을 일본의 일개 지방으로 위치시키려 했던 조선문학붐을 긍정

2009.8, 18면.

29 박정선 편, 『언제나 지상은 아름답다－임화 산문선집』, 역락, 2012.7, 234면에서 인용.

30 임화, 「문화기업론」, 『청색지』, 1938.6. 하정일 편, 『임화문학예술전집』 5(평론 2), 57면에서 재인용.

적으로 평가할 수 없었다. 이에 비해 김사량은 조선문학붐와중에 조선문학이 일본어로 번역되는 과정에서 적극적인 의미를 발견하려 했다. 김사량은 조선문학붐 당시 조선어 문학이 일본어로 번역되는 과정을 보면서, 그것이 시국적인 목적하에 진행되고 있다고 하더라도 조선어의 가치가 인정받은 것이라고 봤을 가능성이 크다. 김사량이 취한 이중의 전략이 보여주는 것처럼 조선문학붐은 지배자와 피지배자의 동상이몽 또한 선명히 부각시킨 이벤트였으며, 그로 인해 번역은 문화 전파와는 다른 시국으로 수렴될 수밖에 없었다. 따라서 김사량이 (1) 「조선문학풍월록」에서 야심차게 제시한 '번역클럽'과 일본어 전용론은 양립할 수 없는 것이었다. 일견 양립하기 힘든 일본어 전용론과 조선문학붐이 같은 시기에 전개된 것은 조선과 일본에서 각기 다른 문화 / 정치가 작동하고 있었기 때문이다. 임화는 이 두 가지 이벤트를 그 어떤 조선의 지식인보다도 냉철하게 꿰뚫어보고 있었다.

4. 끝내며

임화와 김사량 문학은 일제 말 조선문학과 일본문학이 시국적인 목적하에 밀접한 관련을 맺는 지점에서 처음으로 서로 마주 보는 기회를 얻게 되었다. 일제 말 두 작가의 조우는 일본어 전용론과 조선문학붐이 일던 1939년에서 1940년 사이에 이뤄졌다. 일본어 전용론에 대한 논란이 일어나던 1939년 임화와 김사량은 조선적 특수성을 기반으로 민족어(문학어)를 수호하려는 논진을 펼쳤다. 하지만 조선문학붐에 대한 평가에서는 임화가 일본제국에 속한 식민지문학으로서 조선문학을 위치시키려는 기획에 명백히 반대했던 것에 비해, 김사량은 그것을 하나의 전기로 파악해 조선문학을 더 넓은 세계로 나아가는 전기로 삼고자 했다. 이는 임화와 김사량이 지닌 문학관의 차이에서 비롯된 것이기는 했지만, 조선문학붐을 관찰하는 입장과 참여하는 입장이라는 차이가 더 크게 작용했다. 조선문학붐에 대한 임화의 냉철한 인식은 식민지 문학의 세계화가 갖는 허구성을 간파하고, 세계문학(근대문학)의 일종으로 조선문학을 위치시키고 장래에 조선문학을 세계문학의 수준으로 끌어올리고자 하는 문학관에 근거한 것이었다. 이처럼 일제 말 조선문학계의 중심적인 위치에서 활동한 임화를 중심에 놓고, 일본문단과 조선문단의 경계에서 활동한 김사량의 문학 활동을 살펴보면, 당시 1940년 전후의 식민지 조선문학이 놓인 위치가 더욱 뚜렷하게 드러난다. 일본어 전용론과 조선문학붐은 조선을 일본의 한 지방으로 위치시키려 했던 작위가 점차 공고해져갔던 상황을 상징적으로 보여준다. 조선문학의 핵심축인 언어를 규제하려는 일본어 전용론과, 조선문학을 일본에 알려서 조선에 대한 인식을 재고시키려는 조선문학붐은 조선과 일본에서 각기 다른 목적을 갖고 전개된 문화적 현상이었다.

해방 이후 이 두 작가가 다시 조우한 것은 1945년 12월 섣달그믐께 봉황각(천도교 연수관)에서 열린 좌담회 「문학자의 자기비판」(『인민예술』, 1946.10)에서였다. 좌담회의 내용만을 가지고 두 작가를 평가할 수 없지만, 이 좌담회에서 김사량은 중국으로부터 조선에 돌아와서 일제 말의 행적에 대해 총괄을 하고 있는 것에 비해 임화는 문학자의 자기비판의 방식에 대해서만 말하고 있다. 이 차이는 해방 이후 일제 말 일본어 창작을 했던 김사량이 직면한 곤란함을 말해주는 것이기도 하다. 임화와 김사량의 접점은 '해방' 전보다는 이후가 더 많지만 이 글에서는 우선 해방 이전의 문학관이 겹쳐지는 것에 초점을 맞췄다.

참고문헌

1. 기본자료

張赫宙,「朝鮮の知識人に訴ふ」,『文藝』, 1939.2.

金史良,「朝鮮文学風月録」,『文藝首都』, 1939.6.

林和,「現代朝鮮文學の環境」,『文藝』, 1940.7.

韓曉,「國文文學問題―所謂用語觀の固陋性に就て(六)」,『京城日報』夕刊, 1939. 7.19.

신두원 편,『임화문학예술전집』4(평론 1), 소명출판, 2009.5.

하정일 편,『임화문학예술전집』5(평론 2), 소명출판, 2009.5.

박정선 편,『언제나 지상은 아름답다－임화 산문선집』, 역락, 2012.7.

2. 단행본

김영식 편,『巴人 김동환 탄생 100주년 기념－작고문인 48인의 육필서한전집』, 도서출판 민연, 2001.8.

문학과사상연구회 편,『임화문학의 재인식』, 소명출판, 2004.2.

임화문학연구회 편,「프로문학 시절의 임화와 문학어로서의 민족어」,『임화 문학연구』, 소명출판, 2009.10.

河田和子,『戦時下の文學と〈日本的なもの〉―横光利一と保田與重郎』, 花書院, 2009.3; 石井知章・小林英夫・米谷匡史 編,『一九三〇年代のアジア社会論―「東亞共同体」論を中心とする言説空間の様相』, 社会評論社, 2010.2.

3. 논문

김예림,「초월과 중력, 한 근대주의자의 초상－일제 말기 임화의 인식과 언어론」,『한국근대문학연구』5-1, 한국근대문학회, 2004.4.

와타나베 나오키,「임화의 언어론－1930년대 중・후반의 견해를 중심으로」,『국어국문학』138, 국어국문학회, 2004.12.

신재기,「임화의 문학언어론 연구」,『한국문예비평연구』19, 2006.

여태천,「기획연재(5) : 민족과 문학－임화의 경우 : 언어의 현실성과 민족어의 가능성」,『민족연구』29, 한국민족연구원, 2007.

윤대석, 「1930년대 말 임화의 언어론」, 『우리말글』 45, 우리말글학회 2009.4.
백지은, 「역설의 일관성-임화의 언어론 연구」, 『동양학』 46, 단국대 동양학연구소, 2009.8.
하정일, 「임화의 민족문학론과 언어론」, 『한국근대문학연구』 23, 한국근대문학회, 2011.4.
곽형덕, 『金史良日本語小説期研究』, 早稲田大学大学院文学研究科, 2014.2.
_____, 「재일조선인 문학자들의 김사량문학 수용과정 연구-1970년대 전후를 중심으로」, 『국제어문』 62, 국제어문학회, 2014.9.
任展慧, 「朝鮮側から見た日本文壇の「朝鮮ブーム」一九三九～一九四〇年」, 『海峡』 12, 1984.3.

임화의 해방 전후

분단과정의 내적 구조

염무웅

1. 임화의 삶에서 물어야 할 것들

주지하듯이 남한에서의 월북 · 납북 · 재북 문인 연구는 김윤식 교수의 선구적인 업적[1]을 예외로 친다면 오랫동안 금기에 묶여 있었다. 반공-냉전체제 하의 정치적 억압이 주된 원인이었으므로 해금(1988)을 계기로 연구가 폭발적으로 활성화된 것은 당연한 결과였다. 임화 연구의 일시적 호황도 그 일환이었을 것이다. 그러나 현실사회주의

1 金允植, 『한국근대문예비평사연구』, 한얼문고, 1973.

의 몰락과 신자유주의의 진전에 따라 최근 20여 년의 상황은 이런 흐름에 분명한 명암을 드러내고 있다고 여겨진다. 정지용 · 백석 · 이용악 · 오장환처럼 작품 자체의 완성도가 높고 이념적 강도가 상대적으로 낮은 경우에는 지속적 평가를 통해 '한국문학사'[2] 안에 점차 편입되고 있는 반면, 과거 카프계열의 작가와 평론가들 대다수는 일반 독자들뿐 아니라 연구자들의 관심에서도 멀어지는 양상을 보이고 있다. 생각건대 임화의 경우에는 위의 양면이 교차하고 있는 듯하다.

일제강점기에 활동하다가 분단 이전에 작고한 문인들, 예컨대 한용운 · 현진건 · 나도향 · 이상화 · 김소월 같은 문인들의 작품을—남북이 함께하는 통일문학사에서든 남북으로 분리된 각각의 문학사에서든— 문학사가 일관된 입장으로 서술하는 데는 별다른 문제가 없을 것이다. 왜냐하면 거기에는 분단체제 특유의 이념적 갈등이 개입할 여지가 적기 때문이다. 또, 분단 이후에 등단한 남한 또는 북조선 작가들을 남북의 문학사가 각각 자기 체계 안에서 다루는 것도 심각한 문제를 일으키지 않을 것이다. 왜냐하면 그것은 기존의 분단현실

2 '한국문학사'에 따옴표를 붙인 까닭은 그 용어가 한반도 전체를 아우르는 자명한 개념이 아니기 때문이다. 일제식민지 시대에 사람들이 우리 문학을 '조선문학'이라고 불렀던 것이나 해방 이후 북한에서 자신들 문학을 '조선문학'이라고 부르는 것은 잘 알려진 사실이지만, 한반도 전체의 현재의 문학 또는 중국이나 일본에서 활동하는 동포작가들의 과거 및 현재의 작품을 오늘 남한에서 무엇이라고 부를지 하는 것은 그렇게 단순한 문제가 아니다. 이 문제에 관해서 필자는 재일작가 李恢成과 徐京植의 발언을 검토하면서 민족문학 · 한국문학 · 조선문학의 개념을 중심으로 약간의 견해를 피력한 바 있다.(염무웅, 『문학과 시대현실』, 창비, 2010, 572~578면 및 염무웅, 『반걸음을 위한 현존의 요구』, 삶창, 2015, 47~49면 참조) 이 글에서는 일제강점기와 해방시기의 우리 문학을 당시의 관행에 따라 주로 '조선문학'이라 부를 것이다.

내부의 사안으로 처리되어 왔고 당분간 그렇게 처리될 것이기 때문이다. 물론 어느 경우에나 문학사적 평가란 정치사회적 이념과 문학예술적 관점의 차이에 따라 당연히 수많은 논란을 불러오게 마련이다. 문학사를 쓴다는 것은 평가를 둘러싼 그러한 논쟁 안으로 들어가는 것을 의미하기 때문이다.

그러나 일제강점기부터 분단 이후에까지 활동이 걸쳐져 있는 문인들은 위의 경우와 사정이 달라서, 예상치 못한 곤란과 쟁점이 개재해 있다고 가정할 수 있다. 물론 염상섭이나 이기영 또는 한설야나 김동리처럼 분단 이전과 이후 사이의 삶과 문학에 낙차가 심하지 않은 경우에는 그런 곤란이 덜할 것이다. 하지만 분단을 계기로 삶과 문학이 심각하게 요동치며 굴곡을 겪었던 문인들의 경우에는 문학사적 서술에서 관점의 일관성을 유지하는 것이 어려울 수밖에 없다. 왜냐하면 그것은 분단 자체에 대한 역사적 판단을 전제하는 작업이기 때문이다. 이태준 · 김남천 · 이원조를 비롯한 월북 및 월남 문인들이 대체로 그러한데, 그중에서도 임화는 아주 전형적인 예라 할 것이다.

이미 공인된 바 있듯이 임화는 1920년대 말경부터 20년 동안 우리 문단의 핵심에서 활동해 왔다. 특히 문학평론과 문학사연구 작업을 통한 그의 발걸음 하나하나는 그 시대의 우리 문학이 당면했던 이론적 과제의 가장 첨예한 부분에 대한 치열한 숙고를 담은 것이어서, 그가 거둔 성과와 실패는 그대로 한국문학의 운명에 직결되는 것이었다고 말할 수 있다. 물론 그는 시인으로서도 상당한 역량을 발휘했다.

카프계 시인들 대부분이 도식적인 구호시를 남발하는 데 그쳐 사실상 문학적 가치를 잃어버린 것과 달리 임화만은 오늘날에도 한 시대의 고뇌를 그 나름의 독창적 언어로 노래한 시인으로서 우리에게 살아남았다. 그런데 안타깝게도 그의 이런 문학적 행로는 8·15해방을 계기로 어찌할 수 없는 격동에 휘말려 비극적인 파산에 이르고 말았다. 어디서부터 어긋났고 무엇이 잘못되었던가. 이 글은 이런 문제의식을 가지고 임화 비극의 내적 구조를 들여다보는 데 목적이 있다. 이를 위해 임화의 시와 이론작업이 해방 전후를 통해 어떻게 일관성을 지켰고 또 어떤 변화의 굴곡을 겪었는지 점검하려고 하며, 그럼으로써 그의 비극이 단순한 개인적 불행이었는지 아니면 우리 모두가 연루된 '역사적 불가피'였는지 여부를 따져보려고 한다.

2. '나는 큰소리로 우는 시인이다'

1935년은 우리 문학사에서 그런 것처럼 임화의 생애에서도 중요한 전환점이었다. 한때 위세를 떨치던 카프가 10년의 공적 생애를 마감하고 그해 간판을 내렸기 때문이다.[3] 하지만 이 무렵의 시와 논문을

3 金允植, 『林和硏究』(문학사상사, 1989, 542면)는 다음과 같이 기록하고 있다 : "카프의 해산은 1935년 5월 21일이다. 당시의 서기장 임화, 문학부의 명목상의 책임자 김팔봉, 실무

읽어보면 카프 해체는 임화에게 돌발적인 것이 아니라 예고된 것이었음을 알 수 있다. 그가 '단편서사시'의 발표로 주목받는 시인의 반열에 올랐던 1920년대 말부터 카프의 지도권을 장악한 1930년대 초에 걸쳐 김팔봉 같은 선배비평가의 논지에 대해서뿐만 아니라 자기 자신의 시에 대해서도 가차없이 비판을 가하면서 문학의 볼셰비키화를 주장했던 것은 어느 정도 알려진 사실인데, 1933년경을 고비로 그의 그런 급진주의적 관점에 점차 변화가 일어나는 것이다.[4] 필자가 보기에 임화의 점진적인 입장변화와 카프 해체를 가져온 정치사회적 압박은 긴밀히 연관된 현상으로서, 그는 외부의 압박에 내적 변신으로 대응해나가고 있었다고 볼 수 있다. 그런데 현실대응으로서의 임화의 변화는 창작과 이론(즉 시와 비평 및 문학사연구)에서 조금 다른 양상으로 전개되는 것 같다. 우선 시의 경우를 점검해보자.

자 김남천에 의해 1925년 8월 23일에 결성된 KAPF는 만 십년을 채 못 채우고 경기도 경찰부에 해산계를 제출하기에 이른다." 한편, 『동아일보』(1935.6.5, 제2면)는 '프로藝術의 總本營 카프 마침내 解體'라는 제하에 다음과 같은 기사를 싣는다: "동대문경찰서 고등계에서는 前 富田 주임과 同 山內 형사가 지난 4월 초순부터 조선프롤레타리아예술동맹의 간부 林仁植씨를 여러 차례 방문하고 그 해체를 권고하여 왔으나, 동 예술동맹에서는 해체를 주저하고 그대로 붙들어 왔었는데, 경찰 측의 해체요구는 여전히 계속되어, 지난 4월 22일에는 맹원들이 집합하여 일대 논의를 거듭한 후 비장한 해체를 결의하게 되어 28일에는 대표 임인식씨의 명의로 解體屆出을 동대문서 고등계에 제출하였다 한다." 그러나 1935년 4월에는 카프의 주요 구성원들이 이른바 '新建設사건'으로 全州 형무소에 갇혀 있어, '맹원들이 집합하여 일대 논의를 거듭'했다는 기사의 신뢰성에 의문이 간다.

4 필자는 「33년을 통해 본 현대 조선의 시문학」, 「1933년의 조선문학의 제 경향과 전망」 등 평론을 중심으로 임화의 비평에서 관념적 미숙성과 도식주의적 과격성이 점차 극복되고 있음을 살펴본 바 있다. 염무웅, 앞의 책, 2010, 98~101면 및 염무웅, 『살아 있는 과거』, 창비, 2015, 261~5면 참조.

1930년대 중반 임화는 폐결핵으로 병원을 전전하고 동거자(또는 부인) 이귀례와도 헤어지는가 하면 카프해체의 강요로 심한 곤경에 처하게 된다. 젊은 시절에는 문단을 향해 무책임할 만큼 강경한 목소리를 발했으나, 지도자의 위치에 올라서자 이제 자기 한 사람의 처신조차 감당하기 힘든 형편에 놓여 있음을 발견했던 것이다. 이 무렵 그의 시는 이러한 위기의 직접적 반영이다.

> 정말로 가시덤불은 무성하여 좁은 앞길을 덮고
> 깊은 밤 날씨는 언짢아, 두터운 암흑이
> 그 위에 자욱 누르고 있다
> 이미
> 자네는 부상한 채 사로잡히고, 나는 병들어 누워,
> 벌써 몇 사람의 진실로 존귀한 목숨이
> 고난에 찬 그 험한 길 위에 넘어졌는가?
> 이제 우리들의 긴 대오는 허물어지고 '전선'은 어지럽다
>
> ―「나는 못 믿겠노라」 부분[5]

시적 의장(意匠)을 거의 갖추지 않은 평면적인 진술이다. '무성한 가시덤불', '좁은 앞길', '두터운 암흑' 같은 비유적 표현들도 일상어의 수

5 발표시기가 분명치 않으나 1935년경의 所作으로 보이며 시집 『현해탄』(동광당, 1938)에 처음 수록됨. 『임화문학예술전집』 1(시), 소명출판, 2009, 105면. 이하 『시』로 약칭.

준이다. “자네는 부상한 채 사로잡히고, 나는 병들어 누워”라든가 “이제 우리들의 긴 대오는 허물어지고 ‘전선’은 어지럽다” 같은 구절도 1935년 카프 상황의 직설적 서술이다. 이런 기술적 평범성에도 불구하고 이 시는 초기 임화 시의 ‘위장된 강경발언’에서 찾아볼 수 없는 그 나름 진실의 울림을 전하고 있다. 임화 시의 서정적 화자가 이처럼 급속도로 위축된 모습을 보이는 것은 그러나 전향 또는 도피의 구실을 찾기 위한 엄살이 아니다. 다음 시는 좀 더 강렬한 표현을 통해 절망을 넘어설 희망의 거점을 모색하고 있음을 보여준다.

> 지금
> 우리들 청년의 세대의 괴롭고 긴 역사의 밤,
> 검은 구름이 비바람 몰고 노한 물결은 산더미 되어,
> 비극의 검은 바다 위를 달리는 오늘
> 그 미덥던 너도 돛을 버리고 닻줄을 끊어,
> 오직 하늘과 땅으로 소리도 없는 절망의 슬픈 노래를 뜯어,
> 가만히 내 귓전을 울린다.
>
> 오오, 이것이 청년인 내 죽음의 자장가인가?

—「옛 책」 부분[6]

---

6 『신동아』, 1935.9; 『시』, 110~111면

이 시의 제목인 '옛 책'은 레닌의 저서 『1905년의 의의』를 가리키는 것으로 명기되어 있다. 시인은 지난날 이 책을 읽으며 '이곳저곳에 굵게' 붉은 줄을 긋기도 하고 '서투른 글씨로 틈틈이 빈 곳에' 메모를 적기도 하면서 열광했었다. 그런데 지금 그는 누추한 병상에 힘없이 누워 찬란했던 기억을 반추하고 있다. 그때의 찬란함은 1905년 러시아에서 그랬던 것처럼 다가올 혁명의 가능성에 대한 벅찬 예감으로부터 발사된 것이었다. 하지만 오늘 이 땅에서 검은 구름은 비바람을 몰아오고 노한 물결은 산더미가 되어 덮치고 있다. 오직 절망의 슬픈 노래만이 소리도 없이 내 귓전을 울리는 듯하다. 이처럼 이 시는 '옛 책'으로 상징되는 어제의 러시아와 병상에 누운 오늘 조선의 대비를 통해 카프해체 직후의 임화의 비극적 시대감정을 침통하게 노래하고 있다. 임화 개인의 서정적 자아인 동시에 임화 세대의 시적 표상으로서 '청년'이 여기 등장하는 것도 눈여겨볼 일이다.

카프해체 이후의 현실을 인식하고 이에 대응해나가는 데 있어 중요한 것은 임화가 비극적 정서의 감상 속으로 한없이 침몰하지는 않았다는 점이다. 시 「안개」는 시적 화자가 시대적 상징으로서의 '안개'의 압도적 위력에 고통 받으면서도 '젊은 가슴에 펄럭이는 희망의 작은 불'을 굳세게 지키고 있음을 분명하게 보여주고 있다.

> 안개여 길가는 손들에게서 눈을 빼어간 너는
> 골짜기 숲 험한 내 그밖에 모든 것을 덮어

그들을 고난의 길 위에 울리면서도
별빛보다 희미한 들창의 빛깔을
단 하나 훔쳐가지를 못 하는구나

너의 회색빛 어둠을 가리고
안개여 세상의 모두를 가져가거라
허나 우리들 젊은 가슴에
한 개 펄럭이는 희망의 적은 불을 과연 가져갈 수 있겠는가

쓰러져가는 시대의 초라한 집
일그러진 들창을 붉게 물들인
한낱 등잔의 엷은 빛깔은
미래! 아침을 향한 단 한 개의 정확한 불빛

안개여…… 휩싸거라
들도 산도 그 위에 들리는 새소리도
그리고 청년의 마음속에 슬픈 기억도
허나 눈물겨웁다! 한 점의 별이 내일의 동혈(洞穴)에서 타고 있나니!

(7.20)

—「안개」 부분[7]

---

7 『조광』, 1935.11; 『시』, 206~7면.

보는 바와 같이 이 작품에는 객관현실의 폭력에 맞서 '미래'라고 하는 '단 한 개의 불빛'을 외롭게 붙들고 있는 식민지 청춘의 초상이 가슴 아프게 묘사되어 있다. 아마 이 시에서 계급투쟁 전선으로부터의 임화의 퇴각지점을 가장 정직하게 나타내는 낱말을 찾는다면 그것은 '눈물겨웁다!'일 것이다. 물론 그럼에도 그의 감상이 단순한 자기위안의 수단으로 되고 있다고 말할 수는 없다. 왜냐하면 바로 이어지는 구절에서 확인되듯이 '청년의 마음속 슬픔'은 슬픔 자체에 머물기 위한 나르시즘의 고백이 아니라 내일의 준비를 위한 동굴 속 불빛이기 때문이다. 요컨대 작품 「안개」는 절망의 탄식을 넘어 고난의 길 위로 울리는 희망의 노래인 것이다. 한 편의 시라기보다 짤막한 에피그램에 가까운 작품 「단장(斷章)」은 그런 결의를 다시 한번 다짐한다.

> 희망을 갖는다는 것은 어려운 일이다
> 더욱이 옳은 희망을 실천한다는 것은……
> 그러나 희망을 버린다는 것은 일층 더 어려운 일이다.
> 비록 죽음이 일체를 무덤 속에 파묻는 때라도……
>
> ―「斷章」 첫 연[8]

이제 임화는 다시 희망의 바다를 향해 항해하기 시작한다. 그리고

---

8 『낭만』, 1936.11; 『시』, 210면.

다음의 시들에 보이는 바와 같이 언어의 색조는 밝아지고 리듬은 빨라졌다.

바다야!
너의
가슴에는
사상이 들었느냐

시인의 입에
마이크 대신
재갈이 물려질 때,
노래하는 열정이
침묵 가운데
최후를 의탁할 때,

바다야!
너는 몸부림치는
육체의 곡조를
반주해라.

—「바다의 찬가」 부분[9]

9 『조선일보』, 1937.6.23; 『시』, 205면.

분노란 청년의 명예가 아니냐
보복이란 생명의 표적이 아니냐

무엇 때문에
통곡하는 마음이 있느냐
한숨에 어린 가슴 위에
흙더미가 내려앉을 때
통곡하는 마음은
그 위에 피는
한 떨기 아네모네리라

어떤 놈이
통곡을
매장의 노래라
비웃느냐
나는 슬플 때마다
개구리처럼 아우성치며
울어대는 반도인의 자손이다
나는 우러나오는
제 소리를
감추지 못하는

큰소리로

우는 시인이다

—「통곡」 끝부분[10]

뒤의 작품 「통곡」은 언제 어떤 지면에 처음 발표되었는지 분명치 않으나 앞의 「바다의 찬가」와 비슷한 무렵에 씌어졌을 것으로 짐작된다. 두 작품의 바탕에 깔린 사상의 움직임이 흡사하고 시전개의 호흡이 유사하기 때문이다. 식민지 현실의 억압적 상황에 대한 비유의 간결성과 적실성, 이런 현실에 맞선 시인의 사명에 대한 단호한 결의, 그리고 폐부를 찌르는 언어의 힘이라는 점에서「바다의 찬가」는 식민지시대 말기를 대표할 만한 명작의 하나라고 생각된다.(임화 시의 이런 측면은 해방 이후의 투쟁과정에서 더욱 예각화되고 다듬어져 그의 많은 선전 · 선동시의 중요한 특징이 되었다) 「통곡」은 이와 다른 차원에서 주목받아 마땅한 작품이다. 이 작품에서 '통곡하는 마음'의 상징으로 '아네모네'가 제시된 것은 시적으로 설득력이 떨어진다. '아네모네'의 이미지로는 '어린 가슴 위에 내려앉는 흙더미'와 '통곡하는 마음'의 처절성을 감당하지 못한다는 것이 분명하다. '어떤 놈이', '개구리처럼 아우성치며' 같은 구절도 더 세련된 또는 더 감성적인 표현으로 승화되어야 했다. 이런 세부적인 아쉬움에도 불구하고 「통곡」은 일제 파시즘의 진군나

10 시집 『찬가』(백양당, 1947)에 처음 수록됨. 『시』, 233~4면.

팔이 조선인의 정체성마저 압살하고자 광분하던 시대에 드물게도 "나는 아우성치며 울어대는 반도인의 자손이다", "나는 제 소리를 감추지 못하는 큰소리로 우는 시인이다"라고 선언함으로써 한 계급의 전위시인이 아닌 민족시인으로서의 자기를 만인 앞에 공표하고 있다. 이것은 이 시대의 임화로서는 보기 드물게 중대한 선언이었다.

3. 역사적 필연의 문학적 체현을 위해

1930년대 후반 일제 전시체제의 강화와 이에 따른 카프해체는 앞에서 살펴본 것처럼 임화의 시에는 일시적으로 감상적 동요와 정서적 침통함을 부여했지만, 이와 달리 이론작업의 측면에서는 오히려 그를 역사적 사유의 길로 본격 들어서게 했다. 박영희 · 김팔봉 등 프로문학의 초기 개척자들이 잇따라 전향하고 해외문학파와 구인회 같은 카프 반대진영이 일취월장 세를 키워 문단의 분위기가 일변하는 가운데 임화는 문학사적 기로에 섰음을 자각하지 않을 수 없었다. 안팎으로 죄어오는 이 위기 앞에서 그는 신문학 20년의 전개과정을 전면적으로 재검토하고 프로문학 10년의 공과를 냉정히 반성함으로써 새로운 방향정립을 모색하게 되었다. 카프해체 이후 처음 발표된 평론 「조선적 비평의 정신」과 「역사적 반성에의 요망」은 「조선 문학의 신정세와 현대적 제상(諸相)」(1936.1~2), 「주체의 재건과 문학의 세계」(1937.11), 「문단적인 문학의 시대」(1938.7), 「사실의 재인식」(1938.8), 「전체주의 문학론」(1939.2~3) 등 후속된 주요논문에 비하면 가벼운 시론에 불과함에도 이미 그의 모색이 어디에서 시작되어 장차 어디로 향할지 예고하고 있다.

「조선적 비평의 정신」[11]에서 임화는 먼저 그동안 우리 비평이 문단 내부와 외부로부터 상반된 평가를 받아왔음을 지적하는 것으로 논의를 시작한다. 즉, 작가들은 대체로 비평에 대해 불만을 토로하는 반면 일반 사회인들 쪽에서는 오히려 지지를 보내는 편이었다는 것이다. 이것은 한 마디로 문학에 대한 미학적 요구와 사회적 요구의 어쩔 수 없는 분리를 말해주는데, 특히 카프비평은 늘 과도한 '정론적 사회적인 조급성'에 지배됨으로써 창작자들로부터 '심미적 배려의 부족'이라는 비난을 받아왔다는 것이다.[12] 이 논문은 이러한 현상에 관해 의미 있는 문제제기를 하고는 있으나 심층적 분석에까지 나아가지는 않고 있다. 그럼에도 한두 가지 중요한 사실이 지적되고 있으니, 가령 당대의 생활현실 자체가 처한 절박성은 생활의 반영인 문학으로 하여금 사회적 성격을 갖지 않을 수 없게 만들고 따라서 비평도 정론성(政論性)을 띨 수밖에 없다는 것, 그리고 '조선적 비평정신의 진실한 건설

11 『조선중앙일보』, 1935.6.25~29; 『임화문학예술전집』 3(문학의 논리), 소명출판, 2009 수록. 이하 『문학의 논리』로 약칭.

12 『문학의 논리』, 550면.

을 달성'하기 위해서는 '산 현실의 객관적 과학적 인식 위에 선 유물론적 미학과 문예과학의 확립의 전제 위에' 서지 않을 수 없다는 점이 강조되는 것이다.[13] 새로운 상황에 처하여 그는 과거 카프 전성기 때와는 다른 문제의식을 갖게 되었고, 이에 따라 문학의 심미적 측면에도 관심을 돌리게 된 것이었다. 그러나 그것은 위에서 살핀 바와 같이 심미주의로의 후퇴가 아니라 유물론적 미학에로의 전진을 통해 예술적 요구와 사회적 요구의 통일을 달성하고자 시도한 것이었다.

이어서 발표된 「역사적 반성에의 요망」[14]은 제목에서 드러나듯 카프해체 현실에 대한 좀 더 본격적인 이론적 대응으로서, 신문학이 오늘의 상황까지 걸어온 과정을 역사적으로 개괄한 논문이다. 글의 모두에서 그는 1930년대 중반 조선 문단에 '조선적' 또는 '민족적'이라는 간판을 내건 복고주의의 유령이 배회하고 있다고 강력히 비판한다. 그러면서 그는 1920년대 염상섭·최서해·이기영의 자연주의 소설과 김석송·주요한·이상화의 낭만주의 시가 그 시대에 요구되는 나름의 '예술적 달성의 고처(高處)'에 이르렀음을 높이 평가하고, 프로문학이야말로 1920년대 자연주의와 낭만주의의 예술적 성취를 더 높은 단계로 계승하고자 한 것이었다고 다음과 같이 주장한다.

---

13 위의 책, 554면.

14 『조선중앙일보』, 1935.7.4~16; 『임화문학예술전집』 2(문학사), 소명출판, 2009 수록. 이하 『문학사』로 약칭.

프로문학은 단순히 20년대의 신문학이 하다 버린 것을 다시 줍거나 그 모두를 부정한 것이 아니라 그 가운데서 그들이 하려고 하다 못한 모든 것을 계승하고 그들이 가지고 있던 모든 부정적인 것과 상쟁(相爭)하면서 높은 형태로 그것을 조직화하고 발전시키려던 것이다. 그리고 이 임무는 조선의 생활적 현실의 발전해나가는 역사적 필연의 문학적 체현(體現)으로서, 그들에게 허락된 무한의 능력 위에 명확히 자각된 방법을 가지고 수행하려고 하였다.[15]

여기에는 임화가 구상하는 신문학사의 기본구도가 이미 얼마간 드러난 셈인데, 이후 그는 「조선 신문학사론 서설」(1935.10~11), 「개설 신문학사」(1939.9~1941.4) 등의 본격연구에서 이 구도를 더 구체화하고 작가와 작품에 대한 세부적 평가들을 그 구도 안에 채워 넣음으로써 이 방면의 개척자적인 업적을 내놓았다. 하지만 그의 목표가 단지 역사적 해석에만 있었던 것은 아니다. 그에게 더 중요한 것은 조선현실의 진실한 표현으로서의 위대한 '예술문학'의 창조였고 그 현재적 주체가 다름 아닌 프로문학이라는 점을 확인하는 것이었다. 그런 뜻에서 그의 비평과 문학사연구 즉 이론작업의 목표는 언제나 현실을 향하고 있었다. 그 점을 그는 이렇게 밝히고 있다.

15 『문학사』, 358면.

우리는 지금 단순한 감상적 회고가 아니라 과학적인 문학사·예술학을 가지고 일체의 복고주의적 유령과 그 환상을 파괴하고 20년에 가까운 '신문학'의 예술적 발전과 그 도달 의 수준을 밝히고, 진실로 명일의 위대한 예술문학 건설에 공헌해야 할 것이다. 이것이 내가 지금 요망하는 문학사적 반성의 가장 큰 이유이다.[16]

거듭된 얘기지만 그가 근대문학사의 청사진만을 가지고 내일의 희망을 외쳤던 것은 아니다. 그의 가슴을 압박하는 것은 무엇보다 카프 해체라는 현실의 위기였다. 임화의 남다른 점은 위기를 '반성'의 계기로 삼아 그것을 새로운 도약의 발판으로 삼았다는 것이다. 앞에서 살펴본 것처럼 시에서는 감상과 동요의 흔적을 적잖이 남긴 것과 달리, 이론의 영역에서는 그는 전선으로부터의 이탈을 막아선 강인한 지도비평의 역량을 발휘했다. 다음의 문장에서 그가 지적한 바와 같이 문학에 가해진 '문학 이외의 요인'의 압박은 적어도 이 무렵의 임화에게는 도리어 '좋은 역사적 반성'의 계기로 전용될 뿐이었다.

과학적 비평의 안광(眼光)을 가지고 조선문예의 현대적 성격을 밝히어 자기 자신의 금일의 자태를 관찰하고 그 역사적 지위를 살려봄에 있어 금일은 한 개 문학 이외의 요인 의 우리 문학 위에 가한 좋은 역사적 반성의 시기인가 한다. 이것을 위하여 우리는 근대 조선문학의 사회사

16 위의 책, 360~1면.

적 또는 정신사적 근원을 밝히고 (근대문학의 직접적 모태인 춘원(春園) 국초(菊初) 등에 대한) 역사적 연구로부터 20년대 신문학의 빛나는 군성(群星)들이 섭 취한 외국문화의 영향을 분석하면서 조선의 진실한 문학성장의 10년사를 밝히는 것은 실로 영예 있는 사업이 될 것이고 이 속에서만 위기의 정확한 인식은 나올 것이다.[17]

이러한 사명감의 확보 위에서 임화는 구한말 이인직 시대부터 이광수를 거쳐 1920년대 염상섭 · 현진건 · 나도향 · 이상화에 이르는 '조선문학의 진실한 성장사'를 정력적으로 밝혀나가는 동시에 식민지 조선문학이 당면한 여러 이론적 문제들에 대해 다양한 견해와 깊이 있는 논리를 체계적으로 구축한다. 이로써 임화는 1930년대 중후반 동안 최재서 · 백철 · 김기림 · 김문집 · 김환태 · 안함광 · 이원조 · 한효 등 다수의 동년배 비평가들과 더불어 한국의 근대 비평문학의 건설자로서 그 가장 활기찬 한 시대를 열었다.

17 위의 책, 370면.

4. 해방의 광장에서

식민지 조선문학은 1940년을 경계로 '암흑기'에 들어선다. 중일전쟁(1937), 유럽전쟁(1939), 태평양전쟁(1941) 등 전 세계가 사상 유례없는 대규모 전쟁에 돌입하는 엄중한 정세 속에서 공적인 자리에서의 우리말 사용이 금지되는가 하면 양대 민간신문인 『동아일보』와 『조선일보』가 강제로 문을 닫고(1940) 한국어 문예지 『문장』과 『인문평론』 역시 폐간이 강제됨으로써(1941) 한글문학은 존립의 기반 자체를 박탈당했던 것이다. 이 압제의 시대에 일부 문인들은 전시체제에 자발적으로 협력했으나, 다수 문인들은 마지못해 행사에 동원되거나 단체에 이름을 걸었고, 일부는 아예 붓을 꺾고 은둔을 택했다. 임화는 협력과 저항 사이에서 불안하게 고뇌한 소극적 다수들 중의 일원이었다. 짐작컨대 일제 말기의 이 상처는 해방 후 임화의 행동과 사고에 심각한 영향을 주었을 것이다.

1945년 8월 15일 정오 일왕의 항복방송이 있었을 때 대부분의 조선인은 그 사실을 알지 못했고 뒤늦게 소식을 접한 사람들도 반신반의했다. 하지만 여운형 등 일부 인사들은 일제의 패망과정을 비교적 정확히 인지하면서 이에 대비한 나름의 준비를 하고 있었다. 그렇다면 임화는 이 역사적 사변에 어떻게 대처했던가. 그가 여운형 그룹처럼 사태의 추이를 깊숙이 알고 있었다는 증거는 찾을 수 없다. 그럼에도 그는 널리 알려진 대로 8월 16일 새벽부터 동료문인들을 찾아다니며 설득하여 17일에는 30여 명이 모인 자리에서 '조선문학건설본부'(문건)를 결성했고, 이틀 뒤인 18일에는 미술·음악·연극 등 다른 장르들과 함께 '조선문화건설중앙협의회'를 조직하였다. 그런데 필자가 위상복 교수의 저서를 통해 뒤늦게 안 사실은 역시 8월 16일에 홍명희·백남운·윤일선·김양하 등 17명을 설립준비위원으로 한 '조선학술원'이 발족되고 9월 3일에는 규장(奎章)이 확정되면서 인문과학과 자연과학을 통괄하는 학술단체로 성립되었다는 것이었다.[18] 조선학술원은 백남운을 위원장으로 하고 이병도·김계숙·신남철·박종홍·최호진·전석담·박치우 등 좌우를 망라한 학자들을 위원으로 받아들여, 이듬해 8월에는 논문집도 발간하고 이어서 학술강좌도 개최했다고 한다.

문건의 주동자가 임화·김남천·이원조·이태준이라는 것은 널리 알려진 사실이다. 해방 직후 임화의 이념적 지향이 좌우통합의 민족문학이었음도 역시 웬만큼 알려진 사실이다. 이념적 차이를 넘어 좌우합작 노선을 지향했던 것은 조선학술원과도 상통하는 점이다. 그렇다면 문건과 학술원 양자의 똑같이 신속한 결성을 매개한 보이지 않는 손이 배후에 있었던 것인가. 혹시 여운형 중심의 민족연합전선 조직인 조선건국준비위원회(건준)와 기맥을 통하고 있었던 것은 아닌가. 이 의문을 풀어줄 만한 자료를 필자는 발견하지 못했다. 다만 분명한 것은 여운

18 金容燮 교수의 저서 『남북 학술원과 과학원의 발달』(지식산업사, 2005)에 의거한 魏尙復, 『불화 그리고 불온한 시대의 철학—박치우의 삶과 철학사상』, 도서출판 길, 2012, 387~391면 참조.

형의 건준도, 임화의 문건과 조선문학가동맹도, 또 백남운의 조선학술원도 해방시기 미 · 소 점령하의 정치상황 속에서 좌우통합 내지 민족연합이라는 애초의 입장을 지켜나갈 수 없었다는 사실이다. 중도통합노선의 좌절 즉 분단국가의 성립은 알다시피 수많은 애국자와 지식인들에게 고통스런 삶과 참혹한 죽음을 선사하였다. 우리 민중이 겪는 오늘까지의 말 못할 고난도 분단에 뿌리를 두고 있음은 물론이다.

일찍이 필자는 임화가 어떤 경위로 박헌영 노선의 추종자가 되었는지 물으면서, 해방 직후 행동에서는 조직을 주도하고 민족문학의 이념을 제시하는 등 기민성 · 포용성을 발휘한 그가 시에서는 조선공산당 가두시위를 소재로 한 작품 「9월 12일」에서 보듯 자책과 회오의 감상적 태도를 보였다고 지적하였다.[19] 그런데 불과 두어 달 뒤에 발표한 논문 「현하의 정세와 문화운동의 당면임무」(『문화전선』, 1945.11)에서 이미 그는 박헌영 혁명노선의 수용을 분명히 드러내고 있다. 그러나 거의 동시에 발표된 시 「길. 지금은 없는 전사 김치정(金致程) 동무에게」(『자유신문』, 1945.11.15)에서는 논문에서와 달리 전투적 구호를 외치기보다 "내면에 파고든 고독과 피로감, 영혼의 심층을 가로지르는 자아의 분열"을 암울한 어조로 읊조린다.[20] 앞에서 분석한 바 있듯이 우리는 카프해체 직후에도 임화가 시와 논문에서 얼마간 다른 모

19 염무웅, 『문학과 시대현실』, 창비, 2010, 70~1면 수록 「죽음을 넘어 시대의 어둠을 넘어」 참조.

20 위의 책, 76면 참조.

습을 보이는 것을 목격하였다. 서정적 주체 내부의 감정의 풍경과 이성적 통제의 영역에 속하는 논리의 세계가 한 인격 안에서 자기분열의 양상을 나타내는 것은 왜인가. 감정과 이성의 일치가 무너질 수밖에 없는 급박한 전환의 시기이기 때문인가. 어떻든 임화는 방금 말했듯이 '조선문학동맹'[21] 결성을 눈앞에 둔 시점에 발표된, 그 발기선언문에 해당하는 것으로 간주될 수 있는 논문 「현하의 정세와 문화운동의 당면임무」에서 박헌영의 8월테제가 제시한 '부르주아 민주주의혁명' 단계론을 받아들였다. 이 논문이 임화 문학이론의 전개과정에서 갖는 의미는 무엇인가.

5. 정치와 문학의 변증법이 말하는 것

먼저 문학에 대한 현실정치의 규정성 문제를 임화가 어떻게 사유했는지 살펴볼 필요가 있다. 그는 논문 「최근 10년간 문예비평의 주조와 변천」(『비판』, 1939.5~6)에서 1930년대 중반 이후의 변화된 문단

21 널리 알려져 있듯이 한설야 · 윤기정 등은 임화의 조선문학건설본부(문건)가 취한 민족통합노선에 불만을 가지고 따로 조선프롤레타리아문학동맹(동맹)을 결성해 계급적 지향이 분명히 했다. 하지만 조선공산당의 요구에 따라 문건과 동맹은 12월 6일 통합성명서를 냈고 일주일 뒤인 12월 13일에는 가칭 '조선문학동맹' 결성식을 가졌다. 그리고 1946년 2월 8일부터 이틀간 열린 '전국문학자대회'에서 '조선문학가동맹'이라는 정식명칭으로 출범하였다.

상황에 직면하여 과거 카프비평의 과도한 정치주의를 반성적으로 회고한다. 변화된 문단상황이란 해외문학파가 득세하고 백철 · 최재서 · 김기림 등 비평가들이 부상하는 상황을 가리킨다. 임화에 의하면 카프시대 문학의 운동이론은 "문학의 일반이론이 아니라 문학권내에 적용되는 정치방침"이었으므로 창작의 실제에 적용되기 위한 것이라기보다 "창작을 통제하고 제작의 결과를 어떻게 운용하는가 하는 (…중략…) 사회적이고 정치적인, 말하자면 문예정책에 관한 것"이었다.[22] 따라서 창작방법론의 제기는 불가피한 것이었는데, 이처럼 프로문단에 창작방법론이 중심주제로 떠오른 것은 문학의 사업에 있어 "근본적인 것은 역시 작품을 만드는 데 있다는 사실에 대한 반성의 표현"이었다. 마침내 임화는 이 지점에서 그것이 "문학이 그대로 정치 가운데 동화될 수 없다는 것을 증명하는 일이었다"고 인정한다.[23] 이어서 그는 다음과 같이 부연함으로써 창작방법론을 논의하는 것 자체가 이미 문학의 독자성에 대한 일정한 자각을 전제로 하는 것이었다고 부르주아 이론가들의 공격에 대항하여 완강하게 프로문학 이론을 옹호한다.

> 그러므로 지금 그때 경향문학을 말하는 사람이나 혹은 그 뒤의 시대에 그때를 비판하는 사람이 정치문학의 시대라고 하나, 그실은 창작방

22 『임화문학예술전집』 2(평론 2), 소명출판 2009, 114면. 이하 『평론』 2로 약칭.
23 위의 책, 114면.

법론이 등장한 시대는 정치만능의 후박 한 운동이론 전성의 시대에 비하여 문학의 독자성에 대한 최초의 자각기라고 보아야 할 시대이나, 앞에 말한 것과 같이 최초의 정치주의는 문예정책 가운데 일체를 함축하려고 했던 운동이론 전성기에 표현되어 있었다.[24]

따라서 임화의 정치주의는 결코 정치 속으로의 문학의 해소가 아니라 문학의 독자성 자체를 통한 올바른 정치의 획득이었다. 아마 이때 발자크 작품에 대한 엥겔스의 리얼리즘적 해석은 정치와 문학의 관계에 대한 임화의 사유에 숨통을 틔워주었을 것이다.

위대한 리얼리스트는 꼭 똑바른 세계관만에 인도되지 아니할 때라도 상당한 정도로 현 실의 예술적 파악이 가능하다는 것이다. 이런 결과 작가에게 철학을 가르칠 것이 아니라 현실을 똑바로 있는 대로 그리는 길을 지시하라는 결과로 되었다. 이것은 예술에 있어 사 실주의적 방법의 우월이란 결론으로 나타났다.[25]

그렇다면 해방시기 정치정세의 전면적 변화 속에서 임화는 정치와 문학 내지 문화의 관계를 어떻게 설정했던가. 한 가지 유의할 사항은 급박하게 전개되는 상황이 그를 단순한 문학평론가로 머물 수 없게

24 위의 책, 114~5면.
25 위의 책, 117면.

만들었다는 사실이다. 어떤 의미에서 이 시기 임화는 문학평론가라기보다 문예정책가이고 정치이론가였다. 따라서 그는 「현하의 정세와 문화운동의 당면임무」(1945.11), 「문학의 인민적 기초」(1945.12), 「조선 민족문학 건설의 기본과제에 관한 일반보고」(1946.6), 「조선에 있어 예술적 발전의 새로운 가능성에 관하여」(1946.7), 「민족문학의 이념과 문학운동의 사상적 통일을 위하여」(1947.4) 같은 논문을 통해서만, 그것도 원칙적이고 일반적인 이론의 수준에서만 자신의 견해를 피력할 수밖에 없었다. 그러나 그럼에도 불구하고 필자가 보기에 방금 거명한 논문들에 나타난 임화의 입장은 1930년대 후반의 그것에서 본질적으로 달라진 것이 아니다.[26] 기조논문이라 할 「현하의 정세와 문화운동의 당면임무」를 중심으로 몇 가지 쟁점만 검토해보자.

임화는 박헌영이 해방 직후 제시한 8월테제 즉 부르주아 민주주의 혁명론이 12월테제 즉 1928년 코민테른 6차대회의 강령을 조선현실로 옮겨온 것임을 알고 있었다. 다만 그에게 문제는 혁명의 담당자가 누구냐 하는 것이었다. 임화는 일찍이 1930년대부터 조선 부르주아 계급의 미발달로 인해 사회주의혁명 이전 단계의 시민혁명의 임무조차 자신의 고유임무와 더불어 프로계급의 어깨 위에 놓여 있다는 이

26 필자는 임화의 해방 전후 시와 문학이론을 비교 분석한 논문들을 많이 구해 보지 못했다. 그런 가운데 장용경 씨의 논문 「해방 전후 林和의 政治優位論과 문학의 독자성」(『역사문제연구』 제24호, 2010)은 중요한 문제에 관해 설득력 있는 논지를 제시하고 있어 큰 참고가 되었다. 하지만 그는 해방을 계기로 한 임화 이론의 단절 내지 변화를 주목한 데 비해 필자는 그 연속성을 중시하는 편이어서 입장이 상반된 셈이다.

중과제론을 설파하였는데, 해방시기의 여러 조건은 "조선의 부르주아혁명을 극히 소수의 진보적 부르주아지와 기타 주로 중간층·농민·노동자계급의 손으로 수행하지 아니할 수 없는 사태에 이르게 하였다"고 인식하였다.[27] 한 마디로 그것은 계급연합론 내지 통일전선론의 역사적 정당성을 입증하는 것이었다. 그런데 그가 관심을 갖는 것은 문화분야였다. 정치와 문화의 관계에 대해 그는 이렇게 말한다.

> 문화운동이 바로 정치운동의 직접의 일환으로 의무를 지는 것은 아니다. 문화의 기능과 그 기능에 적응한 형태로 독자의 임무수행에 종사하는 것이 문화의 투쟁이다. 요컨대 문 화 자체의 문제를 해결함으로써 전체 문제해결에 기여하는 것이다.[28]

즉, 문화가 정치의 직접적 일부로서가 아니라 나름으로 독자적 역할의 수행을 통해 역사발전에 기여한다는 것이 해방 이전이나 이후 임화의 일관된 주장인 것이다. 물론 그는 어느 때나 문학과 문화의 독자성이 절대적인 것이 아니고 전체 현실과의 관계 속에서 상대적으로 독립적인 존재라고 생각했다. 따라서 해방을 계기로 새로운 현실이 조성되고 정치권력의 성격에도 근본적 변화가 일어났으므로 문화의 자세도 달라지지 않으면 안 된다. 그런 차원에서 그는 문화적 순수주의

---

27 『평론』 2, 359면.
28 위의 책, 361면.

내지 방관주의가 이제 지양되어야 한다고 주장하는 것이다. 즉, 문화에 있어서의 사상적 무관심 또는 순수주의는 "일본의 강압 하에 있었을 때는 거기에 대한 정치적 무관심이라고 생각할 수 있으나, 전 민족이 완전해방과 국가독립을 위하여 투쟁하지 아니하면 아니 될 현재에 있어서는 반동적 역할을" 할 수도 있음을 알아야 한다고 그는 말한다.[29] 그러면서도 그는 강조하기를 잊지 않는다.

> 정치가 모든 생활관계의 집중적 표현이란 말이 지금처럼 사실화되어 나타날 시기라는 것은 극히 드물다. 그렇다고 문화를 곧 정치의 한 수단에 불과하다고 생각한다면 왕년의 과오를 되풀이하는 것이다.[30]

양쪽에서의 편향 즉 카프시대의 과도한 정치주의와 일제 말의 부득이했던 순수주의를 극복하는 동시에 해방시기 조선의 역사적 단계에 적응하여 제시된 임화의 문학이념이 다름 아닌 '근대적인 의미의 민족문학'[31] 이라는 것은 잘 알려진 사실이다. 그러나 안타까운 것은 당시의 현실적 조건 속에서 그의 민족문학 이념과 실천이 결국 파탄에 이르고 말았다는 사실이다.

---

29 위의 책, 366면.
30 위의 책, 368면.
31 「조선 민족문학 건설의 기본과제에 관한 일반보고」(『건설기의 조선문학』, 조선문학가동맹, 1946.6)에서 제시된 명제. 『평론』 2, 412면.

6. 이성이 몰수된 시대에

대체로 임화는 1945년 10월경에 박헌영 노선에 합류했을 것으로 추측되는데,[32] 이 선택은 이후 그의 행동과 운명에 결정적 영향을 미쳤다. 박헌영의 삶과 사상은 아직 충분히 연구되었다고 보기 힘들고, 특히 1946년 미군정에 의한 조선공산당 불법화와 그의 월북 및 이후의 행적은 더욱 미스터리에 싸여 있다. 예컨대, 1946년 9월의 박헌영 월북사건만 하더라도 역사학자 김기협은 흔히 알려진 것과 다른 시각에서 해석한다. 즉, 공산당 전국조직을 장악하기 위해서는 서울에 머물러야 하지만 소련의 지원을 확보하여 김일성과 경쟁하기 위해서는 평양으로 갈 수밖에 없었는데, 미군정의 체포령은 울고 싶은 아이 뺨 때려준 격이었다는 것이다. 따라서 박헌영과 미군정 핵심부 사이에 그의 월북에 관한 어떤 교감이 있지 않았을까 하는 것이 김기협의 추론인데,[33] 이것은 박헌영의 미제간첩혐의와 관련해서도 중대한 문제 제기이다. 어떻든 미군정의 반동정책과 공산당 탄압 및 친일파의 득

32 임화가 언제 어떤 경로로 박헌영 노선을 따르게 되었는지 필자는 밝히지 못했다. 그러나 어쨌든 그가 조선공산당에 합류한 뒤에도 박헌영의 정치행로를 기계적으로 추종했던 것은 아니라고 여겨진다. 박헌영은 1945년 12월 12일 重慶 임시정부(金九) 측과의 합작협상이 실패하자 우익을 배제하고 좌익진영만으로 조직을 재구성하려고 했는데, "이는 사실상 민족통일전선을 폐기한 것이나 마찬가지였다."(조한성,『해방 후 3년』, 생각정원, 2015, 77면) 그러나 임화는 1947년「민족문학의 이념과 문학운동의 사상적 통일을 위하여」를 발표하는 시점에서도 적어도 표면상으로는 민족통일전선 노선에 대한 미련을 놓지 않고 있었다.

33 김기협,「『박헌영 트라우마』 서평에 대한 반론」,『프레시안』, 2013.5.24 참조.

세에 실망한 많은 청년-지식인들이 이 무렵 북으로 넘어갔고, 이런 와중에 임화는 점점 더 과격한 행동주의자로 변모해갔다.

이제 임화에게는 합리적 사유에 기반한 문학이론의 전개가 불가능한 시대로 되었다. 태평양전쟁 발발부터 8 · 15까지 그랬던 것처럼 1947년경부터 1953년 죽음까지의 기간은 그에게는 외부현실에 의해 이성이 몰수된 시대였다. 오직 남은 것은 투쟁의 현장에서 비명처럼 내지르는 선전–선동시의 창작뿐이었다. 하지만 선동시의 면에서 임화는 한국시의 역사상 전무후무하게 비상한 재능을 발휘하였다. 해방 초기 그의 시에는 잠시지만 앞서 지적했듯 정신적 소외와 육신의 피로에 지친 듯한 짙은 우울감이 바닥에 깔려 있었다. 그러나 「발자욱」(『적성』, 1946.3), 「헌시」(『건설』, 1946.1), 「3월 1일이 온다」(『자유신문』, 1946.2.25), 「나의 눈은 핏발이 서서 감을 수가 없다」(『현대일보』, 1946.5.1), 「깃발을 내리자」(『현대일보』, 1946.5.19) 등의 작품으로 이어지면서 그는 심장을 흔드는 격정적 리듬, 폐부를 찌르는 날카로운 비유, 선명하고 단호한 언어 등에 의해 선동시의 최고경지를 개척하였다. 당시 남한의 수많은 청년-학생과 대중이 그의 시에 열광한 것은 너무도 당연한 반응이었다. 한 토막만 읽어보자.

노름꾼과 강도를
잡던 손이
위대한 혁명가의

소매를 쥐려는
욕된 하늘에
무슨 깃발이
날리고 있느냐

동포여!
일제히
깃발을 내리자

—「깃발을 내리자」 첫 부분[34]

하지만 상황은 날로 더 급박해져갔다. 1946년 10월 대구를 중심으로 소위 인민항쟁이 발생하고 각처에서 파업투쟁이 전개되자 그의 시는 그 자체로서 적나라한 투쟁의 무기가 되었다. 시 「우리들의 전구(戰區)」는 철도파업 총본부인 용산 기관구에서 지원활동의 일환으로 쓴 작품이고, 「높은 산 봉우리마다」는 10월항쟁을 격려하려고 발표한 작품이었다. 그러나 이제 더 이상 합법적 신분의 유지가 어려워지자 그는 김남천과 함께 1947년 11월 월북을 결행하였다. 이후 6·25 전쟁을 거쳐 처형되기까지 임화의 나머지 일생은 문학 본연의 세계로부터 추방되는, 몰락과 파멸의 과정이었다.

34 『현대일보』, 1946.5.19; 『시』, 264면.

돌이켜보면 이 시대에 수많은 사람들이 불의의 죽음을 당했다. 지식인으로 범위를 한정해 몇 사람만 거명해 보더라도 국문학자 김태준과 철학자 박치우는 북에 남을 수 있는 처지였음에도 굳이 월남하여 비운을 맞았고, 북으로 넘어간 임화 · 김남천 · 이원조도 터무니없는 혐의를 쓰고 처형되었다. 박영희 · 정지용 · 김기림 기타 다수 문인들은 북에도 남에도 기록이 없어 의문부호(?) 속으로 실종되었다. 박치우에 관해 최초의 두툼한 연구서를 출간한 위상복 교수는 그 책에서 "박치우의 생애를 되돌아볼 때 풀리지 않는 의문의 하나는 그가 왜 임화나 이원조처럼 북에 남지 않고 스스로 총을 들고 남하하여 유격투쟁에 뛰어들었을까 하는 점이다"라고 쓰고 있다.[35] 학자로서 제대로 재능을 피워보지도 못하고 비명에 횡사한 데 대한 안타까움이 배어있는 의문이다. 하지만 북으로 올라갔든 남으로 내려왔든, 또 문인이었든 학자였든 그들이 맞이한 파멸의 비극에는 어떤 용서할 수 없는 정치권력의 불의가 개재해 있다고 느끼지 않을 수 없다. 사실 김태준과 박치우는 말년의 행적에 비슷한 데가 많다. 두 사람 다 일제 말 중국으로 망명했다가 해방 직후 10월에서 11월 사이 서울로 돌아왔다. 귀국 도중 북한을 거쳤기에 거기 남을 수도 있었으나 김일성의 정치적 성향에 실망하여 남행을 택했다고 한다. 두 사람 다 박헌영의 신임이 두터워, 김일성과의 회담을 위한 박헌영의 평양행에 수행한 적이 있

35 위상복, 앞의 책, 474면.

다. 어쨌든 김태준은 1949년 9월 남로당 특수 정보부장의 신분으로 체포되어 사형언도를 받고 11월 처형되었으며, 박치우도 같은 1949년 유격대에 정치위원으로 참여했다가 11월 태백산전투에서 토벌대에 의해 사살되었다. 위상복 교수가 탄식했듯 그들이 임화나 이원조처럼 북에 남았다면 어찌 되었을까. 그것은 임화나 이원조가 남쪽에 남았다면 어떤 운명이 기다리고 있을까를 묻는 것과 똑같이 괴로운 가정이다. 아마도 비극은 피할 수 없었을 것이다. 설사 처형을 피했다 하더라도 죽음보다 못한 모욕적인 삶이 그들 앞을 가로막았을 것이다. 이태준 · 백석 · 이용악, 그 밖의 많은 문인들의 말년이 보여주는 삶이 바로 그런 것이다. 적어도 이승만이나 김일성 같은 철두철미 마키아벨리스트적인 분단주의자가 집권에 성공하는 조건에서는, 그리고 그 성공을 미국과 소련이 보장하는 한에서는 계급연합적 민족통합 노선의 실패 즉 통일자주국가의 좌절은 불가피했다고 보아야 한다. 임화의 운명은 그 불가피 안에서 결정된 것이었다.

해방 직후 소설에 나타난 지식인의 감정구조
지하련의 「도정」을 중심으로

이양숙

1. 살아있는 의식, 감정구조

감정구조(the structure of feelings)란 레이먼드 윌리엄스(Raymond Williams, 1921~1988)가 『영화서설』(1954)에서 처음으로 채택한 후 『기나긴 혁명』(1961)과 『마르크스주의와 문학』(1977)에서 발전시킨 독창적 개념이다. 그것은 세계관이나 이데올로기 이전의, 혹은 지배적인 이데올로기의 체계적인 공식화에 반발하면서 후속 세대가 새롭게 표출하기에 이른 감정과 충동의 즉각적인 세계를 나타낸다. 이 개념을 통해 윌리엄스는 공동의 생활방식을 소유하는 개인들의 내적 경험을 특징화할 수 있다고 보았다.[1] 그것은 아직 공식적인 언어로 분절되기 이전의 경험이기 때문에 '감정'인 것이며, 비록 '태아적 국면'에 있기는 하나 단순한 개인적 혼돈이 아니라 엄연히 사회적 매커니즘과의 관계 속에서 형성되는 경험이므로 '구조'이다. 그러므로 감정구조를 포착하는 작업은 경험의 직접성을 회복하는 것이자 동시에 사회적 내용을 복구하는 의미를 갖는다.[2]

감정구조가 논의의 대상으로 삼고 있는 것은 충동, 억제, 경향 등이 지닌 특징적 요소, 특히 의식과 여러 관계가 지닌 특수한 정서적 요소로 이것은 생각과 對比되는 감정이 아니라 느껴진 생각(thought as felt)이고 생각된 느낌(feeling as thought)이다. 다시 말해 이는 살아 있으면서 끊임없이 서로 작용하는 현재적인 것에 대한 '실천적 의식(practical consciousness)'을 말한다.[3] 실천적 의식은 이미 사회적으로 용인된 '공식적인 의식(official consciousness)'에서는 포착될 수 없는 것이다. 공식적 의식은 과거적인 것과 관련되어 있기 때문이다.[4] 윌리엄스는 어떤 시기

1 정태진, 「레이먼드 윌리엄즈의 "감정구조" 연구」, 『영어영문학연구』 26권 1호, 대한영어영문학회, 2000, 333면.

2 레이먼드 윌리엄스, 이현석 역, 『시골과 도시』, 나남, 2013, 608면.

3 레이먼드 윌리엄스, 박만준 역, 『마르크스주의와 문학』, 지만지, 2013, 268~269면.

4 예를 들어 초기 빅토리아 시대의 이데올로기는 가난, 채무, 불법적 행위로 야기되는 불명예를 사회적 실패나 일탈로 간주했으나, 찰스 디킨즈, 에밀리 브론테 등에서 드러나는 동시대의 감정구조는 불명예와 고립을 하나의 일반적 상황으로 간주하고 가난이나 채무, 불법행위를 이와 관련된 실례로 간주했다. 이런 불명예를 사회적 질서의 성격과 연결시킨 대안 이데올로기는 나중에 가서야 일반적 분위기로 형성되었다. 그리고 그 이데올로기가 설명을 제공했을 때는 이미 긴장이 완화된 다음이었다. 사회적 설명이 충분히 받아들여진다는 것은 체험된 두려움과 수치심의 강렬함이 이제는 분산되고 일반화된다는 것을 뜻한

에 하나의 새로운 감정구조가 浮上하는 것은 신흥 계급의 형성과 관련되거나 한 계급 내부의 모순이나 분열, 변화와 연관된다고 보았다.[5]

이 글은 레이먼드 윌리엄스의 '감정구조' 개념을 활용하여 해방 직후 지하련 소설에 나타난 '지식인의 감정구조'를 분석하고자 한다. 섬세한 심리묘사가 장기인 지하련은 일제 말기부터 해방 직후 시기 소위 진보적 지식인 내부의 자기모순과 이들 사이의 심리적 거리 혹은 결별을 냉정한 시선으로 다룬 바 있다. 이와 같은 심리의 기저에는 명분과 실리, 위선과 욕망이 뒤엉켜 있는데 이것은 '진보적 지식인'의 '분화'와 밀접한 관련이 있는 것으로 판단할 수 있다. 이 시기 여성작가의 예리한 관찰에 의해 포착되었던 지식인의 '감정(feeling)'은 김남천이나 채만식의 자기고발이나 냉소, 풍자와 달리 작품의 표면에 직접 드러나 있지는 않지만 주인공의 복잡한 심리를 이해할 수 있는 토대가 된다. 지하련은 남편, 오빠, 활동가, 아내, 결혼한 부부, 전향자와 행동가 등 등장인물의 심리에 주목하였는데 이 심리는 이들의 다양한 감정에서 연유하고 있기 때문이다.

'감정구조'를 중심에 둘 경우 가질 수 있는 장점 중 하나는 '남성 / 여성'의 시각 혹은 개인사를 중심으로 한 관점에서가 아닌 한 사람의 독립된 작가로서의 지하련과 마주할 수 있다는 점이다. 일반적으로 지하련 소설은 크게 세 가지 경향으로 구분되어 왔다. 일제 말기 결혼과

다. 레이먼드 윌리엄스, 박만준 역, 『마르크스주의와 문학』, 지만지, 2013, 274면.

5 위의 책, 275면.

연애의 문제를 다룬 「결별」 삼부작과(「결별」, 「산길」, 「가을」), 일제 말기 지식인의 고민을 다룬 세 작품(「체향초」, 「종매」, 「양」), 해방 직후의 「도정」이 그것이다. 첫 번째와 두 번째 경향은 섬세한 여성심리와 남성의 허위의식을 비판하고 있는 것으로, 「도정」은 조선문학가동맹의 노선과 관련하여 각각 분석되어 왔다.[6] 그 결과 임화와 지하련의 개인사가 작품 해석의 관건이 되거나,[7] 여성 작가라는 점이 강조되어 '여성성'이나 '아내의 서사',[8] 여성만이 포착할 수 있는 남성(진보적 지식인)의 허위의식, 심리주의적 경향 등에 주목하는 연구가 이루어졌다.[9] 기존 연구의 탁월한 성과에도 불구하고 지하련을 '여성'작가나 '임화의 아내' 혹은 '사회주의자들의 동생'으로 선규정하기 이전에 한 시대의 '경험'을

6 지하련의 작품세계에 대해 서재원(2008)은, 처음에는 자유연애와 결혼 제도의 문제에서 시작하였지만 고뇌하는 관념주의자와 행동주의자 문제로 나아갔으며 이후 혁명적 프롤레타리아와 비판적 소시민 문제로 그 영역을 넓혀갔다고 보았다. 지하련에 대한 주요 연구로는 김윤식(1989), 이동하(1988), 서정자(2004), 안숙원,(2002), 박찬효(2008), 장윤영(1886), 권성우(2013), 박지영(2011), 손유경(2013), 류진희(2013) 등의 연구를 들 수 있다.

7 류진희는 지하련과 이선희의 월북이 남편인 임화와 박영호라는 특출한 남성의 의지로 해석된 점, 그들 작품이 여성성을 중심으로 식민지 시기에 한해 우선적으로 읽혀온 점을 비판하였으나 지하련과 이선희가 '여류'에서 '좌파'로 전신한 과정을 드러내는 과정에 주목한다는 점에서 본고와 초점을 달리한다. 류진희, 「월북 여성작가 지하련과 이선희의 해방 직후」, 『상허학보』 38, 상허학회, 2013, 279~280면.

8 서정자, 「지하련의 페미니즘 소설과 '아내의 서사'」, 『지하련전집』, 푸른사상, 2004.

9 지하련에 대한 손유경의 탁월한 분석은 실로 「도정」에 대한 새로운 해석을 보여주었다고 평가할 수 있을 것이다. 그럼에도 아쉽게 느껴지는 점은 남성 / 여성의 틀을 고수함으로써 여성을 '진보적 지식인'의 외부에 두고 있다는 점이다. 일제 말에도, 해방 직후에도 그리고 그 이후에도 오랫동안 한국사회에서 '진보'의 '내용'이 치열하게 사유되지 않았다는 손유경의 명제에 동의하면서도 그 명제의 증명을 위해 여성 주체를 또 다시 '지식인'의 외부에 놓은 것이 아닌가 라는 의문이 드는 것도 사실이다. 손유경, 「해방기 진보의 개념과 감각 -지하련을 중심으로」, 『현대문학의 연구』 49, 한국문학연구학회, 2013.

치열하게 다룬 한 사람의 작가로 평가하는 연구가 드물다는 점을 지적하지 않을 수 없다. 일반적으로 「결별」 삼부작은 백철, 서정주, 최정희의 회고와 관련되어 임화부부의 가정사를 소재로 한 작품으로, 「체향초」 삼부작은 지하련의 이복형제들과 남편 임화를 소재로 하였다는 점이 작품해석의 관건으로 간주되어 왔기 때문이다. 한편 해방기를 대표하는 소설 중 하나로 손꼽히는 「도정」은 작품의 중요성에 비해 의외로 연구가 많지 않다. 이태준의 「해방전후」(1946)와의 비교를 통해 '진보적 지식인의 내면과 고뇌'에 주목한 권성우의 연구에서도 '자기성찰'이 중심에 놓일 뿐 작품의 다양한 측면은 거의 다루어지지 않고 있다.[10] 지하련에 대한 작가론적 연구에서도 「도정」에 대해서는 대부분 당대의 평가와 크게 다르지 않다고 할 수 있다. 최근 지하련 소설이 "진보적 남성 지식인의 일제 말기와 해방기 행적을 단절과 비약이 아닌 연속과 지속의 차원에서 조명하는 보기 드문 시선"을 갖추었다고 논했던 손유경의 문제제기처럼[11] 지하련 소설은 여전히 몇 겹의 시선에 둘러싸여 그것에서 벗어나지 못하고 있는 것으로 보인다.

이 글은 지하련의 마지막 작품인 「도정」을 해방 직후 지식인의 '감정구조'라는 측면에서 접근하고자 한다. 주지하듯이 해방 직후는 국내외 정치세력 간 각축이 치열했던 시기로 각 세력 모두 한치 앞의 미

10 권성우, 「해방 직후 진보적 지식인 소설의 두 가지 양상」, 『우리문학연구』 40, 우리문학연구회, 2013.

11 손유경은 「도정」에 대한 '조선문학가동맹'의 심사평이 그 이후 지하련 소설의 다양한 독법을 오히려 가로막고 있는 것처럼 보인다고 지적한 바 있다. 손유경, 앞의 글, 153면.

래를 기약하기 어려웠다. 그간 '조선문학가동맹'의 비평과 이 계열의 작품에 대한 연구는 이와 같은 상황을 정치하게 고려하기보다는 남로당의 문화노선이라는 다소 '공식적인 의식'을 전제하고 이를 작품평가의 근거로 삼은 것이 사실이다. 그러나 미소공동위원회의 결렬(국외세력)이나 좌익의 삼당합당(국내세력)과정만을 보더라도 이와 같은 '공식적인 의식'(강령, 성명서, 정치노선 등)이 현실의 복잡성과 얼마나 거리가 있었는지 짐작할 수 있다.[12] 요컨대 해방 직후는 그들이 지향하고자 했던 입장과 실제 현실과의 괴리가 극심했던 시기라 할 수 있다. 그것은 어떤 측면에서는 이 시기 일반 대중의 감정구조가 '친일 / 반일'의 구도를 내포하고 있는 '해방' 그 자체에 머물러있다는 점에서 기인하는 것인지도 모른다. 그러나 해방 직후의 조선이 2차대전 이후 새롭게 냉전체제를 구축하고 있었던 미국과 소련의 아시아적 각축장이었음을 생각하면 이 시기는 '친일 / 반일'이라는 구도보다는 '단일국가 건설'이 보다 중요한 과제였을 것이다. 그렇다면 단일국가 건설의 과정에서 전자의 문제가 논해져야 했음은 물론이다.

지하련의 「도정」은 해방 당일인 8월 15일부터 시작되는 (구)사회주의자의 생생한 고뇌를 통해서 '공식적인 의식'으로는 미처 포착될 수 없었던 당대인의 감정구조를 섬세하게 보여준다. 이는 윌리엄스가

12 미소공위의 성립과 결렬과정에 대해서는 남광규, 「미소공위와 미소의 조선임시정부 수립대책」(『국제정치논총』 47집 3호, 한국국제정치학회, 2007)을, 좌익의 삼당합당과 남로당의 성립과정에 대해서는 김남식, 「조선공산당과 삼당합당」(『해방전후사의 인식』 3, 한길사, 1989)을 각각 참고할 것.

설명하고 있는 것처럼 "고정된 형태를 통해서는 전혀 논의될 수 없는, 아니 사실상 인식조차 될 수 없는 경험들"[13]이라 할 것이다. 윌리엄스는 일반적으로 용인되는 해석과 실천적 경험 사이에는 번번이 긴장관계가 조성된다고 보았다. 이 긴장이 명시적 형태로 드러나지 않을 경우 그것은 불안감이나 중압감, 또는 일종의 대체나 잠재적 형태로 존재하기도 한다. 그것은 비록 확정적으로 규정되고, 분류되고, 합리화되기 이전이지만 이미 체험과 행위에 뚜렷한 압력과 효과적인 제약을 발휘하는 것이므로 '사회적' 체험으로 간주되어야 한다는 것이다.[14] 이런 변화를 일컫는 '감정구조'는 한 시대의 '사회 성격'과 짝을 이루는 개념이다. 이 글에서는 지하련 소설에 나타난 지식인의 '감정구조'를 통해 문학적 상상력으로 재구성된 해방 직후 한국사회의 양상과 그 의미를 고찰해보고자 한다.

2. 정치와 도덕의 갈림길에 선 공산주의자

「도정」(『문학』, 1946.7)이 다루고 있는 것은 해방을 맞이한 (구)사회주의자들의 삶이다. 「도정」은 이들이 어떤 삶을 살아왔으며 해방이

---

13 레이먼드 윌리엄스, 박만준 역, 『마르크스주의와 문학』, 지만지, 2013, 265면.
14 위의 책, 268면.

된 지금 어떻게 살아야 할까를 다룬 작품이라 할 수 있다. '조선문학가동맹'의 기관지인 『文學』 창간호에는 지하련의 「도정」과 이태준의 「해방전후」가 나란히 발표되었는데 「해방전후」의 경우 작품 말미에 창작일을 1946년 2월 25일로 밝히고 있는 것이 눈에 띈다. 이태준과 달리 지하련은 창작시점을 別記하지 않았으나 잡지의 마지막에 실린 「편집여묵」을 통해 「도정」의 창작시점을 짐작해볼 수 있다. "현실에 있어 이번 창간호는 原稿를 蒐集하기 始作하야 三個月이 걸렸스며 印刷에 廻附되여 두달이 걸리여 겨우 畢하게 되었습니다. 이러한 좋지 못한 餘件밑에 우리는 出版을 强行하고 있는 것입니다."[15] 잡지의 인쇄일이 7월 10일, 발행일이 7월 15일로 기록되어 있으므로 위의 내용으로 미루어 볼 때 잡지의 편집이 완료된 시점은 5월 초순으로, 작품이 수집된 시점은 빠르면 2월 늦어도 4월 말로 추정된다. 그러므로 「도정」은 1946년 초, 늦어도 4월 이전에 창작된 작품이다.[16]

지하련의 일제 말기 작품과 비교했을 때 두드러지는 점이 있다면 우선 '다양한 감정'이 자유로이 표출되고 있다는 점,[17] 둘째 모든 것—

15 「編輯餘墨」, 『文學』 창간호, 조선문학가동맹, 1946. 7, 197면.

16 작품이 창작되었을 것으로 추정되는 1946년 초의 상황은 어떤 것이었을까? 1월 8일 미소공위 예비회담을 시작으로 미국과 소련은 1946년 5월 6일까지 총 24회의 회의를 진행하고 있었다. 1945년 12월 결정된 신탁안에 대한 우파의 결사반대를 예상하지 못한 미국은 우파가 아닌 중도파 중심의 좌우합작을 모색하게 된다. 미군정은 좌파 내 중도파를 '비상국민회의'에 참여시켜 우파를 강화시키면서 극좌파를 배제하려 했다. 1946년 2월 14일 이승만, 김구 중심의 민주의원이 결성되고, 이튿날인 15일 좌익의 민주주의민족전선이 결성된 것은 좌우파 모두 자신들의 세력을 확장하는 것이 무엇보다 중요했기 때문이다. 그러므로 이 시기 공산당의 입장에서는 극좌의 이미지를 벗는 한편 자신들의 세를 확장하는 것이 긴요한 문제가 되었다. 남광규, 앞의 글, 130면.

심지어 개인적 고민조차도—이 '사회적인 차원'에서 고민된다는 점,[18] 셋째 공산당이 공공연히 등장하여 '절대적인' 존재로 부각된다는 점일 것이다. 이 세 가지는 모두 일제 말과 다른 해방 직후 사회의 특징을 보여주는 것일 터인데 이와 같은 사회성격은 당시 사람들의 감정구조와 맞물려 독특한 풍경을 만들어낸다. 특히 해방을 맞이한 (구)사회주의자들의 감정구조를 뛰어나게 포착하고 있는 것으로 석재가 '공산당'을 두고 떠올린 다음과 같은 환영을 들 수 있다. 이 장면은 「도정」에서 가장 중요한 장면일 뿐 아니라 해방기 소설을 통틀어 가장 인상적인 장면 중의 하나라 할 수 있는데 그 이유는 이 짧은 내용 속에 '공산당'에 대한 당시 사회주의자들의 '비공식적 의식'이 집약되어 있기 때문이다.

> 잠간 시선이 어데가 머무러야 할지, 눈앞이 아리송송 한 게, 골치가 지끈 지끈 아프다. 눈을 감었다. 순간, 머리ㅅ속에서 독갑이처럼 불끈 솟는 "괴물"이 있다. —"공산당"이었다.— 그는 눈을 번쩍 떴다.
>
> 다음 순간 이 괴물은, 하늘에, 땅에, 강물에, 그대로 맴을 도는가 하니,

17 석재를 만난 '김'이 감격하여 흘리는 눈물, 작품의 곳곳에서 표현되는 '석재'의 다양한 감정, 해방의 기쁨을 표현하는 거리 모습에 대한 묘사 등 '감정의 표출'은 일제 말에 발표된 작품에서는 거의 드러나지 않았다.

18 지하련의 일제 말 소설에서 지식인들의 개인사는 거의 드러나지 않으며 고민의 내용도 구체적으로 토로되지 않는다. 그러나 「도정」에서는 이들의 과거는 물론 비록 석재에 한해서이지만 고민의 내용도 상당히 길게 서술되어 있다. 그러나 그의 모든 고민은 사회(당, 동료, 민중)에 대한 것이 전부로 실제 생활이나 개인적인 부분은 거의 표현되지 않는다.

원간 찰거머리처럼 뇌리에 엉겨부터 도시 떠러지질 않는것이었다. — 생각하면 긴— 동안을 그는 이 괴물로 하여 괴로웠고, 노여웠는지도 모른다. 괴물은 무서운 것이었다. 때로 억척같고 잔인하여, 어느곳에 따뜻한 피가 흘러 숨을 쉬고 사는것인지 알 수가 없었다. 그러나 귀 막고 눈 감고 그대로 절망하면 그뿐이라고, 결심할때에도, 결코 이 괴물로부터 해방될수는 없었다. 괴물은 칠가치 어두운 밤에서도 화—ㄴ이 밝은 단 하나의 "옳은 것"을 진이고 있다. 그는 믿었다. —옳다는— 이 어데까지 정확한 보편적 "진리"는 나뿌다는 —어데까지 애매한 륜리적인 가책과 더부러 오랜동안 그에겐 크다란 한개 고민이었든것이다.[19]

주인공 석재는 8월 15일 오전, 마침 서울에 가기 위해 도착한 기차역에서 일본의 패망을 고하는 방송을 접한다. 서둘러 서울에 온 그는 예전에 학생사건으로 알게 된 '김'의 집에 머물지만 해방의 감격보다는 초조감, 허탈증, 두려움, 쓸쓸함 등 남다른 감정을 느끼는 자신 때문에 괴롭다. 표면적인 원인으로는 일제 말 자신의 행적에 따른 '양심'의 가책 때문이지만 더 중요한 것으로는 그가 '공산당'에 대한 태도를 아직 정리하지 못했기 때문이다. 위의 인용은 모두가 저마다 자기 일을 찾아가는 시기에 자신만이 행동에 나서지 못한다는 괴로움에 싸여 있던 석재에게 떠오른 환영이다. 여기서 중요한 것은 석재에게는 공

19 지하련, 「도정」, 『文學』 창간호, 조선문학가동맹, 1946.7, 59면.(이하 인용 면수만 표시)

산당에 대한 입장을 결정하는 문제가 전재민의 참혹한 모습에서 실감할 수 있는 '일제의 패망' 그 자체보다도 더 근본적이고 중요했다는 점이다. 일제의 패망 소식에 석재가 별다른 감격을 보이지 않은 이유는 패망 즉 해방이 기쁘지 않아서가 아니라 이제 자신이 무엇을 해야 할 것인가, 공산당과 나의 관계를 어떻게 맺어야 할 것인가에 대한 고민이 더 시급했기 때문이다. 그 이유는 '보편적 진리'라는 말 속에서 찾아볼 수 있다. '공산당'이란 "칠같이 어두운 밤에서도 화─ㄴ이 밝은 단 하나의 옳은 것을 지니고" 있다는 것이다. 이런 점에서 「도정」은 '해방'이 일본이라는 '공공의 敵'에서 벗어난다는 의미를 가질 뿐만 아니라 '공산당'이라는 절대적인 대상과 본격적으로 마주해야 하는 사건임을 보여준다. 그러므로 「도정」은 '공산당'의 절대성이 해방을 맞아 공개적으로 천명되는 작품이라는 의미를 갖고 있다.

석재는 "나를 떠난 정성과 정열을 바쳐보구 죽고" 싶어 하는 젊은이이다. 그의 고민은 이와 같은 정열이 오직 '공산당'을 통해서만 가능하다는 데 있었다. 그러나 일제 말 그는 모종의 사건으로 재판을 받고 보석으로 풀려난 이후 6년 동안 아무 일도 할 수 없었다. 공산당이 마치 '괴물'이나 '돕갭이'와 같은 환영으로 떠오른 이유는 여기에 있다. 자신이 그(진리)를 위해 헌신하지 못했기 때문이다. 즉 자신은 오랫동안 "진리(공산당)"를 외면해 온 者라는 데 고민이 있었던 것이다. 그러므로 "귀 막고 눈 감고 (…중략…) 절망하면 그뿐이라고" 생각해도 그로부터 벗어날 수 없었다는 것은 석재 개인의 것이면서 동시에 과거 사회주의자로 활동하다가 불시에 해방을 맞이한 모든 사회주의자들이 공통적으로 떠올린 감정이라 할 수 있을 것이다. 여기에는 양면적 의미가 있다고 볼 수 있다. 먼저 과거 자신은 진리의 추종자였다는 자기긍정과 자부심, 다음으로 한동안 그것을 추구하지 못했다는 자기 부정의 감정이 그것이다.

해방의 감격보다도 '당'의 조직을 우선해야 했다는 것은 어떤 의미를 지니고 있는가? 이를 이해하기 위해 당시 조선문학가동맹의 서기장이었던 김남천의 평론을 참조할 수 있을 것이다. 김남천은 1946년 7월 『文學』 창간호에 발표된 평론 「창조적 사업의 전진을 위하여—해방 후의 創作界」에서 해방 직후부터 1946년 초까지 이루어진 창작을 비판적으로 검토하고 있다. 그는 거의 모든 작가가 '안이함'에 빠져 치열한 작가정신을 모색하지 않고 있음을 질책한다. 이 글에서 김남천은 8·15의 의의가 단지 왜적이 이 땅에서 물러난 날('해방')에 있지 않고, 수백 년 만에 찾아온 '하나의 래디컬한 변혁'에 있다는 것을 강조하는데 여기서 '래디컬한 변혁'이란 바로 정치적 자유를 확립하려는 투쟁, 곧 혁명을 의미한다.[20] 즉 모두가 일제로부터 해방되었다는 감격에만 빠져 있다면 그래서 그 이후 건설해야 할 새로운 정치체

20 한나 아렌트는 혁명의 과정은 서로 완전히 다른 두 단계로 진행된다고 보았다. 하나는 예속에서 벗어나기 위한 투쟁(해방)이며 또 다른 하나는 정치적 자유를 확립하려는 투쟁(자유)이다. 여기서 아렌트가 말하는 정치적 자유란 새로운 정치체제를 형성하는 것을 의미한다. 중요한 것은 '해방'이 진정한 정치적 자유를 위한 첫 단계이지만 그 자체로만 추구될 때 혁명은 실패한다는 점이다. 이에 대해서는 이양숙, 「허준의 「잔등」에 나타난 소비에트 인식과 정치의식」, 『한국현대문학연구』 39, 한국현대문학회, 2013 참조.

제에 대한 구상을 소홀히 한다면 수백 년 만에 찾아온 변혁의 기회가 무산될지도 모른다는 것, 문학가동맹 소속 작가들은 이를 작품 속에 담아내지 못하고 있다는 것을 비판하고 있는 것이다. 이런 점에서 공산당에 대한 석재의 조급함과 중압감은 당시 사회주의자들의 이중적 감정구조를 정확하게 보여주고 있다. 하나는 김남천이 공식적으로 천명하고 있는 것처럼 '래디컬한 변혁'에 대한 당위와 실천의 시급함이며, 다른 하나는 '칠같이 어둔 밤'의 시대에 그럼에도 빛을 발하고 있던 '당'과 달리, 자신들은 당을 외면했다는 것에 대한 불안과 공포이다.

그렇다면 자신이 헌신해야 할 '당'은 어떻게 조직되어야 할 것인가? 이 문제는 '기철'과의 관계를 통해 전개된다. 이 작품에서 기철은 마치 앞서 살폈던 사회주의자들의 무의식, 즉 당은 신성하며 윤리적으로 흠결이 없는 이상적인 것이라는 관념을 완성하기 위해 동원된 것처럼 보인다. 그만큼 기철은 도식적 인물이다. 석재가 생각하는 기철은 원칙적으로는 공산당과 가장 거리가 먼 자이지만 실제로는 공산당의 '내부'에서 조직을 장악하고 있는 자이다. 정통 사회주의자의 입장에서 볼 때 기회주의의 전형이라 할 기철에 대해 작가는 그 어떤 변명도 허용하지 않는다. 시종일관 기철은 '내부의 적'에 걸맞은 뻔뻔한 인물로 그려져 있다. 문제는 기철 자신은 그렇게 생각하지 않는다는 것이다. 기철의 '논리'는 다음과 같다.

"자넨 어찌 생각할지 모르나, 정치란 다르이. (…중략…) 지하에나 해외에있는 동무들을 제처 두고, 어떻게 함부로 당을 맨드느냐고 할지 모르나, 그러나 이 동무들은 아직 나타나지 않고, 일은 해야 되겠고, 어떻건 담, 조직을 해야지. 이리하여 일할 토대를 닥고 지반을 맨드러 놓는 것이, 그 동무들을 위해서 우리들의 떳떳한 도리가 아니겠느냐 말일세—" 하고, 말을 끊었다.

기철은 조금도 꿀릴데가 없는 얼굴이었다.

그는 뭔지 그저 쾽-해서, 이야기를 듯고 있노라니, 야릇하게도 이 「동무」란 말이 새삼스럽게 비위에 와 부다친다. 참 히안한 말이었다. 어제까지 고루거각에서 별별짓을 다허든 사람도 오늘 이말 한마디만 쓰고, 손을 잡고 보면, 그만 피차간 "일등공산주의자"가 되고 마는 판이니, 대체 이 말의 조화ㅅ속을 알길이 없다기보다도, 십년 이십년, 몽땅 팽개첫든 이 말을, 이제 신주처럼 들고 나와, 꼭 무슨 험집에 고약이나 부치듯, 철석 올려 부치고는, 용케도 넹큼 넹큼 불러대는 그 염체나 배ㅅ심을 도통 칭양할 길이 업었다.[21](강조는 인용자)

위의 인용에서 표면적으로 드러나 있는 것은 기철에 대한 석재의 반감이지만 더 중요한 것은 이를 통해 석재가 생각하는 '공산주의자'의 조건이 제시된다는 점이다. 먼저 기철의 말 중에 유의해야 할 것은

---

21 65면.

'정치'라는 단어이다. 석재는 기철이 '조금도 꿀릴 데가 없는 얼굴'을 하고 있는 것에 기막혀 하지만 기철이 그처럼 당당한 이유는 그가 '공산당'을 '정치조직'으로 이해하고 있었기 때문이다. 기철은 '정치'를, 석재는 '도덕성'을 각각 내세우고 있는 셈이다. 그러므로 석재도 기철도 모두 서로에게 당당하다. 기철의 논리에 따르면 정치는 일을 하는 것이다. 석재에 따르면 공산당은 신성한(윤리적인) 곳이다. 두 논리는 평행선을 달릴 뿐 접점을 만들 수 없다. 두 사람 다 '동무'라는 말을 사용하지만 기철에게 '동무'란 함께 일을 하는 사람들이고, 석재에게는 십 년 동안 보지 못해도 눈으로 통하고 "뭔지 가슴이 철석"하게 만드는 도덕적인 사람들, 지하에서 해외에서 활동하면서 끝까지 변절하지도 생활에 매몰되지도 않은 소수의 사람들을 의미한다.

그렇다면 기철만이 변한 것일까? 그렇다고 할 수만은 없다. 아니 오히려 기철은 해방 전이나 후나 일관된 모습을 유지하고 있는 데 반하여 석재는 해방 후에 현격하게 달라졌다고 할 수 있다. 석재의 변화를 잘 보여주는 부분이 기철에 대한 호칭이다. 석재와 기철은 해방 전에는 서로를 '친구'로 부르며 술을 취할 때까지 마시고 속마음을 나누는, 서로에게 위로가 되는 사이였다.[22] 해방 전 기철은 자신을 '부랑자'로 부르면서도 "광산을 한다고 돈을 두룸박처럼 차고" 내려와 석재

22 「도정」에서 해방 전 석재가 기철과의 술자리에서 양심의 가책을 고백하는 장면은 무려 4페이지에 걸쳐 상세히 설명된다. 이때 장면의 도입부에서—인물소개 차원에서—'기철'이라는 이름이 3번 언급될 뿐 대화를 나누는 내내 기철은 '친구'로 호칭된다.(작품의 49~52면 참조)

와 곧잘 어울렸던 것이다. 그 시절에는 석재 역시 기철과 마찬가지로 자기 자신을 힐난했을 뿐 자신의 외로움을 알아주는 기철을 비판하지는 않았다. 그러나 일제 말에는 '전날 친구'로 불리던 기철이 해방 후에는 '기철', 혹은 '기철이란 인간' 등 중립적인 호칭으로 불리고 그와 대조적인 인물로 '동무'(민택, 강, 김)라 부를 수 있는 사람들이 내세워진다. 특히 '기철이란 인간'이라는 말에는 기철과 자신, 기철과 '동무'들 사이의 거리감이 거리낌 없이 노출되어 있다. 석재는 불과 얼마 전까지 '전날 친구'로 부르던 그를 '기철이라는 인간'이라고 모멸적 어조로 고쳐 부르면서 기철에 대한 부정적 감정을 부각시키고 있다. 기철에 대한 석재의 태도가 이처럼 급변한 것에 대해 작품에서는 별다른 설명을 하지 않는다. 아마도 이는 당대인의 생활감각에서는 아주 당연한 것으로 생각되었기 때문일 것이다. 즉 해방 전에는 석재와 기철이 모두 비슷한 부류로 분류되어 석재의 고민은 '고백병'이나 '결벽증' 정도로 간주되었고, 기철의 실리추구도 어쩔 수 없는 것으로 용인되었다면, 해방 후에는 석재는 자기비판을 해야 하는 자로, 기철은 기회주의자로 비판되고 있음을 보여준다. 사회주의자들에 대한 그 시대의 감정구조가 이와 같이 변화되었기 때문이다.

기철과 석재는 정치와 도덕성이라는 각기 다른 중심을 가진 공산당을 그리고 있으며 이들은 서로 이해하려는 노력을 기울이지 않는다. 공산당과 공산주의자를 두고 석재와 기철은 마치 선과 악의 대결 구도를 갖추고 있는 것처럼 그려진다. 석재에 의해 기철은 일방적으로 매도될 뿐이며 기철의 심리나 조건, 당과 조직에 대한 생각은 구체적으로 다루어지지 않고 있다. 이는 「도정」에 등장하는 사회주의자의 세 유형(석재 / 기철 / 민택, 강, 김) 중 석재의 '변화'에 작품의 초점이 있음을 보여준다. 석재는 기철을 바라보면서 "이런 사람이 영예로워지면 질수록 흉악해지"리라 예감하는데 이것은 몇 년 후 사실로 드러난다. 당을 오로지 정치(권력)로만 생각하는 사람들에 의해 임화를 비롯한 일군의 사회주의자들이 죽음을 맞이하지 않았던가? 기철을 대타항으로 선택함으로써 석재는 자신이 생각하는 공산당의 도덕적 우월성을 증명해야 하는 상황에 이르렀다. 그것은 공산주의 이념에서 드러나는 것일 터인데 석재의 외로움과 공포는 여기에서 기인한다.

3. 빈 가방과 입당원서

당(이념)의 선택을 삶에 대한 도덕적 선택으로 엄격하게 적용하는 석재는 해방 직후 '친일(악)과 반일(선)'이라는 일반적인 감정구조를 공산당(공산주의자) 내부에서 반복하고 있는 것으로 보인다. 그러나 놓치지 말아야 할 부분은 고민의 내용이다. 앞서 공산당에 대한 석재의 이미지가 괴물, 도깨비인 연유를 논한 바 있다. 그것은 공산당을 절대적인 존재로 상정하는 석재가 기준에 미달하는 자신의 상황을 고민하는 과정에서 생성된 이미지였다. 여기서 알 수 있는 것은 석재가 말하는 공산당에는 공산주의 이념과 공산당의 조직이 모두 포함되어 있다는 사실이다. 이에 비해 기철은 이념과 조직을 분리해서 생각한다. 즉 석재는 양자를 구분하지 않고 있으며, 기철은 양자 중에서 전자에는 관심이 없고 후자를 강조한다고 할 수 있다. 모든 정치활동이 불법이던 시절 조선공산당은 소수의 전위당이 되어야 했다. 석재가 생각하는 공산당은 그와 같은 것이다. 그러므로 석재가 '당'에 대해 고민할 때 그것은 당의 이념에 대한 고민도 병행하고 있는 것이다. 그러므로 석재가 공산당이 절대적이라고 말하는 것은 공산주의 이념의 절대성을 말하는 것이기도 하다.

공산주의 이념에 대한 석재의 고민은 '빈 가방'의 이미지로 등장한다. 즉 공산당은 마치 '괴물'처럼 자신에게 들러붙어서 무엇인가를 끊임없이 요구하는데 자신에게는 빈 가방밖에 없다는 그것이 석재가 고민하는 내용이다. 작품 초반부에 나오는 '빈 가방'은 마치 공황상태에 빠진 것과 같은 석재의 정신 상태를 상징적으로 보여준다. 서울로 가기 위해 정신없이 기차역에 들어선 석재는 거의 세 시간이나 일찍 도착한 셈이라는 것을 깨닫고 비로소 자신의 몰골을 들여다보는데 그것은 영락없는 '군청고원'의 모습이었다. 석재에게 군청고원의 모습을 떠올리게 한 물건은 바로 자신이 들고 있던 '낡은 가방'이었다.

가방도 이제 낡엇는지 빠작빠작, 가죽이 맛닷는 소리도 없이, 흡사 무슨 보퉁이를 내두루는 늑김이다. 역부러가슴을 내밀고 팔을 저어 거리면서, 이래뵈두 이 가방으로 대학을 나왓고, 바로 이속에 비밀한 출판물을 넣고는 서울을 문턱가치 단인적도 있지않었드냐고, 우정 룽쪼로 은근히 기운을 도두어 보았으나 그러나, 생각이 이런데로, 미치자, 그는 이날도 유쾌하지가 못하였다. 도라다보면, 지난 륙년동안을 아무리 "보석"으로 나왓다 치구라도, 어쩌면 산사람으로 그렇게도 죽은듯 잠잠할수가 있었든가 싶고, 또 이리되면 그 자신에 대하여 어뜬 알수없는 렴쯩을 늑긴다기보다도 참 용케도 흉물을 피우고 기인 동안을 살어왓다 싶어, 먼저 고소가 날 지경이다.[23]

한때 그는 이 가방으로 대학을 다녔고, 또 그 가방 안에 '비밀한 출판물'을 넣고 다녔던 때가 있었던 것이다. 그러나 현재 그 가방은 비어 있다. 석재는 지난 육 년 동안 아무 준비도 하지 못한 상태이기 때문이다. 작품 전반에 걸쳐 나타난 석재의 다양한 '감정'은 앞서 설명한 바와 같이 부정적인데 그 이유는 이처럼 '진리' 앞에 설 자격이 없는 초라한 자신의 몰골에 있었다. 석재의 '빈 가방'은 지난 육 년 동안의 '공백'을, 이념의 결핍을 상징하는 이미지이다. 이 결핍으로 인해 석재는 우울하다. 만일 석재에게 이 결핍이 없었다면 공산당이 '괴물'

23 49면.

로 보이지 않았을 것이다. 즉 '괴물' 이미지는 보이지 않는 명령이 있어 자신에게 끊임없이 가방을 채울 것을 요구했으나 자신이 그것을 외면했다는 자괴감에서 오는 허상이기도 하다. 이런 의미에서 석재의 우울함은 고립에 대한 공포에서 오는 것이라 할 수 있다. 새롭게 시작되는 당의 활동에서 자신만이 배제될지 모른다는 불안감, 그것이 공포로 다가온 이유는 자신이 자격미달이라는 생각에도 불구하고 석재 자신이 당을 떠나서는 살 수 없다고 생각하기 때문이다.

석재는 과거와 변함없이 활동하는 '민택', '강', '김' 등에 대해서는 세밀한 관찰의 시선을 들이대지 않는다. 기철과 마찬가지로 그들은 변하지 않은 사람들이기 때문이다. 변한 것은 오직 자신뿐이며, 그것은 온통 비어있는 정신, 그로 인한 외로움, 얼울함과 초조감으로 표현된다. 이처럼 '빈 것'에 대한 인식은 일제 말 소설에서는 찾아볼 수 없었던 내용이다. 비록 공산주의 이념 그 자체에 대한 깊이 있는 탐구는 이루어지고 있지 않지만 한때 '공산주의자'였던 석재 자신이 현재는 '이념적으로' 아무런 준비를 못한 상태라는 사실을 이토록 솔직하고 적나라하게 드러내는 이 부분이 「도정」에서 빛나는 장면이다. 결과적으로 석재는 입당원서를 제출함으로써 당원이 되는 것에는 성공하지만 자신이 내적으로 추구했던 도덕성과 이념을 갖춘 당원(혁명의 전위)이 되기에는 실패한다. 그러나 자신을 '소부르좌'로 기입함으로써 발전할 수 있는 가능성을 열어두었다. 석재의 길고도 끈질긴 고민은 이로써 해결되는 것처럼 보인다.

여기에는 해방 후 세대만이 가질 수 있는 '공산당'에 대한 독특한 반응이 드러난다. 공산당을 찾아가는 석재의 생각을 통해 서술된 것처럼 일제 말의 사회주의자들에게 공산당은 소수의 전위만이 활동할 수 있는 전위당으로 '엄숙하고 무서운' 존재였으나 이제 당은 '소부르좌'인 자신까지를 포함해서 함께 일해야 하는 어떤 곳(합법적 대중정당)이 되어야 했다. 석재가 막상 공산당 건물 안에서 기철을 만나서는 함께 일하자는 그의 요구를 끝내 거절하지 않고 새롭게 '입당원서'를 썼던 이유도 여기에 있다. 8월 15일 바로 그날 자신의 '빈 가방'에 자괴감을 갖고 공산당이라는 '괴물'—엄숙하고 무서운 절대적 존재—로부터 시달림을 받았던 석재는 이제 합법 정당인 공산당에 새롭게 입당 원서를 제출하기에 이른 것이다.

이것은 앞서 언급한 것처럼 해방 후 정세의 변화와 이에 따른 사회주의자들의 감정구조의 변화를 예민하게 포착한 것이기도 하다. 비합법시대의 공산당이 '전위당'이었다면 해방 이후에 공산당은 전위당의 성격에서 벗어나 대중정당으로 변신해야 했기 때문이다. 실제로 해방 후 조직된 좌익정당인 조선공산당(1945.9.11), 조선인민당(1945.11.12), 남조선신민당(1946.2.5)은 좌익 정당이면서도 전통과 이념, 혁명에 대한 입장, 추진세력의 설정 등에서 각기 달랐지만 중요한 정책과 노선에서는 공동보조를 취해 1946년 2월 15일 민주주의 민족전선을 결성하고, 삼상결정의 실천을 위한 공동투쟁을 전개했다.[24] 1946년 5월 제1차 미소공동위원회가 무기 휴회되자 좌익 3당은 단일정당을 위한 노력을 기울여 1946년 11월 남로당을 결성한다. 이는 당시 조선공산당이 계급정당(전위당)이 아니라 대중정당으로 전환해야 했음을 보여준다.[25] 기철과 석재의 대립은 석재가 기철을 수용하되 자신을 '소부르좌'로 '심판'하는 것으로 매듭을 짓게 되는데 이는 얼마 후 공식화될 당시 정치상황의 변화가 현실보다 조금 앞서 작품으로 민감하게 수용되었음을 보여준다.

4. 자기성찰에서 공산당으로

석재를 비롯한 사회주의자들에게 가장 중요한 것은 먼저 당원이 되는 것, 쉽게 말해 '동무'로 인정받는 것에 있었다. 그러나 일제 말기를 거치면서 국내에 거주했던 대부분의 사회주의자들은 자신들이 기준으로 삼고 있는 것만큼 높은 수준의 도덕성을 갖출 수 없었다. 그런 의미에서 당 건설의 주축은 "지하에 있거나 해외로 갔을 투사들"이 되어야 했지만 실제로는 기철이 말하고 있는 바와 같이 "일할 토대를 닦

24 조선공산당과 인민당은 혁명성격을 부르주아민주주의혁명으로 규정했으나 혁명의 동력 설정에서는 달랐다. 조선공산당이 노동자, 농민, 도시소시민, 인텔리로 설정했던 것과 달리 인민당은 양심적 자본가와 지주까지를 포함시켰다. 신민당은 연합성 신민주주의혁명으로서 자본가, 지주도 반제국주의면 동력이 될 수 있다고 규정했다. 김남식, 앞의 글, 140면.

25 위의 글, 175면.

고 지반을 맨드러 놓는 것"이 떳떳한 도리라 주장하는 행동가들이 그 역할을 담당하게 되었다. 기철에 대해서는 사회주의자가 갖추어야 할 원칙을 따졌던 석재 자신도 초조감을 느꼈다. 이때 석재에게 공산당에서 활동할 수 있는 계기를 마련해주는 것은 바로 '노동자계급'으로 표현되는 민중들의 행동이다. 해방의 소식이 전해진 직후 석재에 의해 관찰된 민중들은 무기력하고 무능한 모습이었다. 일본의 패망 방송을 듣고 '덴노우헤이까'가 불쌍하다고 눈물짓는 소년은 어려서 그렇다 치더라도 정거장에서 해방 소식을 들은 많은 사람들 역시 "입속에 기이한 외마듸ㅅ소리를 웅얼거릴 뿐, 얼이 빠진 듯 (…중략…) 너무 긴장한 나머지의 얼골이라기보다는 기맥히게 어처구니 없는 얼굴"을 하고 있는 사람들이다. 이에 대해 석재는 별반 말이 없는 사람들이 "꼭 바보갔었다—"고 표현한 바 있다.

노동자들의 상황은 더 심각한 것으로 설명된다. 상경 후에도 '김'의 집에서 자신만의 고민에서 벗어나지 못했던 석재가 드디어 '김'과 "함께" 집을 나선 이유는 '김'으로부터 '큰일이 났다'는 소식을 들은 직후이다. 직물공장과 철공장에서 활동하는 '김'에 따르면 현재 공장일대의 분위기가 심상치 않다는 것이다. 우선 일본인 공장주의 부도덕한 의도로 인해 모든 생산물이 홍수처럼 쏟아져 일반 시민들은 가장 파괴적인 방법으로 사리만을 도모하고 있다는 것, 이대로 방임하다가는 그들이 개량주의자가 될 위기에 빠질지 모른다는 것이다. 또 당 중앙에서 내려온 책상물림의 젊은이들이 개인의 정열로 활동하고는 있으나 그들은 노동자라면 그대로 우상화하는 경향이 있어 문제라는 것이다.

"그래, 김은 어델 관계하고 있는 중이오?"

"조일직물과 一二三 철공장인데 뭐보다도 기게를 뜯어 없애는데는 참 딱해요. 대뜸 —우리는 제국주의 치하에서 착취를 받었으니 얼마든지 먹어 조타는 거거든요. —"

"…… '자계급'이 승리를 헌때라야 말이지, 또 승리를 헌 때래두 그렇게 먹는게 안이고……. 아무튼 큰일낫구려. ……그러다간 로동자 출신의 뿌르조아 나리다. —"

두사람은 어이없이 웃었으나, 사실은 웃을 일이 안이었다. 뭘루 보나 로동자의 진집한 투쟁은 실로 이제 부터라 할 것이었다. 지도자가 맥없이 로동자를 우상화 한다거나, 그 경제적 리익을 옹호해야 된다구해서, 그들의 원시적 요구의 비위만을 마추어 준다는것은, 로동자 자신의 투쟁력을 상실케 하는 것 이외 아무것도 안이었다.[26]

위에서 언급되는 '일본인 공장주의 부도덕', '가장 파괴적인 방법', 노동자의 '개량주의화', '우상화', '노동자 출신의 뿌르조아', 노동자의 '원시적 요구', '투쟁력의 상실' 등 온갖 기계적 표현은 석재가 그리고

26 「도정」, 62면.

그가 속한 공산당이 왜 대중정당이 되어 시급하게 사업에 뛰어들어야 하는지를 설명해주는 근거가 된다. 이 장면은 노동자를 관념적으로 사유했던 여타의 텍스트와 달리 노동자에 대한 환상을 품지 않는 것이라기보다는[27] 오히려 자격지심 때문에 입당을 주저하던 석재가 입당원서를 제출할 수 있도록 결정적인 계기를 제공해주는 장면으로 보인다. 즉 석재는 한편으로는 기철을 다른 한편으로는 노동자들을 각각 비판적으로 바라봄으로서 자신이 당원이 되어야 한다는 하나의 근거를 마련하고 있는 것이다. 결국 그는 먼저 자신의 '빈 가방'을 채워 넣어야 한다는 내적 고민 때문에 행동을 주저하다가 당장 눈앞에 닥친 사업을 감당해야 한다는 현실적 요청에 응답한다. 앞서 지적한 바와 같이 해방 후 공산주의 정당의 운영은 일제 강점기와 달라져야 했다. 석재나 기철은 이를 명백하게 '공식적인 의식'으로 떠올릴 수는 없었지만 사건이 진행됨에 따라 이와 같은 흐름에 자연스럽게 동참하게 되었다. 이런 의미에서 「도정」은 해방을 맞이한 국내 사회주의자들의 입장을 가장 자연스러운 방식으로 대변해주고 있는 텍스트인지도 모른다.

한편 지하련의 「도정」에 대한 조선문학가동맹의 평가는 다음과 같았다.

> 八.一五 直後 國內에서 勃興한 民主主義 運動에 있어서 良心의 問題를 취급한 거의 유일한 작품으로서, 새로운 朝鮮文學이 창조하여 나갈

27 박지영, 「혁명가를 바라보는 여성작가의 시선」, 『반교어문연구』 30, 반교어문학회, 188면.

人間의形象의 한 境地를 開拓하고 있으며, 心理描寫 및 人物의 形象化에 있어 表示된 作者의 비범한 資質과 더불어 우리들 가운데 있는 小市民性의 陰影을 感知하는 鋭敏한 感覺은 注目에 값하는 것이다. 그陰影을 誇張함으로써 作家自身이 期하지 않고 小市民性에 對한 一種의 偏愛를 하였었다. 그리하여 主題의 時代性과 表現의 稠密에도 불구하고 主人公의 現實性이 減殺되고 作品全體의 事實性及藝術的迫力이 不足하여졌다.[28]

공식적인 의식과 실천적 의식을 구별하고 있는 레이먼드 윌리엄스의 말을 빌리면 위에 인용된 조선문학가동맹의 평가는 '공식적인 의식'에 해당한다고 할 수 있다. 이 공식적 의식은 「도정」이 '소시민성의 음영'을 과장하여 '일종의 편애'를 하고 있다는 판단을 내리면서 그 결과 "주인공의 현실성이 감쇄되고 작품전체의 사실성 및 예술적 박력이 부족"하였다고 꼬집고 있다. 이와 같은 평가는 작품이 발표된 지 9개월 후인 1947년 4월에 나온 조선문학가동맹의 '공식적인' 입장인 셈이다. 그 평가의 이면을 헤아리기 위해 남로당의 결성과정을 살펴보면 흥미로운 점을 발견할 수 있다. 앞서 지적한 바와 같이 조선공산당, 남조선 신민당, 조선인민당의 삼당합당과정은 좌익의 세력을 분열시켰다. 박헌영의 재건파는 인민당의 여운형이나 신민당의 백남운

28 「一九四六年度 文學賞審査經過及決定理由」, 『文學』 3호, 조선문학가동맹, 1947. 4, 56면.

을 배제시킨 상태로 조선공산당재건파 중심의 3당 합당을 주장하였다. 그 결과 공산당은 추진파와 대회파로, 인민당은 48파(무조건 합당파)와 31파(여운형 지지파)로, 신민당은 중앙파와 반간부파로 나뉘어 좌익정당이 3당 6개 파벌로 분열되었고 이중 추진파와 48파, 중앙간부파가 남로당을, 대회파와 31파, 반간부파가 사회노동당을 결성하게 된다. 그런데 삼당합당 과정에서 "극소수의 반동분자를 제외한 모든 민주주의자들을 성의 있게 영입해야 한다"고 주장한 것은 인민당의 여운형이었다.[29] 여운형은 남로당과 사로당이라는 두 개 노동당의 준비위원장으로 있으면서 무슨 방법을 쓰더라도 양 당을 하나의 대중정당으로 합동시키려 하였으나 실패하였고 결국 47년 4월 근로인민당을 결성하게 되었다.[30] 박현영계에 속했던 조선문학가동맹은 남로당 노선에 충실하였으므로 여운형의 입장을 대변하는 것과 같은 기철과 석재의 연합을 옳은 노선으로 인정할 수 없었을 것이다. 앞서 설명한바 1946년 8월 3일 여운형이 합당 제안 시 밝힌 "합동의 방법 및 원칙"에 '원칙적인 찬성'을 하였음에도 박헌영 계는 조선공산당 재건파 중심의 무조건적 합당을 추진하였고 이는 여운형과 백남운의 배제에서 드러나는 것처럼 좌익 진영내부의 강경파가 재집결하는 것으로 귀결되었기 때문이다.

---

29 여운형이 1946년 8월 3일 제안한 합동의 방법 및 원칙에 대해서는 김남식, 앞의 글, 150면을 참고할 것.

30 여운형은 1947년 7월 19일 암살되었고 미소공동위원회가 결렬됨으로써(1947년 10월 18일 1,2차 미소공위 공식 결렬) 근로인민당은 거의 활동하지 못했다. 위의 글, 150~174면.

앞서 검토한 바와 같이 해방 직후 석재가 나아간 길은 자기를 성찰하면서 동시에 자신이 공산당원으로 일할 수 있는 명분을 찾는 것이었다. 기철과 노동자계급은 '생존'에 충실하다는 공통점을 갖고 있다. 이들과 석재의 차이는 여기에 있다. 그러나 과거에도 현재에도 '공산당'과의 관계를 통해 자신의 정체성을 유지하려했던 석재의 '변화'는 당시 이들에 대한 '이념적 우월성'을 주장하는 것보다도 이들을 포용하는 광범위한 세력의 결집이 보다 긴요했음을 보여준다. 이런 의미에서 「도정」은 당시 공산주의자의 갈등과 자기모순, 좌파 내부의 고민을 치열하게 보여주는 작품이다. 긍정적인 측면은 그 고민이 치열했다는 점이고 부정적이라면 그 고민이 지나치게 적나라했다는 점이다. 조선문학가동맹의 '해방기념조선문학상'이 이태준에게 수여될 수밖에 없었던 이유는 여기에 있다. 이태준의 「解放前後」(『文學』, 1946.7)는 비공산주의자였던 작가 현이 남로당의 외곽단체였던 조선문학가동맹에 합류하는 과정을 보여주는 작품이기 때문이다. 이는 당시 좌익이 그들의 '공식적인 입장'과 달리 '당'의 차원에서는 강경파 위주의 조직을, '조선문학가동맹'과 같은 당의 외곽단체에서는 광범위한 세의 결집을 추구하고 있었음을 말해준다.

레이먼드 윌리엄스는 '감정구조'를 세계관이나 이데올로기와 같은 체계적, 형식적 의식 형태와 구별해서 사용하였다. 이는 일상적 삶의 경험에서 나오는 것으로 우리에게 지대한 영향을 미치는 것이지만 개념화하면 그 원형이 손상되는 체험영역을 지칭한다. 윌리엄스는 이

'감정구조'야말로 문학예술을 다른 담론 형식과 구별할 수 있게 하는 근본 차이라 보았다. 새로운 감정의 구조가 형성되고 있음을 가장 먼저 포착할 수 있는 사회적 기제가 바로 문학과 예술이기 때문이다.[31] 「도정」의 석재와 기철은 일제 말과 해방 직후의 시기를 살았던 조선 사회주의자들의 대표적인 유형이라 할 수 있다. 이들은 해방 후 각기 다른 입장에서 출발하였으나 결국에는 '공산당'이라는 한 조직에 몸을 담게 되었다. 이런 저런 활동가들을 모두 끌어안고 새롭게 조직되는 '공산당'의 존재 가치와 그것에 헌신해야 할 이유를 「도정」만큼 치밀한 사유의 과정을 통해 보여주는 작품은 없었다. 「도정」은 해방을 맞이한 사회주의자들이 과거의 전력이야 어찌되었든 모두 '당'으로 집결해야 했던 당시의 정치상황과 이에 따른 사회주의자들의 입장을 적나라하게 형상화한 작품이다. 이는 당시의 공식적 의식에서는 부정되었지만 작품을 통해서는 여실하게 드러나게 되었다. 문학작품이 보여주는 '살아 있는 의식'이란 바로 이런 부분을 의미하는 것이라 할 수 있을 것이다.

31 송승철, 「민족문학과 독자의 감정구조」, 『실천문학』 39, 1995, 202면.

5. 결론

이 글에서는 지하련의 「도정」을 중심으로 해방 직후 소설에 나타난 진보적 지식인의 감정구조를 분석하였다. 레이몬드 윌리엄스의 '감정구조'란 아직 공식적으로 개념화되지는 않았으나 당대인의 감정에 폭넓게 공유되어 의사소통의 기초가 되었던 '삶에 대한 특수한 감각'으로 정의할 수 있다. 윌리엄스는 감정구조를 통해 세계관이나 이데올로기로 추상화되기 이전의 '살아있는 경험'을 알 수 있다고 보았다. 감정구조는 한 시대의 지배적인 사회성격을 반영하면서도 그것이 미처 의식화하지 못한 감정을 표현함으로써 '현재적인 것에 대한 실천적 의식'을 보여주기 때문이다.

지하련의 「도정」은 해방 직후 구-사회주의자가 느꼈던 복잡한 감정을 급변했던 당시의 정치적 상황과 관련하여 치밀하게 형상화하고 있다. 주인공 석재는 과연 자신이 조선공산당의 당원이 될 자격이 있는가를 두고 고민한다. 그가 생각하는 공산당은 어떤 상황에서도 변절하지 않았던 소수의 도덕적 인물로 구성된 전위정당이다. 한편 한때 사회주의자로 활동했으나 일제 말부터는 세상과 적당히 타협하여 살아온 기철은 어느새 공산당원이 되어 석재에게 함께 일할 것을 권유한다. 기철은 정치는 다르다고 석재를 설득한다. 석재와 기철은 공산당에 대한 당대인의 감정구조를 실감 있게 보여준다. 기철에 반감을 가지고 있으면서도 노동운동이 개량화될 위험에 처해있다고 판단한 석재는 입당원서를 작성하고 노동운동에 헌신하기 위해 현장으로 떠난다.

「도정」은 해방 직후 결성된 조선공산당이 정세의 변화에 따라 대중정당으로 변화해 가는 과정을 변절한 사회주의자의 입장에서 그리고 있다. 1946년 5월 1차 미소공동위원회가 기대를 저버리고 무기한 휴회를 선언하면서 좌익을 노골적으로 탄압하기 시작하자 당시 좌익 세력은 삼당합당을 통해 대중정당 결성을 추진하였다. 그러나 그 결과물인 남조선노동당(남로당)은 의도했던 것과 달리 대중정당으로 변신하지 못했는데 그것은 정세에 대한 낙관적 인식과 오랜 비합법 생활에서 기인한 종파투쟁 때문이었다. 남로당은 조선공산당, 조선인민당, 남조선신민당의 삼당합당을 통해 결성되는데 이 과정에서 각 당은 각각 좌파와 우파로 분열되었고 결국 각 당의 좌파에 해당하는 그룹만이 남로당으로 집결되었던 것이다.[32] 그러나 실제에서와 달리 「도정」의 석재는 기철까지도 포함하여 모든 역량이 함께 모인 대중정당으로 공산당이 꾸려져야 함을 절실하게 깨닫는다. 이는 현실(역사)과 다른 문학적 상상력을 보여주는 장면이라 할 수 있을 터인데 그 토대가 되는 것은 당대인의 감정구조라 할 것이다. 감정구조는 일차적으로 지배적인 생산 집단에서 두드러지지만 이 수준에서도 개개의

32 이들의 종파투쟁은 대중과 자신들을 분리시켰고 인민당과 여운형의 배격에서 드러나는 것처럼 광범위한 연대를 이루지 못함으로써 결국 우익의 총공세를 극복할 수 없었다. 김남식, 앞의 글 참조.

사회적 성격과 반드시 일치하는 것은 아니다. 그것은 공공의 이상뿐 아니라 체험된 상태 그대로 공공의 이상이 제외한 것과 그 결과까지 포함하기 때문이다.[33] 실제 역사의 과정은 이들이 결국 함께 하지 못했으며, 각각 서로 다른 종류의 비극을 맞이한 것으로 귀결된다. 월북한 남로당 계열의 문인은 숙청되거나 또 다른 전체주의의 억압 하에서 한시적으로만 활동할 수 있었기 때문이다. 그러나 「도정」에 나타난 감정구조는 당대 진보적 지식인이 광범위한 연대가 필요하다는 데 공감하고 있었음을 보여준다. 현실의 공산주의자들이 지리멸렬한 싸움을 계속하고 있는 어려운 시기에 「도정」은 좌파 내부의 종파투쟁이 당의 재건으로 종결되고 대중적 역량을 모아 새로운 도전에 나서야 함을 보여주고 있다. 이런 점에서 「도정」은 문학적 상상력이 현실에 창조적으로 대응할 수 있음을 보여주는 좋은 사례의 하나라 할 수 있을 것이다.

33 레이먼드 윌리엄스, 앞의 책, 2007, 115면.

참고문헌

권성우, 「해방 직후 진보적 지식인 소설의 두 가지 양상」, 『우리문학연구』 40, 우리문학연구회, 2013.

김남식, 「조선공산당과 삼당합당」, 『해방 전후사의 인식』 3, 한길사, 1989.

김윤식, 「지하연, 동반의 대결의식」, 『임화연구』, 문학사상사, 1989.

김재용, 「해방 직후 임화의 민족문학과 통일독립」, 『임화문학의 재인식』, 소명출판, 2004.

남광규, 「미소공위와 미소의 조선임시정부 수립대책」, 『국제정치논총』 47집 3호, 한국국제정치학회, 2007.

류진희, 「월북 여성작가 지하련과 이선희의 해방 직후 – 소설 「창」, 「도정」을 중심으로」, 『상허학보』 38, 상허학회, 2013.

박지영, 「혁명가를 바라보는 여성작가의 시선」, 『반교어문연구』 30, 반교어문학회, 2011.

박찬효, 「지하련의 작품에 나타난 신여성의 연애 양상과 여성성」, 『여성학논집』 25집 1호,이화여대 한국여성연구원, 2008.

서재원, 「지하련 소설의 전개양상 – 인물의 윤리 의식을 중심으로」, 『국제어문』 44, 국제어문학회, 2008.

서정자, 「어두운 시대와 윤리감각」 · 「지하련의 페미니즘 소설과 '아내의 서사'」, 『지하련 전집』, 푸른사상, 2004.

손유경, 「해방기 진보의 개념과 감각 – 지하련을 중심으로」, 『현대문학의 연구』 49, 한국문학연구학회, 2013.

안숙원, 「지하련 작품론」, 『한국문학이론과비평』 14, 한국문학이론과비평학회, 2002.

이양숙, 「허준의 「잔등」에 나타난 소비에트 인식과 정치의식」, 『한국현대문학연구』 39, 한국현대문학회, 2013.

이장렬, 「지하련의 가계와 마산 산호리」, 『지역문화연구』 5호, 경남지역문학회, 1999.

장윤영, 「지하련 소설 연구」, 상명대 석사논문, 1996.

정태진, 「레이먼드 윌리엄즈의 "감정구조" 연구」, 『영어영문학연구』 26권 1호, 대한영어영문학회, 2000.

레이먼드 윌리엄스, 성은애 역,『기나긴 혁명』, 문학동네, 2007.
______, 박만준 역,『마르크스주의와 문학』, 지만지, 2013.
______, 이현석 역,『시골과 도시』, 나남, 2013.

이폴리트 테느(Hippolyte-Adolphe Taine)와 식민지문학
조선과 대만에서 수용 비교

와타나베 나오키

1. 임화 「신문학사의 방법」(1940)과 H. 테느

임화의 「신문학사의 방법」(1940)은 「조선문학연구의 일과제—신문학사의 방법론」이라는 제목으로 『동아일보』에서 연재되었고(1940. 1.13~1.20) 이후 그의 평론집 『문학의 논리』(학예사, 1940) 마지막 장에 「신문학사의 방법」이라는 제목으로 수록된 문학사론이다. 카프 해산 직후부터 임화는 식민지 조선의 동시대 문학을 역사적으로 조명하고자 하였다. 그 첫 번째 결실은 「조선신문학사론 서설」(『조선중앙일보』, 1935.10.9~11.13)이었다. 「신문학사의 방법」을 쓰고 있을 당시 그는

「서설」의 내용을 더욱 본격적으로 발전시킨 형태인 「개설 신문학사」(『조선일보』, 1939.9.2~1940.5.10; 『인문평론』, 1940.11; 1941.1 · 2 · 4 / 미완)를 연재 중이었다. 말하자면 「신문학사의 방법」은 조선 최초의 본격적인 근대문학사 서술이라고 할 수 있는 「개설 신문학사」의 방법론으로서 집필된 것이다.

임화의 문학사 기술과 방법론이 다시 문제시되고 현대 한국문학 연구에서 기억되는 데에는 김윤식 / 김현의 『한국문학사』(민음사, 1973)에서의 논의가 큰 영향을 미쳤을 것이다. 특히 이 책의 '제1장 방법론 비판'의 '제1절 시대구분론'의 집필을 담당한 김현은 임화의 「신문학사의 방법」 중 다음과 같은 문학사 인식을 문제시하고 있다.

> 신문학이 서구적인 문학 장르(구체적으로는 자유시와 현대소설)를 채용하면서부터 형성되고, 문학사의 모든 시대가 외국문학의 자극과 영향과 모방으로 일관되었다 하여 과언이 아닐 만큼 신문학사란 이식문화의 역사다.[1]

김현은 임화의 이런 조선문학사에 대한 인식을 이식문화론, 전통단절론으로 비판했다. 그는 한국문학사의 근대적 기점을 그때까지 정설이었던 갑오경장설(1895)이 아니라 조선 영정조 시대로 거슬러

1 임화, 「신문학사의 방법」(1940), 임화문학예술전집편찬위원회 편, 『임화문학예술전집』 3(문학의 논리), 소명출판, 2009, 653면.

올라가서 설정, 실학파 지식인의 문학 행위에 대해 언급하면서 공저자인 김윤식과 함께 『한국문학사』를 기술해 갔다. 이는 당시 한국 사학계에서 이루어진 근대의 기점 논쟁의 영향을 받은 것으로,[2] 그 시대 구분이 전례 없이 획기적이었던 것도 있어서 임화의 문학사 인식은 이로써 '이식문화론'의 전형적인 사례가 되었으며 식민사관이나 식민지 근대화론의 한 변종으로서 그 문제성이 늘 거론되게 된 것이다.

임화는 위의 내용을 조선 근대문학의 '환경'에 관한 진술에서 언급하고 있다. 그에 따르면 '환경'이란 "한 나라의 문학을 위요(圍繞)하고 있는 여러 인접문학"이며, "신문학의 생성과 발전에 있어 부단히 영향을 받아온 외국문학"을 말한다. 이어서 임화는 여기에서 말하는 '환경'이 『영문학사』와 『예술철학』을 저술한 프랑스의 사상가 H. A. 테느(Hippolyte-Adolphe Taine, 1828~93)가 제기한 문화 분석의 요소 중의 하나인 '환경'(milieu)과는 약간 다른 개념임을 다음처럼 언급하고 있다.

> 환경이라고 할 것 같으면 우리는 곧 테느의 밀리외를 생각한다. '영문학사'나 '예술철학' 등에서 그것은 벌써 고전적 학설이다. 자연주의문학이나 실증철학과 더불어 환경이란 벌써 독특한 내용을 가진 개념이다. 그러나 테느의 환경은 먼저 이야기한 토대 가운데 포섭될 것이다. 사회적 혹은 국민적인 풍토라는 것은 곧 물질적 토대 혹은 정신적인 배경에 불외한다. 이러한 의미에서 밀리외보다 훨씬 명확하다.[3]

2 한국경제사학회, 『한국사시대구분론』, 을유문화사, 1970 등.

그런데 임화 자신의 이러한 진술에도 불구하고, 문화운동이나 문학사를 이해하는 한 요소로서 '환경'의 중요성을 지적한 테느의 논의 자체는 하나의 담론 형태로서 임화의 논의에도 큰 영향을 끼쳤다. 본고에서 질문하고자 하는 것은 다음과 같다. 왜 19세기 프랑스 사상가의 논의가 문학사를 설명하는 중요한 담론이 될 수 있었는가? 그것도 식민지 조선의 문학을 설명하기 위해 20세기 중반의 동아시아에서 호출되었는가? 여기에서는 같은 시기의 식민지 대만에서의 테느 수용과의 비교를 통해 그 경위와 중요성을 논하고자 한다.

2. 19세기의 테느와 20세기 유럽 비교문학

H. A. 테느는 19세기 후반의 프랑스 사상가이다. 당시 유럽에서는 문학이나 예술을 국민성의 관점에서 바라보는 사고나 사상이 융성했다. 그의 주요 저작인 『영국문학사(*Histoire de la Littérature anglaise*)』(1864~72)는 프랑스인인 쓴 최초의 영국문학사이자, 단독 저자가 쓴 최초의 본격적인 영국문학사이기도 하였다. 그는 O. 콩트와 J. S. 밀에게서 배운 실증주의 정신을 통해서 복잡한 현실을 분석과 추상을 통해 단순

3 임화, 「신문학사의 방법」(1940), 앞의 책, 653면.

명료한 세계로 환원하면서 인간 정신의 기구(=심리)와 운동(=역사)을 지배하는 소수의 근본 원칙과 정리·공식으로 설명하려고 했다.[4]

테느는 『예수전(*Vie de Jésus*)』(1863)의 저자인 사상가 E. 르낭(Ernest Renan, 1823~92)과 동시대인으로, 당시 프랑스의 사상과 철학을 석권한 인물이었다. 신학자이자 종교사학자였던 르낭의 경우 테느의 실증주의와는 방법이 달랐는데, 같은 역사학과 문헌학의 기초 위에서 역사의 형이상학적 주관적 해석을 많이 채용했다.[5] 말하자면 테느와 르낭은 이 시대 프랑스 사상계에서 상호보완적인 역할을 했다고 할 수 있다. 바로 이 르낭의 대표적인 연설 「국민이란 무엇인가?(Qu'est-ce qu'une nation?)」(1882)는 사람들의 과거, 현재, 미래의 희생정신으로 구성된 연대감을 '국민'의 불가결한 요소로서 주장하며, 그러한 정신적 원리로 결부된 것을 "국민이란 나날의 국민투표이다"라고 표현하고 있다. 여기에서 르낭이 말하는 '국민'이란 인종이나 언어로 결부되어 있을 필요가 없는 것, 프랑스 국민이라는 항상적인 정신적 지향이야말로 국민을 '국민'이도록 하는 것이다. 르낭의 이와 같은 견해는 독일의 철학자 J. G. 피히테(J. G. Fichte, 1762~1814)와 대조적이다. 「독일 국민에게 고함(Reden an die Deutsche Nation)」(1808)에서 피히테가 인종과 언어에 바탕을 둔 네이션 공동체를 상정하고 있다면, 르낭은 인종

---

4 平岡昇, 「ルナン・テーヌ素描」, 『プロポ』 II, 白水社, 1982, 392면; 平岡昇, 「訳者序」, イポリト・テーヌ(平岡昇 訳), 『英国文学史』 第1巻, 創元社, 1943, 10~12면.

5 平岡昇, 「ルナン・テーヌ素描」, 앞의 책, 392면.

과 언어가 아닌 사람들의 정신적 지향성, 소속감각으로 국민을 설명하려고 한 것이다. 여기에는 르낭 자신이 처해있던 정치적 조건이라는 문제가 개입되어 있다. 프랑스 왕당파로서 르낭은 독일어권인 알자스=로렌 지방의 프랑스 귀속을 거기 거주하는 사람들의 프랑스에 대한 정신적 지향성이라는 문제로 파악하고자 했다.[6]

르낭이 주장한 이런 프랑스 국민주의가 2차 대전 후 프랑스 / 마르티니크(Martinique)의 시인이자 정치가인 에이메 세제르(Aimé F. D. Césaire, 1913～2008)의 『식민주의론(*Discours sur le colonialism*)』(1955)이나 미국의 후기 식민주의의 비평가 E. 사이드(Edward W. Said, 1935～2003)의 『오리엔탈리즘(*Orientalism*)』(1978)에서 아프리카를 '문명화'하려고 한 프랑스 식민주의를 정당화한 논리로서 비판받은 바가 있는 것은 물론 주지의 사실이다.

본고의 논의에서 중요한 것은 르낭과 동시대 사상가였던 테느 또한 르낭의 프랑스 국민주의 사상을 공유하고 있다는 점이며, 이 같은 테느의 논의가 1930년대 동아시아 지식인에 의해서 호출되었다는 점이다. 이를 검토하기 위해서 먼저 당시 시작되고 있었던 학술 제도로서의 비교문학의 논의와 그것이 제국 일본의 고등교육과 학술계에 소

6 J・ロマン,「二つの国民概念」, E・ルナンほか(鵜飼哲ほか 訳),『国民とは何か』, インスクリプト, 1997, 7～40면. 독일어권인 알자스=로렌 지방의 보불전쟁(1870～71) 후의 상황에 대해서는 프랑스 작가 알퐁스 도데(Alphonse Daudet, 1840～97)의 단편소설 「마지막의 수업(La Dernière Classe)」(1873)이 유명한데, 그 지역이 원래부터 독일어권이었던 점에서 오는 이 작품 읽기의 어려움에 대해서는 中本真生子,「アルザスと国民国家－「最後の授業」再考」,『思想』887号, 岩波書店, 1998.5, 54～74면을 참조할 것.

개된 과정을 살펴보고자 한다.

비교문학이라는 학문적 제도는 1차 대전과 2차 대전 사이 프랑스에서 시작되었다. 프랑스 각지의 대학에서 강좌들이 개설되었고 기관지와 총서가 간행됐는데, 그중에서도 1914년부터 간행된 「비교문학총서(Bibliothéque de Littérature Comparée)」와 1921년에 창간된 『비교문학잡지(*Revue de Littérature Comparée*)』가 대표적이다. 이 두 잡지는 막 시작된 일본 제국대학의 학술계에 소개되었다.[7]

당시까지 유럽에서 문학을 비교하는 사고는 각국 문학사를 비교하는 일이었다. 그런데 1차 대전 후의 내셔널리즘에 대한 다양한 반성적 사고 속에서 각 국민문학의 병치가 아니라 상호 작용을 통해 유기적으로 문학작품을 인식하려는 새로운 문학사 방법이 모색되었다. 이때 프랑스 국민주의와 국민정신을 강조한 전 세기의 사상가 테느의 학설은 비판의 대상이 되었다. 대신에 세계주의(cosmopolitanism)와 유럽주의를 강조하는 F. 브륀티에르(Ferdinand Brunetiére, 1849~1906)의 문예 장르 연구로 연구의 주류가 옮겨 갔다. 그리고 이를 이어서 문학의 생성과정, 유동성, 변천 등을 연구대상으로 삼아야 한다고 한 F. 바르당스펠제(Fernand Baldensperger, 1871~1958) 등의 방법이 이른바 '비교문학'의 주된 연구 방법이 되었다.[8]

---

7 橋本恭子, 『『華麗島文学志』とその時代－比較文学者島田謹二の台湾体験』, 三元社, 2012, 36~37면.

8 위의 책, 42~43면.

이처럼 테느 류의 문학연구의 방법을 극복하고 세계주의를 표방하려고 한 1차 대전 후의 프랑스 사상계의 동향은, 1920년에 제네바에서 설립된 국제연맹을 중심으로 각종 문화활동과 운동이 지원된 사실과도 관계가 있을 것이다. 특히 1922년 국제연맹의 자문기관으로 설립된 '지적협력국제위원회'(la Commission international de Coopération intellectuelle)는 문화국제주의를 표방하면서 각종 사상과 인물, 학문의 교류를 지원했는데, 앞에서 거론한 『비교문학잡지』도 이 위원회의 지원을 받은 것이었다. 후대의 이야기이지만 1935년 4월 프랑스 니스에서 열린 이 위원회의 사회를 폴 발레리(Paul Valéry, 1871~1945)가 맡으면서 '새로운 휴머니즘(un nouvel humanism)'이 제창된 것도 유명한 사실이다.[9] 비교문학은 이와 같이 유럽 내의 위기의식 속에서 상호융화와 유럽 중심주의의 제창되었을 때 학문적 제도로 확립되었으며, 그 속에서 테느의 학설이 비판적으로 계승되고 있었다.

여기서 다시 한 번 확인해두어야 할 것은 테느가 영국인이 아니라 프랑스인이라는 점이다. 그는 항상 자신의 라틴적 전통에 유의하면서 앵글로색슨의 문학, 영국의 문학을 바라보고 그 역사를 서술했다. 그래서 이 시기 유럽에서 시작된 비교문학이라는 학문은 끊임없이 테느 등의 학설, 즉 프랑스에서 이루어진 영문학 연구를 중요시할 수밖에 없었고, 그 학문적 제도를 받아들이려고 했던 1920년 당시의 제국

---

9 入江昭(篠原初枝 訳), 『権力政治を超えて－文化国際主義と世界秩序』, 岩波書店, 1998, 66~83면.

일본의 학술계 또한 비교문학을 수용함과 동시에 테느 또한 열심히 받아들이려고 한 것이다.[10]

다음 장에서는 그 구체적 전개로서 당시 일본의 학술계에서 비교적 이른 시기에 프랑스 비교문학의 논의를 소개하고 있었던 대북제국대학 교수인 시마다 킨지[島田謹二]와 그 제자인 대만인 비평가 황더시[黃得時]의 논의를 살펴보도록 한다. 식민지 대만에서 이 두 사람의 논의가 이루어지고 있던 1930년대 후반은 바로 식민지 조선에서 임화가 테느를 참조하고 있었던 시기이기도 했다.

3. 대북제대의 비교문학과 테느—시마다 킨지[島田謹二]와 황더시[黃得時]

시마다 킨지[島田謹二, 1901~1993]는 도쿄에서 태어났고 1928년 졸업 논문 「젊은 날의 말라르메의 서정시」를 제출하며 도호쿠제국대학 영문과를 졸업했다. 이후 1929년 3월부터 영어 강사로 대북제국대학에 부임, 1944년까지 16년 동안 대만에서 교육과 연구 생활을 보냈다.

10 참고로 1945년 이전에 일본에서 간행된 테느 저서의 일본어 번역은 다음과 같다. テエヌ, 広瀬哲史 訳, 『芸術哲学』, 大村書店, 1926; H・テエヌ, 瀬沼茂樹 訳, 『文学史の方法』, 岩波書店(文庫), 1932; イポリート・テーヌ, 丸山誠次 訳, 『文化と風土ー英文学史其他』, 改造社(文庫), 1932; イポリト・テーヌ, 平岡昇・河内清 訳, 『シェイクスピアからミルトンまで』, 大山書店, 1937; テーヌ, 平岡昇・秋田滋 訳, 『作家論』, 改造社(文庫), 1938; イポリト・テーヌ, 平岡昇 訳, 『英国文学史』 1・2・3, 創元社, 1940~49.

아시아-태평양전쟁에서 일본이 패배한 후 시마다는 도쿄로 돌아가 1948년 일본비교문학회 창설에 참여했고 1949년부터는 신제도하의 대학으로 새롭게 출발한 도쿄대학 교양학부 교수로서, 그리고 대학원 비교문학 비교문화 과정의 초대 주임 교관으로서 1961년 퇴임 때까지 수많은 후진 연구자를 지도했다. 이와 같은 시마다 킨지의 경력은 일본 학술계에서 그가 말 그대로 제도로서의 비교문학이라는 학문의 중심인물로 군림했음을 보여준다. 시마다의 주요 학문적 업적으로서는 (1) 제국 일본 해군 군인을 다룬 메이지[明治]기 내셔날리즘 연구, (2) 근대 일본문학과 서양문학의 비교연구, (3) 프랑스 영문학 연구, (4) 대만의 일본문학 연구 등이다. 이 중 (1)부터 (3)까지는 1945년 전부터 그 후에 이르기까지 시마다의 학문적 업적으로서 전개됐는데, (4)의 경우 대만에 거주한 1944년까지가 주된 연구 시기로 그 이후의 학문적 전개는 거의 없었다.[11]

이 (4)에 분류되는 시마다의 연구는 당시 『화려도문학지(華麗島文学志)』라는 제목으로 단행본으로 정리될 예정이었는데, 여러 사정으로 시마다가 대북제대에 재직 당시에는 간행되지 못했다. 단행본 간행이 이루어진 것은 시마다가 세상을 떠난 후인 1995년의 일이었는데(일본 明治書院에서 간행), 여기에 수록된 논문의 대부분은 1940년 즈음까지 발표된 것으로 대만 거주 당시 집필된 것이다. 시마다는 이미 1930년대

11 이상, 시마다의 약력에 대해서는 橋本恭子, 앞의 책, 9~14면을 참조했다.

에 대북제대 재직 시절부터 프랑스 비교문학을 연구하고 소개하고 있었다. 이러한 비교문학 연구의 토대 위에서 1930~40년대에 대만에서 거주하면서 일본(어)문학의 범주를 구상한 것이 이 『화려도문학지(華麗島文学志)』였던 것이다. 다음으로 그 내용을 살펴보도록 한다.

시마다는 우선 대만의 문학에 대해서 17세기 이래 이 섬을 지배해온 네덜란드, 스페인, 중국, 일본에 의해서 이루어진, 시대에 따라 언어를 달리하고 국민을 달리하는 하나의 땅의 서로 연관이 없는 문학 현상이라고 정의한다.[12] 여기서 시마다는 대만 내에 있는 민족의 차이는 문제 삼지 않으며, 대만의 현지인과 외래의 지배자, 식민자를 모두 대만문학의 담당자라고 설명한다. 이어서 아프리카 북부와 동남아시아에 거주하는 프랑스인들의 문학활동을 참조하면서 대만에 거주하는 일본인들의 문학활동으로 시선을 옮긴다.[13] 1930년대 중반 현지 대만인들에 의해서 간행된 『대만신문학』이나 『대만문예』(처음에 중국어로, 그 후에 일본어로도 간행)의 활동은 시마다도 알고 있었을 것이다. 그럼에도 불구하고 시마다는 대만인들에 의한 문학 활동에 대해서는 식민지 통치의 방침을 파괴하는 문학이라고 규정, 그런 문학들은 프랑스 외지에도 있는데 다분히 정치적 주장에 시종할 뿐이라고 일갈한다. 그에게 일본의 '외지'로서의 대만의 문학은 식민 통지의 방침을 따르른, 주로 일본인이 담당하는 문학에 국한된 것이었다.[14]

12 松風子(島田謹二), 「南島文学志」, 『台湾時報』, 1938.1, 64면.

13 松風子(島田謹二), 「台湾におけるわが文学」, 『台湾時報』, 1939.2, 48면.

1930년대 중반은 식민자인 일본인 사이에서도 대만에서의 '향토의식'이 싹트기 시작한 때였으며, 동시에 대만인들의 이른바 '대만 의식'이 선명해진 시기이기도 하였다. 黃石輝(1900~45)나 郭秋生(1904~80)은 대만어 문학 건설을 주장했다. 여기에 대해 廖毓文(1912~80), 賴明弘(1915~58), 朱点人(1903~47) 등이 문예 대중화는 대만어가 아니라 중국 백화문으로 이룩해야 한다고 주장한 '향토문학논쟁'이 1930년대 전반에 펼쳐졌다. 다분히 프롤레타리아 문학운동의 흔적을 발견할 수 있는 이 논쟁 이후 1930년대 후반에 이르면 당시 발간된 『문예대만』, 『대만문학』에서는 龍瑛宗(1930~99)이나 張文環(1909~78), 呂赫若(1914~51) 등 대만인 작가 중에서도 일본어로 창작하는 사람들이 주류가 되었다. 그 결과 향토문학논쟁에서 주장된 문학운동의 내용은 조금씩 변질되고, 다분히 일본(도쿄문단)을 의식한 지방주의(localism)나 이국취미(exoticism)를 강조한 문학작품이 다수를 차지하게 되었다.[15]

식민화에 따른 사용언어의 교체를 포함한 대만문학의 이러한 전환기에 있어서 시마다는 대만인들에 의한 문학활동을 분석 대상에서 제외하고 외지 대만에 거주하는 일본인들의 일본어 창작에 대해서만 언급하였다. 시마다는 자신의 논의에서 결코 '대만문학'이라는 말을 쓰지 않고 '외지문학'이라는 용어만 사용했는데, 그의 논의는 대만의 독자들로 하여금 왜 일본인의 일본어 문학만을 다루냐는 불만을 품게

---

14 島田謹二, 「ジャン・マルケエの仏印小説」, 『文芸台湾』, 1941.10, 37~38면.

15 橋本恭子, 앞의 책, 192~198면.

할 요소가 충분히 존재하는 것이었다고 할 수 있다.[16]

이러한 시마다의 논의를 옆에서 지켜보고 있었던 유일한 대만인이 시마다의 대북제대 시절 지도학생이었던 황더시[黃得時, 1909~99]였다. 1909년 타이페이에서 태어난 그는 1934년부터 37년까지 대북제대 동양문학과 재학 당시 대만 신문학 운동에 적극적으로 가담했고 『대만문예』나 『대만신문학』에도 자주 투고했다. 대북제대 졸업 후에는 대만의 『대만신민보』에 입사해서 일문 부주간으로 『수호전』의 일본어 번역을 연재하기도 했다.(1937.12.5~1942.12.7) 1940년에는 張文環 등과 함께 『문예대만』을 창간했으며, 1944년에는 재직하고 있었던 『대만신민보』가 정간 조치를 받았다. 일본 패전 후인 1945년 12월에 그는 대만대학 중문계 교수로 부임했고 이후 대만의 중국학에서 중심적인 역할을 했다. 주요 저서로 『대만문학사』(1984~93) 등이 있다.[17]

황더시가 아직 대만이 일본의 식민지였던 시기에 시마다의 외지문학론에 대항하기 위해 집필한 것이 1943년 잡지 『대만문학』에 일어로 발표된 「대만문학사」를 둘러싼 일련의 저작들이었다.[18] 그는 이미 1940년 전후의 대만문학의 이국취미에 대해서 다음처럼 비판한 바가 있다.

16 위의 책, 350~362면.

17 編集部 編, 「黃得時年表」, 黃得時, 『評論集』(台北県作家作品集 5), 台北県立文化中心出版, 1993 참조.

18 黃得時, 「台湾文学史序説」, 『台湾文学』 1943.7; 黃得時, 「台湾文学史(二・三)」, 『台湾文学』, 1943.12.

사당의 빨간 지붕이라든지 서낭제 축제라든지 많은 것을 소재로 선택했기 때문에 보기에는 상당히 아름답고 신기하지만 가슴에 와 닿는 저력이 비교적 적다.[19] (원문은 일본어)

황더시의 이러한 이국취미 비판은 대만에 거주하는 일본인들의 문학뿐 아니라 일본어로 창작하게 된 대만인들의 일본어 문학 작품에도 보이는 이국취미를 비판한 것이었다. 어떤 언어로 씌어졌는지 어느 민족이 썼는지를 논하는 효용성 자체가 의문시된 당시 식민지 대만에서 '대만문학'이란 문화 혼종의 결과로서 파악할 수밖에 없었던 것이다.

황의 이러한 현장 인식은 이른바 「대만문학사」 서술에서의 '대만문학' 정의에도 계승된다. 그는 우선 「대만문학사 서설」의 서두에서 '대만문학'의 범위에 대해 대만이 역사적으로 네덜란드, 중국, 일본의 지배하에 있었기 때문에 그 국적이나 언어, 장소는 다양할 수 있다고 하면서 최소한 '대만'이라는 장소와 관련이 있으면 그것이 어떤 언어로 씌어져 있든 어느 나라 사람이 쓴 것이든 상관없다고 전제한다.[20] 그다음 중국의 청나라 문학에서도 일본의 메이지 문학에서도 볼 수 없는 대만 특유의 문학사를 구축하면서 '종족', '환경', '역사(시대)'라는 세 가지 요소에 대해서 고찰한다. 말할 것도 없이 이 세 가지 요소란 H. 테느가 『영국문학사』 서설에서 전개한 방법과 동일한 것이다.

19 黄得時, 「台湾文壇建設論」, 『台湾文学』, 1941.9, 7면.
20 黄得時, 「台湾文学史序説」, 앞의 책, 3면.

황더시는 대만문학의 '종족'은 대만의 원주민이나 네덜란드인, 스페인인, 한족, 일본인들까지 그 담당자는 다양했다고 지적한다. 그리고 한족이라도 복건인(福建人)과 광동인(広東人)의 구별이 있었다고 덧붙인다. 이때 '종족'은 문학 담당층의 민족이나 종족을 말하며 이는 당연히 문학에 있어서 사용언어의 문제와도 이어진다. 여기서 황이 중국어권 중에서도 복건인과 광동인의 구별에 대해 지적하고 있는 것은 1930년대 전반에 있었던 '향토문학논쟁'에서 문학 대중화를 위한 언어를 대만어(閩南語)로 할 것인지 중국 백화문으로 할 것인지가 논의된 사실과도 관련 있을 것이다. 두 번째, '환경'에 대해서 황은 문학행위가 생성되고 전개되는 공간으로서의 풍토를 가리키고 있다. 기후가 온난하고 물자가 풍부한 대만에서 문학자들은 때로 이국취미의 문학에 기울어졌다고 하면서 이전의 대만 동시대 문단에 대해 발언한 이국취미 비판의 편린을 여기서도 보여주고 있다. 세 번째, '역사(시대)'에 대해서 황은 지난 300년 동안 대만은 네덜란드, 정씨, 청나라, 일본 등에 의해 지배되었고 "민족적 불만과 정치적 불평을 토로한 작품"으로부터 "새로운 지배자와 협력하는 작품"까지 여러 경향의 작품이 씌어졌다는 사실을 지적한다.[21] 이어서 비록 충분한 서술이라고 하기는 어렵지만 '鄭氏時代', '康熙・雍正時代', '乾隆・嘉慶時代', '道光・咸豊時代', '同治・光緒時代', '改隷以後' 등 여섯 시대로 나눠서 대만이라는

21 黃得時, 「台湾文学史序説」, 앞의 책, 4면.

공간에서 생성된 여러 문학작품에 대해서 언급하고 있다.[22]

이렇게 황더시는 H. 테느가 문학사의 방법을 제시할 때에 내건 세 가지 요소를 원용하면서 대만의 문학의 특징을 지적했는데, 이 모든 지적이 시마다가 『화려도문학지』에서 제기한 외지문학론에서 배제한 것들, 즉 문학 담당자로서의 대만인과 중국인, 사용언어로서의 중국 지역어 또는 작품 경향으로서의 정치성 등을 최대한 받아들이려고 한 것이었음을 알 수 있다. 그런데 황이 혼자서 테느 이론을 원용한 것은 아니었다. 그가 테느를 받아들인 배경에는 다름 아닌 그의 논의의 주된 비판 대상이었으며, 대북제대의 지도교수였던 시마다가 있었다. 시마다 자신이 비교문학 이론을 받아들이는 과정에서 테느 문화이론의 요소환원주의와 문학에서 국민정신을 찾아내려고 하는 논의를 비판적으로 수용하고 있었던 것이다.[23]

황은 시마다의 이러한 수용을 나날이 접하면서 굳이 시대에 뒤떨어졌다고도 할 수 있는 테느 이론을 원용하기를 선택했다. 그것은 많은 국가, 국민, 언어에 지배되어 온 대만의 특수성에 주목함으로써 역으로 이를 통해 대만의 주체성을 내세우기 위함이었다. 바로 이 주체화를 위해서 원용된 것이 테느 이론이었던 것이다.

요컨대 19세기의 프랑스 국민주의는 프랑스의 판도를 넘어서 언어

22 黃得時, 「台湾文学史(二・三)」, 『台湾文学』, 1943.12.

23 예를 들면 島田謹二, 「仏蘭西派英文学の研究－オーギュスト・アンヂュリエの業績」, 『文学科研究年報』, 台北帝国大学文政学部, 1937.4 등. 橋本恭子, 앞의 책, 391～394면.

를 달리한 지역에서 사는 사람들의 '프랑스인'이고자 하는 지향성을 강조하고 그것을 주체화하려고 했다. 이 국민주의는 20세기에 접어들면서 특히 1차 대전 후의 세계주의와 그것에 바탕을 두면서 생성된 비교문학의 논의 속에서 한 번은 폐기됐는데, 제국 내부에서 억압된 지역이나 민족의 문화 혼종성을 설명하는 도구로서 20세기의 동아시아에서 다시 한 번 호출된 것이다. 시마다와 황의 관계에서 말한다면 시마다가 외지문학론에서 대만인들의 민족주의나 정치성을 부정하고 일본인 중심의, 일본어로 된 외지문학론을 내세우려고 한 태도가 전자의 것이었다고 한다면, 황의 대만주의는 말 그대로 후자의 것이었다. 그렇다면 식민지 조선에서는 이것을 어떻게 생각할 수 있는가? 다음으로 임화의 논의를 살펴보기로 하자.

4. 임화 「신문학사의 방법」과 테느

서두에서 언급했듯이 임화는 스스로 집필하고 있었던 「개설 신문학사」의 연재 중(1939.9~1941.4) 그 방법론이라고 할 수 있는 평론 「신문학사의 방법」(1940.1)을 썼다. 잘 알려져 있듯이 이 평론은 '대상', '토대', '환경', '전통', '양식', '정신'의 여섯 가지 범주에서 스스로가 집필하는 신문학사, 식민지 조선의 근대문학사의 서술 방법을 진술한 것이다.[24] 지금까지 이 문학사론은 유물변증법적인 방법과 얼마나 거리가 있는지에 대해서 논의될 때가 많았으나[25] 여기서는 테느 방법론과의 관련에서 조금 더 자세히 임화의 논의를 검토하고자 한다.

'대상'에서 임화는 신문학사의 전사로서 조선의 한문학을 포함할 것을 주장한다. 조선의 중세기에 꾸준히 이어진 한문학의 역사를 간과해서는 조선의 문학사를 논할 수 없고 또 그 최근사로서의 신문학사도 서술할 수 없다는 것이 임화의 입장이었다. 세계의 근대문학에서 Literature 앞에 두는 국적(조선의 경우에는 Korean)이란 사용언어인 동시에 인종이나 민족, 혹은 다루고 있는 내용까지 포함하는 삼위일체의 형용사이다. 그런데 임화는 특히 근대정신의 선구로서의 실학사상의 사상가들의 업적들을 언급하면서 주로 한문으로 된 이들 저술을 조선문학사에 받아들이고 그것을 이어서, 그것과 교섭해 가는 과정이 조선의 신문학사임을 주장했다.

그리고 '토대'란 물질적 토대, 즉 문학의 배경이 되는 시민적 사회관계(사회사)를 말하고 '환경'이란 조선의 문학을 둘러싼 인접문학, 외

---

24 이하에 임화 「신문학사의 방법」에 대한 언급은 임화, 「신문학사의 방법」(1940), 임화문학예술전집편찬위원회 편, 『임화문학예술전집』 3(문학의 논리), 소명출판, 2009, 647~663면을 참조했다.

25 김윤식, 「이식문학론 비판」, 『한국문학의 근대성과 이데올로기』, 서울대 출판부, 1987; 임규찬, 「임화 '신문학사'의 올바른 이해를 위하여」, 『임화 신문학사』, 한길사, 1993; 임규찬, 「임화의 문학사 방법론과 문학사 서술」, 『만학사와 비평적 쟁점』, 태학사, 2001; 임규찬, 「임화 문학사를 둘러싼 몇 가지 쟁점」, 임화문학연구회 편, 『임화문학연구』, 소명출판, 2009; 박진영, 「임화의 만학사론과 신문학사 서술」, 문학과사상연구회 편, 『임화문학의 재인식』, 소명출판, 2004 등.

국문학을 말한다고 했다. 임화는 여기서 테느가 말하는 '환경'이 사회적 국민적 풍토를 가리킨다는 이유로 이를 '토대' 쪽에 포함시키고, '환경'에서 언문일치와 성경번역, 일본문학을 통한 서구문학의 유입이라는 사실을 지적하며 조선의 신문학사가 '이식'의 역사라고 말한다. 서두에서 지적한 이른바 '이식문화론'에 관한 진술이 등장하는 것이 바로 이 부분이다. 이것을 문제시한 1970년대 김현의 논의는 위에서 밝힌 대로 식민화에 의해 근대가 생성된 것이 아니라 그 이전에 근대의식의 징조로서 실학사상이 존재했다는 것이다. 그런데 실은 임화 자신에 의해 이미 '대상' 부분에서 같은 지적이 이루어지고 있다. 김현이 지적한 1930년대의 실학파의 재발견이란 실로 김현이 '이식문화론'이라고 비판한 임화가 경영하고 있었던 출판사 '학예사'에서 김태준의 『조선소설사』(1939) 등, 이른바 조선학 총서를 간행하면서 전개된 논의이자 운동이었다.

그래서 임화는 '전통' 부분에서 이 문화 이식의 운동 자체가 전통과의 교섭을 통해서 해체되어간다고 지적할 수 있었던 것이다. 즉, 조선의 신문학은 일본에서 혹은 일본을 통해서 서구로부터 문학이라는 제도를 받아들였는데, 이는 단순히 도입된 게 아니라 재래의 전통문학과의 교섭을 통해서 현재에 이르고 있는 것이다.[26] 이것은 '양식' 부분

26 김윤식은 임화가 이 문학사론에서 물질적 토대와도 별개의 것이고 정신적 배경과도 분리되는 이 특이한 '환경'이 즉 신문학의 생성 법칙의 제 1항이라고 간파했다고 지적하고 있다.(김윤식, 『임화와 신남철－경성제대와 문학사의 관련 양상』, 역락, 2011, 119면) 다만 임화 자신은 단순히 '환경'이 문화운동을 검토할 때의 독립된 요소가 아니라 이 '전통'과의

에서 진술되는 고전주의, 낭만주의 등의 문예사조의 경우에도 마찬가지로 적용될 수 있다. 임화는 여기서 확실히 명시하고 있지는 않지만, 이 사조 중에는 당연히 과거의 프롤레타리아 문학운동 또한 포함되어 있었을 것이다.

마지막으로 임화는 '정신' 부분에서 문학사의 목적과 도달점이 문학적, 양식적 운동과 변천의 근원이 되는 '정신'임을 지적한다. 왜 시대에 따라서 감수성의 양식이나 사고의 방식 내지는 체계의 구조가 달라지는지, 서로 다른 구조를 가진 정신이 어떤 원인으로 변천해 나갔는지를 분석하고 검토하는 것이 신문학사의 목적이라고 주장하고 있는 것이다.

이렇게 보면 임화 자신은 테느의 문학사 방법론과의 차이를 강조하고 있지만, 전체적으로는 테느의 방법론을 보다 치밀하게 항목화한 것처럼 생각된다. 즉, 테느가 '종족' 부분에서 논한 것을 임화는 '대상'이나 '전통' 부분에서 강조하면서 전통과의 교섭 혹은 (종족이 아니라) 사용언어의 차이(한문이냐 국문이냐)를 논하고 있으며, 또 테느가 '환경'에서 논한 문학의 생성 공간과 관련된 것을 임화는 '토대'나 '환경' 부분에서 논했다고 생각할 수 있다. 마찬가지로 테느가 '시대'에서 논한 것을 임화는 '양식' 혹은 경우에 따라서는 '전통' 부분에서 논하면서 문화 이식이 단순히 이식에서 끝나는 것이 아니라 재래 문화와 교섭

교섭을 같이 생각함으로써 처음으로 생성 법칙으로서 제시할 수 있다고 주장하고 있다.

함으로써 해체되어 가는 과정임을 지적하고 있는 것으로 보여진다.

임화는 대만의 황더시처럼 이론적으로 대항할 구체적인 대상이 없었다. 그러나 황더시와 마찬가지로 임화도 테느의 방법론을 원용하면서 때로는 스스로 그 항목을 치밀화시키면서 조선의 신문학을 논했고 또 동아시아 문학사에서 '조선'을 주체화했다고 할 수 있을 것이다. 이런 점에서 제국 일본의 식민지였던 조선과 대만에서 H. 테느의 문학사 방법론, 문화이론이 같은 1940년 전후에 호출된 것은 결코 우연이 아니다. 한번 폐기된 전 세기의 테느의 방법론은 문화 혼종이 문화와 문학의 전개에서 중요한 역할을 하고 있음을 인정한다는 점에서 제국의 식민지 문학자들에 의해서 같은 형태로 원용되었다고 할 수 있다.

5. 결론을 대신해서 – 남겨진 과제

그런데 임화의 「신문학사의 방법」이 스스로가 집필하고 있었던 「개설 신문학사」의 방법론으로서 정합성을 가지고 기능하고 있었는지에 대해서는 논의의 여지가 있을 것이다. 실제로 임화는 「개설 신문학사」에 앞서서 「조선신문학사론서설」(『조선중앙일보』, 1935.10.9~11.13)에서 이광수부터 신경향파에 이르는 조선의 문학, 즉 1910년 전후부터 1920년대까지의 문학의 역사를 돌이켜보면서 1930년대 중반 대거 문단에 출현한 신세대 문인에게 조선의 신문학이 걸어온 길을 제시했다. 그런데 이후 집필된 「개설 신문학사」는 본격적인 구성은 준비되어 있었는데 실제로 평가된 작가나 작품은 이인직과 이해조 등 신소설 작가와 작품을 다루는 데서 미완으로 끝났으며, 이 두 문인의 문학세계의 '이식성'을 논한 데서 끝난 감이 있다.[27]

이 점에 대해서는 대상이 미완으로 끝난 만큼 그 어떤 판단도 졸속한 것이 될 수밖에 없으리라. 그러나 몇 가지를 생각해볼 수 있다. 우선 「신문학사의 방법」이 「개설 신문학사」 연재 도중에 씌어진 사실의 의미를 생각해 볼 필요가 있다. 앞서 언급했듯이 「신문학사의 방법」은 『동아일보』에 1940년 1월 13일부터 1월 20일 사이에 게재되었다. 이 기간은 임화가 동시에 쓰고 있었던 「개설 신문학사」 연재를 쉬고 있을 때에 해당한다. 「개설 신문학사」는 1939년 9월 2일부터 『조선일보』에서 연재가 시작됐다. 이 연재는 조선 신문학의 특수성과 그 물질적 배경으로서의 근대화와 그 조건, 혹은 정신적 준비로서의 실학, 갑오경장 이후의 신교육과 저널리즘, 성경번역에 대한 서술에 이어 정치소설과 번역문학, 창가를 논하는 1939년 12월 27일 일단 중단되었다. 그 후 두 달 정도 공백 기간을 두고 1940년 2월 2일부터 다시 연재가 시작되었는데, 이후의 연재가 제3장 제4절의 '신소설의 출현

27 김윤식, 『임화연구』, 문학사상사, 1989, 519면.

과 유행'으로 여기에서 이인직과 이해조 등 신소설 작가와 작품을 다루면서 미완으로 끝나게 된다. 목차에서 보면 이 마지막 부분은 각론으로서의 의미를 갖는데(실제로 임화가 언제까지 이 각론을 계속할 생각이었는지는 분명하지 않다) 분량으로는 이 신소설의 분석이 전체의 과반을 차지하는 형상이다. 다만 이 작품론은 기술이 약간 장황하고 작품 분석의 구체성도 결여되어 있으며, 전체 서술의 균형이라는 면에서도 준비가 부족했다는 감을 금할 수 없다.

다만 이 두 달 정도의 공백 기간에 「신문학사의 방법」이 씌어졌다는 점을 생각하면 이 방법론을 「개설 신문학사」의 전반부에 관한 정리처럼 읽을 수도 있다는 점만큼은 여기서 지적해 두고 싶다. 마지막으로 테느의 논의를 원용해서 식민지 조선문학을 주체로서 정립한 이 방법론과 「개설 신문학사」 전반부에서 인용된 여러 참고문헌들이(예를 들면 V. M. 프리체(Vladimir M. Friche), 1870～1929)의 『유럽문학발달사』 등) 얼마나 유기적인 관련성을 가지고 있는지 또한 앞으로 검토해야 할 과제라고 생각된다.

* 황더시 관련 자료에 대해서는 하시모토 쿄코[橋本恭子] 씨로부터 제공받았다. 여기서 감사의 뜻을 표한다.

〈사진 자료〉 시마다 킨지[島田謹二]와 황더시[黃得時]

시마다 킨지

대북제대 재학시절의 황더시(1930년대)

대만대 교수 시절의 황더시(1982)

아시아 작가회의 참석을 위해서 대만을 방문한
가와바타 야스나리[川端康成]와 황더시(1970.6)

출전 : 황더시의 사진은 모두 編集部 編, 「黃得時年表」, 黃得時, 『評論集』(台北県作家作品集 5), 台北県立文化中心出版, 1993에서, 시마다의 사진은 橋本恭子, 『島田謹二－華麗島文學的體驗與解讀』, 國立臺灣大學出版中心, 2014에서 각각 인용했다.